»Ich küsse dich von Kopf bis Fuß...«

Liebesbriefe berühmter Männer und Frauen

Herausgegeben von
Werner Fuld

DIANA VERLAG
München Zürich

Diana Taschenbuch Nr. 62/0130

Originalausgabe 5/2000
Copyright © 2000 by Wilhelm Heyne Verlag GmbH & Co. KG,
München
Der Diana Taschenbuchverlag ist ein Unternehmen der
Wilhelm Heyne Verlag GmbH & Co. KG, München
Printed in Germany 2000

Umschlaggestaltung: Hauptmann und Kampa
Werbeagentur, CH-Zug, unter Verwendung von Gemäldedetails
von John F. Peto
Satz: Schaber Satz- und Datentechnik, Wels
Druck und Bindung: Elsnerdruck, Berlin
Gedruckt auf chlor- und säurefreiem Papier.

ISBN: 3-453-17138-1

http://www.heyne.de

Inhalt

Vorwort

In Briefen überleben die ungezählten Komödien und Tragödien unseres Lebens, vor allem in den intimen Briefen, die Liebende sich schreiben. Zur Veröffentlichung waren sie nie bestimmt; sie sind also keine bewussten literarischen Kunstwerke, sondern unmittelbare Selbstzeugnisse. Nun hört man seit vielen Jahrzehnten, dass gerade diese Art der Kommunikation ganz altmodisch wäre, weil sie durch die neuen Errungenschaften der Technik abgelöst und ersetzt wurde. Es stimmt, dass seit der Erfindung der Telegraphie Informationen schneller übermittelt werden konnten als durch die Briefpost. Und vermutlich hat sogar das neue, zur Kürze anhaltende Medium Auswirkungen auf den Briefstil gehabt – immerhin gab Helmut von Moltke seiner 16-jährigen Braut zu bedenken: »Noch eins, liebe Marie, wenn du schreibst, so lies doch immer den Brief, den du beantwortest, noch einmal durch. Es sind nicht bloß die Fragen, die beantwortet sein wollen, sondern es ist gut, alle die Gegenstände zu berühren, welche darin enthalten sind. Sonst wird der Briefwechsel immer magerer, die gegenseitigen Beziehungen schwinden, und man kommt bald dahin, sich nur Wichtiges mitteilen zu wollen …«

Was Moltke hier 1841 als Gefahr sah, erleben wir heute ganz ähnlich durch die Verbreitung des Mobiltelefons, das uns ständig für Informationen erreichbar macht. Das Anklopfsignal erinnert uns daran, diese Kontakte von vornherein nicht auf ausgedehnte, sondern auf jederzeit zu beendende Gespräche zu beschränken, damit wir in kürzester Zeit möglichst viele Kontakte aufnehmen können. Es wird also sehr viel mehr telefoniert, aber es gibt immer weniger Gespräche am Telefon.

Das hat, keineswegs überraschend, zu einer Renaissance des Briefeschreibens geführt, zumal die moderne Technik des Faxens und E-mailens die stets ärgerlichen Zeitverluste der traditionellen Briefpost aufgehoben hat. Clemens Brentano musste sich noch bei seiner Geliebten beklagen, dass seine Briefe schon überholt und deshalb nicht mehr wahr wären, wenn sie endlich die Adressatin erreichten: »Es ist eine Kunst, an irgendjemand, dessen Glück durch Briefe gefristet wird, zu schreiben, so zu schreiben, dass die Zeit, welche der Brief unterwegs ist, ihn nicht zum Lügner mache …« Das ist nun vorbei; Liebende können sich mehrmals täglich ihrer Gefühle versichern – und sie tun es damit Goethe gleich, der seine Billetts einfach von einem Dienstboten ins nahe gelegene Haus der Frau von Stein bringen ließ.

Das Liebesgeflüster am Telefon ist flüchtig, Liebesbriefe jedoch bleiben unsterblich, sofern sie die Wut und Enttäuschung eines Verlassenen überleben. Als Frau von Stein sehen musste, dass sie in Goethes Gunst durch eine junge Fabrikarbeiterin abgelöst wurde, forderte sie alle ihre Briefe zurück und verbrannte sie. Solche Zerstörungen hat es unzählige Male gegeben; umso bewundernswerter sind jene, die den schriftlichen Zeugen ihres Lebens die Treue hielten. Da sieht man durch die Jahrhunderte hindurch, wie zeitlos diese Liebesbriefe sind. Sie wollen nicht berichten, sondern sie wollen wirken. Mit jedem Satz versuchen sie, die Distanz zu überbrücken, die den Absender vom Adressaten trennt. Der Brief soll die Abwesenheit der geliebten Person ersetzen; er darf die Erinnerung an gemeinsame Stunden nicht verblassen lassen, sondern muss sie immer wieder als Gegenwart beschwören. Im Liebesbrief finden wir die großen Dramen wieder: den Überschwang des Gefühls und Ängste vor dem Verlust, Zärtlichkeit und Eifersucht, erfülltes Glück und schmerzliche Trennung. Wann sie geschrieben und gelesen wurden, spielt dabei keine Rolle, denn die Zeiten können sich ändern, aber die Liebe bleibt sich immer gleich.

Werner Fuld

RIEFE

LUCREZIA BORGIA
1480–1519

Pietro Bembo an Lucrezia Borgia

Solange ich lebe, erinnere ich mich nicht, jemals einen so süßen Brief erhalten zu haben wie jenen, den Euer Gnaden mir bei Ihrer Abreise übergaben, denn mit ihm gabt Ihr mir den Beweis, dass ich in Eurer Huld stehe. Dieses Zeichen der Gewissheit aus Eurer Hand hat mir, wenngleich ich schon früher, wie jetzt, einige Anzeichen besaß, unendliche Genugtuung und Befriedigung verschafft. So statte ich Euch nun hiermit jenen herzlichsten Dank ab, den ich, der kein anderes Gut als Euch besitzt, für ein so liebes Geschenk schuldig bin. Auf Eure Worte, dass ich mit meinem Briefe Euren Kummer gelindert hätte und dass Ihr dies schon seit langem erwartet hättet, erwidere ich: Ihr müsst wissen, dass Ihr in der ersten Stunde, da ich Euch erblickte, so stark in mein Herz eingedrungen seid, dass Ihr aus keinem Grunde wieder daraus entweichen könnt. Und wenn ich Euch gegenüber lange geschwiegen habe, so kam dies daher, dass mein verwünschtes Missgeschick, das sich allen meinen höchsten Wünschen mit größter Macht entgegenstellt, dies so gewollt hat. Mein einziges Streben war es, in meinem leidenden, brennenden Herzen die Flammen zu dämpfen, und wenn dieses mein Missgeschick sich mir jetzt heftiger denn je entgegenstellt, so schreckt es mich nicht, wie es mich nie abschrecken wird, Euch trotz allem zu lieben, Euch als meines Lebens einzige und geliebte Herrin zu betrachten, Euch mit all jener reinen und hehren Treue zu dienen, mit der ein unwandelbar innig Liebender jener Frau, die er über allen irdischen Dingen liebt und ehrt, dienen kann. Inständig bitte ich Euch, ändert Eure Liebe nicht und werdet ja nicht traurig darüber, dass sich, wie Ihr seht, viele Dinge unseren Wünschen hindernd in den Weg stellen, sondern denkt vielmehr daran, Eure Liebe zu kräftigen, je schwieriger sich Euch Euer Unterfangen darbietet. Denkt daran, dass ein jeder dann zu lieben weiß, wenn die Verhältnisse günstig und glücklich liegen, doch wenn tausend Widerstände und Schwierigkeiten, tausend Hindernisse, tausend Schranken, tausend Mauern zu überwinden sind, dann weiß nicht ein jeder zu lieben; oder wenn er es weiß, hat er nicht den Willen dazu, und wenn er es doch will, so besitzt er keine Ausdauer. So ist dies etwas höchst Seltenes, und da es sehr selten ist, so ist es auch schöner, hochherziger, lobenswerter und bedeutsamer, ein Zeichen erhabenen und edlen Herzens. Denn wie sehr ich auch unserer Liebe eher Ruhe vor Schwierigkeiten wünsche, so werde ich doch nicht gehindert, Euch zu lieben und in meinem Inneren zufrieden zu sein. Ich stärke mich an der Erhabenheit meines Gedankens, dass ich Euch trotz widrigen Geschicks liebe und dass mir dies nicht genommen werden kann; und wenn ich mir dazu noch vorstelle, dass auch Euch nichts davon abbringen kann, mich zu lieben, dann muss endlich jener Tag kommen, an dem wir siegen und das widrige Schicksal überwinden, wenn wir uns nicht von ihm niederdrücken und dadurch besiegen lassen. Dann wird uns die Erinnerung daran, dass wir treue und standhafte Liebende waren, eine liebe und süße Erinnerung sein. Diese Erinnerung allein wird uns glücklich machen, müssen wir uns doch bewusst sein, dass diejenigen Siege, die am schwierigsten und am mühsamsten errungen worden sind, den höchsten und befriedigendsten

Triumph darstellen. Da Ihr mir sagt, dass Euch für Euer Leben nur der Wunsch noch leitet, es meinem Dienst zu widmen, so erwidere ich Euch, dass auch ich fortan mein Leben nur mit dem einen Wunsch weiterzuführen wünsche, es Euch zu widmen, und ich werde mich zu keiner Zeit scheuen, es für Euch jeder Gefahr auszusetzen, ja selbst es Euch zu Gefallen dahinzugeben, und da man doch auf jeden Fall sterben muss, wobei zehn oder zwanzig Jahre mehr oder weniger nicht von Bedeutung sind, so würde es mir süßer sein, diese Welt, da es doch einmal sein muss, lieber heute als Euer Diener und um Euretwegen zu verlassen, als noch lange Zeit ohne Eure Huld zu leben. Da Ihr nun wisst, dass ich mich glücklich schätzen würde, etwas tun zu dürfen, was Euch Freude zu bereiten vermöchte, so bitte ich Euch, es mir ohne die geringste Rücksicht auf mein Leben zu sagen. Vor allem bitte ich Euch, darauf zu achten, dass kein Mensch Eure Gedanken zu erraten vermag, damit die Pfade, die zu unserer Liebe führen, nicht noch mehr verengt und versperrt werden. Vertraut Euch auch keiner Person an, sei es, wer es will, bis ich zu Euch komme, was sicherlich zu Ostern geschehen wird, wenn ich dann noch am Leben sein würde. Der Überbringer dieser Zeilen, einer meiner Vertrautesten, der in Kürze nach Verona kommen wird, wird zu Euch zurückkehren, um zu erfahren, ob Ihr mir nicht etwas aufzutragen habt. Lasst Euch herab, mir in der Zwischenzeit eine Antwort zu schreiben und diese ihm heimlichst einzuhändigen, damit sie mir ganz sicher überbracht werde. Ja, ich bitte Euch herzlich, da wir uns doch von Mund zu Mund wenig sprechen können, Euch damit zufrieden zu geben, im Briefe ausführlich mit mir zu sprechen und mir von Eurem Leben zu erzählen: wie Ihr Euer Leben verbringt, welche Gedanken Euch bewegen, mit wem Ihr vertraut verkehrt, was Euch Kummer bereitet und was Euch Trost verschafft. Gebt auch Acht, dass Euch niemand schreiben sieht, denn ich weiß wohl, dass Ihr scharf überwacht werdet. Ich werde also, wie ich Euch bereits sagte, zu Ostern dorthin kommen, und ich werde mich dann auf einen Monat oder etwas länger nach Rom begeben. Nunmehr küsse ich Eure so süße Hand, von der mein Herz angetrieben wird, und überdies küsse ich, wenn Ihr mir diese Gunst erweist, eines von Euren beiden so anmutigen, strahlenden und süßen Augen, die erste und eine schöne, doch nicht einzige Ursache meiner Leidenschaft. Denkt zuweilen daran, dass ich an nichts anderes denke, nichts anderes wünsche und verehre, als Euch allein, und alle Schläge des Schicksals wie alles Unrecht, das mir von ihm angetan werden kann, werde ich nicht fürchten, wenn ich wissen werde, dass ich in Euren Gedanken und in Eurer Liebe lebe, keine andere Glückseligkeit in diesem Leben wünsche ich mir noch als Euch, meines schwerbestürmten Schiffes ruhiger und süßer Hafen. Erweist mir die Gunst, das beigefügte Agnus Dei, das ich eine Zeit lang auf meiner Brust getragen habe, einige Male des Nachts aus Liebe zu mir zu tragen, wenn Ihr es am Tage nicht tragen könnt, damit jene liebe Herberge Eures edlen Herzens, die ich um den Preis meines Lebens ein einziges Mal lange küssen möchte, wenigstens von jenem Reif berührt wird, der lange Zeit auf der Herberge meines Herzens geruht hat. Lebt wohl!

Helena Fioriana an Domitio Gavardo

(16. Jahrhundert)

*I*ch hatte den Entschluss gefasst, nie mehr an Euch zu schreiben; da aber die Liebe, die ich für Euch empfunden habe und empfinde, so mächtig und so überwältigend ist, dass, wenn ich tausend Eide und Schwüre geleistet hätte, Euch nicht mehr zu schreiben, ich sie niemals hätte halten können: deswegen habe ich mich entschlossen, Euch in diesem Briefe mein ganzes Inneres zu offenbaren und dann ein Ende zu machen, wenn es mir von meinem unerbittlichen Geschick also beschieden ist. Wisset daher, mein teuerster Freund, dass Ihr eine ebenso schlechte Meinung von mir habt wie von jeder anderen schuldigen Frau. Ich freue mich jedoch aus vollem Herzen, dass alle schlechten Vermutungen grundfalsch sind. Nur das schmerzt und reut mich, dass das mächtige Geschick, neidisch auf meine süße Ruhe, mich zwingt, einen zu suchen, der sich vor mir verbirgt und mich flieht, mich zwingt, die flehentlichsten Bitten an einen zu verschwenden, der mich hasst, mich verachtet, mir nie antwortet und mich schließlich zwingt, in Liebe für einen zu erglühen, der kälter ist als der gefrorene Schnee mitten im Winter. O ruhmreiche Venus, warum schaffst du nicht, dass deine Waage völlig gleichsteht? Ach, warum müssen so viele schneidende Pfeile, so viele Liebesflammen, so viele feste Fallstricke mein armes, unglückliches Herz verwunden, versengen, umwinden, und nicht ein winziger Pfeil, ein wenig Glut oder ein kleiner Knoten durchbohrt, brennt und fesselt das abgehärtete

Gemüt jener giftgeschwollenen, grausamen, mir allein zum Schaden taub gewordenen Natter? O unerbittlicher Cupido, der du deine Pfeile auf dem verhängnisvollen Wetzstein gegen den schärfst, der dir nicht willig folgt, der nichts von dir wissen will und dich verachtet, wie kleinmütig bist du, dass du nicht wagst, den Blick zu erheben, als hättest du nicht den Bogen in der Hand und den Köcher an der Seite! Ergreife doch deine unüberwindlichen Pfeile und schaffe, dass sie vom Bogen in die linke Seite dessen schwirren, der, ein Mensch von Fleisch und Blut, hart wie der festeste Stein geworden ist, damit er deutlich erkenne, dass keine Macht sich mit deiner vergleichen lasse. An dich wende ich mich jetzt, Grausamer, und flehe dich an, dass, wenn die Worte anderer in früheren Jahrhunderten die Kraft besessen haben, die wildesten Tiere zu bändigen, die härtesten Steine zu spalten, die steilsten Berge zugänglich zu machen und endlich den Lauf der reißendsten Ströme zu hemmen, die meinen, als die sanftesten, frömmsten, mitleiderregendsten, liebreichsten und jammervollsten so viel Kraft haben mögen, die Härte deines teuren Herzens zu brechen und deinen mürrischen Sinn in beständige, ewige Liebe zu verwandeln, damit ich dir unwiderleglich beweisen kann, dass alles, was man dir Unwürdiges über mich hinterbracht hat, Lügen und Verleumdungen sind, verbreitet von klatschsüchtigen, verpesteten, giftigen Zungen, die in wenigen Tagen mit Schimpf und Schande werden verstummen müssen: Sollte es dir aber nicht belieben, meinen flehentlichen Bitten dein Ohr zu leihen, so habe wenigstens die Barmherzigkeit, dich vor meinen Augen zu verbergen, damit ich nicht tausend Tode sterbe, sondern nur einen. Und wenn meine Pein dadurch, dass ich dich nicht sehe oder einige Tage von dir fern bin, keine Erleichterung erfährt, so will ich meinen Gebieter Amor bitten, er möge die glühende Flamme, die mich vom Scheitel bis zum Fuß verzehrt, etwas löschen, damit ich noch einige Tage in größerer Ruhe verleben kann. Sollten aber meine Bitten nicht imstande sein, mich von meinen Qualen zu erlösen, und sollte ich deinetwegen sterben müssen, so bin ich völlig bereit zum Sterben und werde dich glühend und heiß bis zu meiner letzten Stunde lieben, so dass ich mit dem florentinischen Dichter singen kann:

Da Ehre man durch edlen Tod erwirbt,
Soll weder Tod noch Leiden
Mich je von dir und deiner Liebe scheiden.

Helena Fioriana

Pietro Aretino an
Signora Angela Zaffetta

Venedig, 15. Dezember 1537

*I*ch gestehe Euch den Preis vor allen Kurtisanen zu, die es je gegeben hat, da Ihr es besser als jede andere verstanden habt, die Lüsternheit unter dem Schleier der Ehrbarkeit zu verbergen und vorsichtig und verschwiegen zu sein. Ihr zeigt Eure Verschlagenheit, diese Seele der Kurtisanenkunst, nicht durch plumpe Kunstgriffe, sondern mit solcher Geschicklichkeit, dass, wer Euch mit vollen Händen gibt, noch schwört, er sei sparsam. Es lässt sich gar nicht sagen, mit welchen Kunstgriffen Ihr Euch neue Freunde erwerbt, noch auf wie verschiedene Weise Ihr die ins Haus lockt, die zwischen Ja und Nein hin und her schwanken. Es fällt einem schwer, sich die Mühe vorzustellen, die Ihr Euch gebt, um diejenigen, die Eure Anbeter geworden sind, festzuhalten. Ihr teilt die Küsse, das Drücken der Hände, das Lachen, die Freuden des Lagers so meisterhaft aus, dass man niemand streiten, fluchen oder klagen hört. Ihr zeigt Euch bei jeder Gelegenheit bescheiden, nehmt das, was man Euch gibt, ohne den, der Euch nicht genügend schenkt, auszuplündern. Euren Zorn wisst Ihr zur rechten Zeit zu bemeistern; auch seid Ihr keine Freundin von Seufzern und vom langen Hinhalten, da Ihr diejenigen, die sich auf die Praktiken der Pippa und Nanna verlegen, nicht leiden könnt. Ihr äußert keinen Verdacht, wo kein Grund vorhanden ist, noch spielt Ihr die Eifersüchtige dem gegenüber, der Euch keine Veranlassung dazu gegeben hat. Ihr seid nicht gleich mit Jammern bei der

Hand, um Euch dann bald trösten zu lassen; Ihr heuchelt keine Liebe, Ihr sterbt nicht und steht dann von den Toten wieder auf, wann es Euch beliebt. Ihr ruft den Flatterhaften gegenüber nicht die Dienerin zu Hilfe, indem Ihr sie zu schwören unterweist, dass Ihr nicht esst, nicht trinkt, nicht schlaft, und Ihr nehmt jener Herrchen wegen Eure Zuflucht nicht dazu, dass Ihr die Dienerin versichern lasst, es hätte wenig gefehlt, so hättet Ihr Euch aufgeknüpft, weil einer von ihnen zu der oder jener gegangen ist. Nein, bei Gott, das tut Ihr nicht, denn Ihr gehört nicht zu jenen, die die Tränen lose sitzen haben, und während sie weinen, die sie aus der tiefsten Brust hervorholen und mit gebrochener Stimme ausstoßen, wobei sie noch Seufzer hineinmischen, die List anwenden, sich das Haar raufen und in den Finger beißen. Ihr haltet nicht mit Fleiß den zurück, der gehen will, noch schickt Ihr den fort, der Lust hat zu bleiben. Solche Spielereien sind nicht nach Eurem Sinne. Euer weiblicher Takt geht auf das Reale, und Ihr findet an Weiberpossen keinen Geschmack. Auch verkehren bei Euch keine Prahlhänse und Aufschneider, sondern nur gesetzte, ehrenhafte Männer erfreuen sich an Eurer Lieblichkeit und Schönheit, durch die Ihr vor den meisten anderen hervorstrahlt. Ihr könnt auch die feste Hoffnung hegen, dass Eure jetzige Lage, in der Ihr Euch dank Eurer Klugheit befindet, dauernd ist. Die Lüge, der Neid, die Schmähsucht, das Lebenselement der Kurtisanen, halten weder Euren Geist noch Eure Zunge in Bewegung.

Ihr schätzt die Tugenden und haltet die Tugendhaften in Ehren – ein Zug, der bei denen, die gegen Bezahlung anderen zu Willen sind, ganz außergewöhnlich ist. Daher habe ich mich Euch ergeben, da es mir scheint, als seid Ihr dessen würdig ...

Schwester Marianna Alcaforada an den Grafen Saint-Leger

(Mitte des 17. Jahrhunderts)

Bedenke, du meine Liebe, wie wenig Voraussicht du besessen hast! Du bist betrogen worden, Unglückselige, und du hast mich betrogen mit trügerischen Hoffnungen! Eine Leidenschaft, an die du so viel Liebespläne knüpftest, verursacht dir nun tödliche Verzweiflung, die nur verglichen werden kann mit der grausamen Trennung, die sie verschuldet hat. Wie! Diese Trennung, der mein Schmerz, so erfinderisch er auch ist, seinen hinreichend traurigen Namen geben kann, soll mir für immer den Anblick jener Augen rauben, in denen ich so viel Liebe sah und die mich Gefühle kennen lehrten, die mich mit Freude überhäuften, die mich gänzlich besaßen und die mich schließlich befriedigten? Ach! Die meinen sind des einzigen Lichtes beraubt, das sie belebte, es bleiben ihnen nur noch Tränen übrig. Ich brauche sie zu nichts anderem mehr, als um unaufhörlich zu weinen, seit ich erfuhr, dass Sie zu einer Trennung entschlossen waren, die mir so unerträglich ist, dass sie mir in kurzem den Tod geben wird. Aber ich liebe die Leiden, deren einzige Ursache Sie sind. Ich habe Ihnen mein Leben bestimmt, als ich Sie sah, und ich finde Befriedigung darin, indem ich es Ihnen weihe. Tausend Mal am Tag fliegen Ihnen meine Seufzer zu, sie suchen Sie an allen Orten, und Sie bringen mir als Lohn für all die Unruhe nur ein allzu aufrichtiges Gefühl der Ohnmacht, das mein unglückliches Los mir eingibt. Es duldet in seiner Grausamkeit nicht, dass ich mir schmeichle, und es ruft mir alle Augenblicke zu: Lass ab, lass ab, Marianna, dich vergebens zu verzehren und einen Geliebten zu suchen, den du niemals wiedersehen wirst, der über Meere gefahren ist, um dir zu entfliehen, der in Frankreich im Mittelpunkt des Vergnügens lebt, der auch nicht einen einzigen Augenblick deiner Schmerzen gedenkt und der dich von all diesen Verzückungen entbindet, für die er dir keinen Dank weiß! Doch nein, ich kann mich nicht entschließen, so beleidigend über Sie zu urteilen, und ich bin zu parteiisch, um Sie nicht loszusprechen. Ich will mir keineswegs einbilden, dass Sie mich vergessen haben. Bin ich nicht schon unglücklich genug, auch ohne mich mit falschen Vermutungen zu quälen? Und warum will ich mich mit Gewalt nicht mehr an alle die Mühen erinnern, die Sie sich gaben, um mir Beweise Ihrer Liebe zu schenken? Ich war davon so bezaubert, dass ich sehr undankbar wäre, wenn ich Sie nicht ebenso leidenschaftlich liebte wie damals, als ich die Beweise Ihrer Liebe genoss. Wie kommt es, dass man die Erinnerung an so angenehme Freuden des Augenblicks so schmerzlich empfindet? Und ist es denn unabwendbar, dass Sie nun wider Ihre eigene Natur dazu beitragen müssen, mein Herz zu quälen? Ach! Ihr letzter Brief hat es recht mitgenommen; es empfand so tief und empfindlich, dass es Anstrengungen zu machen schien, sich von mir zu trennen und sich auf den Weg zu machen, Sie zu suchen. Ich war so niedergedrückt von all der stürmischen Bewegung, dass ich mehr als drei Stunden meiner Sinne beraubt blieb. Ich wehrte mich, in ein Leben zurückzukehren, das ich für Sie verlieren muss, da ich es nicht für Sie bewahren kann. Gegen meinen Willen kehrte ich endlich zum Licht zurück; ich schmeichelte mir mit dem Gefühl, aus Liebe zu sterben; das Gefühl tröstete mich, mein Herz nicht zerrissen sehen zu müssen vom Schmerz über Ihre Abwesenheit. Oft war ich seitdem unwohl; aber kann ich überhaupt jemals frei von Übeln sein, solange ich Sie nicht sehe? Ich ertrage alles ohne Murren, da es ja von Ihnen kommt. Wie? Ist das der Lohn dafür, dass ich Sie so zärtlich geliebt habe? Aber es ist gleichgültig; ich bin entschlossen, Sie mein ganzes Leben lang anzubeten und niemals einen anderen; und ich versichere Sie, dass Sie gut daran tun, meinem Beispiel zu folgen. Könnte Sie eine schwächere Leidenschaft als die meinige jemals befriedigen? Sie werden vielleicht mehr Schönheit finden (obwohl Sie mir etliche Male versicherten, ich sei recht schön), aber niemals so viel Liebe, und alles Übrige ist ja nichts. Füllen Sie Ihre Briefe nicht mit überflüssigen Dingen und schreiben Sie mir nicht mehr, ich solle mich Ihrer erinnern. Ich kann Sie nicht vergessen, und ich denke auch daran, dass Sie mir die Hoffnung gaben, einige Zeit mit mir zu verleben. Ach! Warum wollen Sie nicht Ihr ganzes Leben hier verbringen? Wenn ich dieses unglückselige Kloster verlassen könnte, wartete ich nicht in Portugal auf die Erfüllung Ihres Versprechens; ich machte mich auf ohne Zögern, Sie zu suchen, Ihnen zu folgen und Sie zu lieben, durch die ganze Welt. Ich wage mir nicht zu schmeicheln, dass das wirklich so sein könnte; ich will keine Hoffnung nähren, die mich glücklich macht, und nur das empfinden, was mir Schmerzen bringt. Ich gestehe indessen, dass die Möglichkeit, Ihnen zu schreiben, die mein Bruder mir verschafft hat, mir einige freudige Augenblicke gewährte und dass sie meine Verzweiflung für einen Augenblick aufhob. Ich beschwöre Sie, mir zu sagen, warum Sie es darauf anlegten, mich zu bezaubern, da Sie doch wohl wussten, dass Sie mich verlassen müssten? Und warum waren Sie so darauf aus, mich unglücklich zu machen? Warum ließen Sie mich nicht in Frieden in meinem Kloster? Was hatte ich Ihnen Böses getan? – Doch ich bitte Sie um Verzeihung: Ich schiebe Ihnen nichts Böses zu; ich bin nicht imstande, an meine Rache zu denken, und ich klage allein die Härte meines Schicksals an. Wenn es uns trennt, hat es uns alle Übel zugefügt, die wir fürchten konnten. Aber es wird unsere Herzen nicht trennen können: die Liebe, die mächtiger ist, hat sie vereinigt für unser ganzes Leben. Wenn Sie an mir einigen Anteil nehmen, so schreiben Sie mir oft! Ich verdiene es wohl, dass Sie sich ein wenig Mühe geben, mich über den Zustand Ihres Herzens und Ihre Schicksale zu unterrichten. Vor allem kommen Sie, um mich wiederzusehen! Adieu, ich kann diesen Briefbogen nicht lassen; in Ihren Händen wird er liegen; ich wünschte, auch dieses Glück zu genießen. Ach! Unsinnige, die ich bin! Ich sehe ja, dass es nicht möglich ist. Adieu, ich kann nicht mehr. Adieu, lieben Sie mich immer und lassen Sie mich noch mehr Kummer erleiden!

ANNA BOLEYN
um 1507–1536

König Heinrich VIII. von England an Anna Boleyn

(um 1530)

*M*eine geliebte Freundin!
Ich und mein Herz legen uns in Ihre Hände und bitten, uns Eurer Huld zu empfehlen und Eure Zuneigung für uns durch Trennung nicht kühler werden zu lassen. Denn es wäre allzu grausam, die Pein zu vermehren, die das Fernsein allein schon verursacht, und heftiger, als ich es je hätte ahnen können. Dies bringt mir einen Satz aus der Astronomie in Erinnerung, welcher lautet: »Je ferner die Mohren von uns sind, desto ferner ist auch die Sonne, doch darum nur noch sengender«; so ist es auch mit unserer Liebe – zwar sind wir ferne voneinander, doch bewahrt sie all ihre Glut, wenigstens auf meiner Seite. Ich erhoffe ein Gleiches von Euch und versichere Euch, die Beschwerlichkeit der Trennung ist für mich schon gar zu qualvoll geworden; und denke ich daran, wie lange ich sie unumgänglich noch werde erdulden müssen, so wollte sie mich unerträglich dünken, hätte ich nicht feste Hoffnung auf die Unwandelbarkeit der Herzensneigung, die Ihr für mich hegt. Um mich nun zuweilen in Euer Gedenken zurückzurufen, und da ich einsehe, dass ich jetzt nicht selbst bei Euch sein kann, so sende ich Euch etwas, was mir am nächsten kommt, nämlich mein Bild, in einem Armreif gefasst, mit der ganzen Devise, die Ihr bereits kennt – ich möchte mich selbst an seinen Platz wünschen, wolltet Ihr es mir gestatten. So nehmt dies denn von der Hand Eures treuen Dieners und Freundes.

H.

Babet an Bourfalt

(Mitte des 17. Jahrhunderts)

*I*ch bin entzückt, dass Sie sich vor mir fürchten. Ich hätte nicht geglaubt, dass ich so schrecklich bin. Hätte ich ebenso viel Reiz, als Sie Bescheidenheit zeigen, so wollte ich Ihnen wohl zeigen, dass ich Ihre Eroberung nicht für so unbedeutend halte, wie Sie annehmen; und Sie würden aus der Mühe, die ich mir darum gäbe, erkennen, wie viel ich auf Sie gebe. Gibt es denn etwas Rühmlicheres, als sich die Herzen derer zu unterwerfen, die gewohnt sind, die Gemüter zu entzücken? Nichts würde ich unversucht lassen, um meine Herrschaft auf einen geistreichen Mann auszudehnen; und wäre es mit Liebäugeln getan, weiß Gott, ich hätte das meine getan. Um Ihnen zu zeigen, dass ich mich nicht zu zieren und den Krieg ehrlich zu führen gewillt bin, kündige ich Ihnen an, dass Sie Ihr Herz zu verteidigen haben werden, da mich gelüstet, es anzugreifen. Ich werde auf seine Stärke oder Schwäche daraus schließen, ob Sie mich zu sehen sich bemühen oder ob Sie mich zu fliehen Sorge tragen werden. Da ich Ihnen einen Streich zu spielen trachte, erkläre ich Ihnen hiermit, dass Sie die Freude, die Sie hier in der Wohnung gelassen zu haben vorgeben, nicht erhalten werden, es sei denn, Sie kämen selbst darum her; und selbst wenn Sie kommen sollten, ist es nicht sicher, dass Sie sie ganz davontragen, sofern ich nicht die Güte habe, sie Ihnen großzügig wiederzugeben. Leben Sie wohl!

Vanessa Vanhomrigh und Jonathan Swift

Vanessa Vanhomrigh an Jonathan Swift

(Dublin, 1714)

Sie hatten einst einen Grundsatz, der dahin ging, zu tun, was recht war, und sich nicht darum zu kümmern, was die Welt dazu sagen würde. Ich wünschte, Sie befolgten ihn jetzt noch. Ich bitte Sie, was kann Unrechtes darin liegen, wenn Sie ein unglückliches Mädchen besuchen und mit Ihrem Rat unterstützen? Ich kann nichts darin finden. Sie müssen wissen, dass Ihr Unwille mir das Leben unerträglich macht. Sie haben mich Unterschiede zu machen gelehrt, und nun lassen Sie mich elend allein. Alles, worum ich Sie bitte, ist, dass Sie sich, da Sie doch nicht anders können, noch einmal als jenen nachsichtigen Freund erweisen, der Sie früher waren, bis ich aus diesen Schwierigkeiten heraus bin.

Sie wünschen, ich solle ruhig sein, dann würden Sie mich besuchen, so oft Sie könnten. Sie hätten besser gesagt, so oft Sie es über sich bringen könnten oder so oft Sie sich erinnerten, dass ein Mädchen wie ich auf der Welt sei. Wenn Sie fortfahren, so zu mir zu sein, wie sie es gegenwärtig sind, so werde ich Ihnen nicht mehr lange lästig fallen. Es ist unmöglich zu schildern, wie ich gelitten habe, seit wir uns das letzte Mal gesehen haben. Ich bin überzeugt, ich hätte die Folter eher aushalten können als diese Ihre tötenden Worte. Mehrmals habe ich schon den Entschluss gefasst zu sterben, ohne

Sie noch einmal wiedergesehen zu haben; aber diese Entschlüsse hatten – zu ihrem Unglück – keine lange Dauer. Denn es liegt etwas in der menschlichen Natur, was uns antreibt, Tröstung hier auf Erden zu suchen. Ich muss diesem Trieb nachgeben und bitte Sie, besuchen Sie mich und sprechen Sie freundlich zu mir, denn ich bin sicher, Sie würden niemand zum Ertragen dessen verurteilen, was ich erduldet habe, wenn Sie nur das Maß meiner Leiden kennen würden. Ich schreibe Ihnen dies aus dem Grunde, weil ich es Ihnen nicht sagen kann, wenn wir uns sehen sollten. Denn wenn ich zu klagen beginne, so geraten Sie in Zorn, und es liegt etwas so Furchtbares in Ihren Blicken, dass es mich verstummen macht. O möchten Sie doch so viel Teilnahme für mich übrig haben, dass diese Klage Ihr Herz rührte! Ich schreibe, so wenig ich immer kann; wüssten Sie jedoch, was ich alles gedacht habe, so bin ich sicher, Sie würden mir verzeihen und glauben, dass ich Ihnen dies unbedingt sagen musste.

(Selbridge, 1720)

Glauben Sie mir, ich bedaure es unendlich, Ihnen schon wieder mit Klagen lästig fallen zu müssen, weil ich Ihr gutes Herz kenne und weiß, dass Sie keinen Menschen leiden sehen können, ohne auf das Tiefste davon gerührt zu werden. Aber was kann ich dagegen tun? Ich muss entweder mein schwer beladenes Herz erleichtern und Ihnen all meinen Kummer berichten oder in der unsäglichen Trauer versinken, die mich jetzt infolge der unerklärlichen Art und Weise, in der Sie mich vernachlässigen, ergreift. Es sind nun zehn lange Wochen her, dass ich Sie nicht gesehen habe, und in dieser ganzen Zeit habe ich nur einen Brief von Ihnen erhalten und ein kleines Billett mit einer Entschuldigung. Oh, haben Sie mich vergessen? Sie versuchen es, mich durch Härte von Ihnen fortzutreiben. Ich kann Ihnen deswegen keine Vorwürfe machen; denn trotz meiner tiefen Betrübnis und meiner großen Verwirrung weiß ich doch, dass ich es war, die Ihnen die Veranlassung zu peinlichen Betrachtungen gab. Ich kann Ihnen jedoch nicht helfen, sondern kann Ihnen hier an dieser Stelle nur erklären, dass keine Bemühung, keine Zeit, kein zufälliges Ereignis je imstande sein wird, die unaussprechliche Leidenschaft, die ich für Sie empfinde, abzuschwächen. Wenden Sie den äußersten Zwang gegen meine Leidenschaft an, schicken Sie mich so weit von Ihnen fort, wie es die Erde erlauben will: Dennoch werden Sie nie diese bezaubernden Vorstellungen verbannen können, die mir stets treu bleiben werden, solange ich die Fähigkeit zur Erinnerung besitze. Auch beschränkt sich die Liebe, die ich zu Ihnen hege, nicht einzig und allein auf meine Seele; es gibt vielmehr kein Atom in meinem Körper, das nicht durchtränkt von ihr wäre. Schmeicheln Sie sich daher nicht mit der trügerischen Hoffnung, dass eine Trennung je meine Gesinnungen ändern könnte; denn ich spüre selbst inmitten des tiefsten Schweigens eine tödliche Unruhe in mir, und mein Herz wird zugleich von Kummer und Liebe zerfleischt. Sagen Sie mir um Gottes Barmherzigkeit willen, was diese rätselhafte Veränderung, die ich seit kurzem an Ihnen bemerke, veranlasst hat. Wenn Sie noch den geringsten Rest von Mitleid für mich übrig haben, so sagen Sie es mir mit schonenden Worten. Nein – sagen Sie es mir nicht so, denn dies könnte auf der Stelle mein Tod sein. Und lassen Sie mich nicht länger das Leben führen, das einem langsamen Tod gleicht und das das einzige Leben ist, das ich führen kann, falls Sie irgendetwas von Ihrer zärtlichen Liebe zu mir verloren haben.

Teil eines Briefes aus dem Jahre 1720

... Ist es möglich, dass Sie schon wieder dasselbe tun wollen, wovor ich Sie vor so kurzer Zeit gewarnt habe? Ich glaube, Sie meinen, ich habe nur gescherzt, als ich Ihnen neulich erklärte, ich würde Sie mit meinen Briefen zu Tode quälen. Noch einmal rate ich Ihnen, wenn Ihnen Ihre Ruhe irgend lieb ist, ändern Sie schleunigst Ihr Verhalten, denn ich versichere Sie, ich besitze zu viel Temperament, um mich mit dieser Behandlung zufrieden zu geben. Ich liebe Offenheit über alles, und daher sage ich Ihnen jetzt, ich werde Himmel und Erde in Bewegung setzen, um meine Ansprüche an Sie geltend zu machen, und wenn all dies nichts nutzt, so bin ich entschlossen, zu dem schwärzesten Mittel zu greifen, das, wie es heißt, nie versagt. Sie sehen nun, in welche Ungelegenheiten Sie sowohl sich selbst wie mich stürzen werden. Denken Sie ruhig darüber nach; ist es nicht weit besser, aus eigenem Antrieb zu kommen, als durch Gewalt dazu gezwungen zu werden, und zwar möglicherweise zu einer Zeit, wenn Sie sich in die angenehmsten Träume von der Welt wiegen? Denn wenn ich etwas unternehme, so liebe ich es nicht halb zu tun.

JONATHAN SWIFT AN VANESSA VANHOMRIGH

(Dublin, 1720)

Wenn Sie so schreiben, wie Sie es tun, so werde ich
seltener kommen, nur um des Vergnügens nicht ver-
lustig zu gehen, Ihre Briefe zu erhalten, in die ich
nie blicken kann, ohne mich zu wundern, wie ein
kleines Mädchen, das nicht lesen kann, doch so gut
zu schreiben versteht. Sie sind völlig im Irrtum;
schicken Sie mir einen Brief, der auf der Außenseite
nicht Ihre Handschrift trägt, und ich wette eine Krone,
dass ich ihn nicht lesen werde. Aber Scherz beiseite,
ich halte es aus hundert Gründen für unschicklich, Ihr
Haus zu einer Art von dauerndem Absteigequartier
für mich zu machen. Ich will gewiss kommen, so oft
ich es anstandshalber kann; aber meine schwache Gesundheit und das beständige schlechte Wetter verbie-
ten es mir, vormittags auszugehen, und meine Nach-
mittage vergehen, ich weiß selbst nicht wie, so dass ich
außer mit Ihnen mit noch einem Dutzend meiner
Freunde in Verdruss geraten bin, dass ich sie nicht besuche. Übrigens brauchen Sie zu keinem anderen
schwarzen Mittel zu greifen als zu Ihrer Tinte. Es ist
schade, dass Ihre Augen nicht schwarz sind, sonst
würde ich Ihnen dasselbe gesagt haben. Aber Sie sind
eine gute Fee und können kein Unheil stiften. Wenn
Sie eine Ihrer Zauberkünste auf Ihren schwarzen
Schleier übertragen haben, so biete ich Ihnen aus
einem bestimmten Grunde Trotz; raten Sie, aus welchem! Leben Sie wohl!

(Selbridge, 1720)

Sagen Sie mir aufrichtig, ob Sie je ein einziges Mal die ernstliche Absicht hatten, mich zu besuchen, seit ich Ihnen das letzte Mal schrieb. Nein, Sie sind so weit davon entfernt, dass Sie nicht ein einziges Mal Mitleid mit mir hatten, obgleich ich Ihnen schrieb, wie traurig und niedergeschlagen ich bin. Die Einsamkeit ist unerträglich für ein Gemüt, das von Unruhe zerrissen ist. Ich habe meine Tage mit Seufzen und meine Nächte mit Wachen und Denken an Sie zugebracht, der nicht an mich denkt. Wie viele Briefe soll ich Ihnen schicken, bevor ich eine Antwort erhalte? Können Sie mir in meinem Elend den einzigen Trost verweigern, den ich augenblicklich erwarten kann? Oh, könnte ich hoffen, Sie hier bei mir zu sehen, oder könnte ich zu Ihnen kommen! Ich bin mit heftigen Leidenschaften geboren, die alle in der unaussprechlichen Leidenschaft gipfeln, die ich für Sie empfinde. Bedenken Sie, wie todbringend die Gemütsbewegungen sind, die Ihre Kaltherzigkeit mir verursacht, bezeigen Sie mir etwas Zärtlichkeit, sonst verliere ich den Verstand. Gewiss können Sie sich nicht ausschließlich mit mir beschäftigen, aber Sie können einen Augenblick erübrigen, um an mich zu schreiben und sich zu einem solchen Werk der Barmherzigkeit zwingen. Ich bin fest davon überzeugt, wenn ich Ihre Gedanken kennte (die aber kein Mensch auf Erden zu erraten imstande ist, weil kein Sterblicher so denkt wie Sie), so würde ich finden, dass Sie oft in Wut geraten und mir eine religiöse Gesinnung wünschen in der Hoffnung, ich würde meine Sehnsucht dann nach dem Himmel richten; dies würde Ihnen indessen nichts helfen; denn wäre ich eine Schwärmerin, so würden Sie immer noch die Gottheit sein, die ich anbetete. Was gibt es denn für andere Merkmale der Gottheit, als an denen ich Sie erkenne? Sie sind mir stets gegenwärtig; stets schwebt mir Ihr teueres Bild vor Augen. Oft empfinde ich vor Ihnen eine heilige Ehrfurcht, die mich mit Bangen erfüllt, ein andermal leuchtet Ihr Antlitz vor hinreißendem Erbarmen, das meine Seele erquickt. Ist es nicht vernünftiger, ein strahlendes Wesen zu verehren, das man gesehen hat, als eins, das man uns nur beschrieben hat?

JONATHAN SWIFT AN VANESSA VANHOMRIGH

15. Oktober 1720

In dem ersten freien Augenblick, den ich habe, setze ich mich hin, um an Sie zu schreiben, und der Himmel weiß, wann ich eine passende Gelegenheit finde, diesen Brief abzuschicken; den ganzen Vormittag über reißen die lästigen Besucher nicht ab, die jeder Mann von Verstand und Ehre abschütteln würde, wenn dies irgendwie anginge; nachmittags und abends gehe ich spazieren, um mir die Grillen zu vertreiben, so gut ich kann. Wenn ich daher kein so eifriger Briefschreiber bin, wie ich möchte, so brauchen Sie mich nicht gleich zu schmähen, sondern müssten es mit meiner Lage entschuldigen und sich fest darauf verlassen, dass ich dieselbe Achtung und dieselbe freundschaftliche Gesinnung für Sie hege, die ich immer für Sie zu hegen erklärt habe und Ihnen stets bewahren werde, weil Sie das Beste verdienen, was man Ihnen geben kann, namentlich, wenn Sie fortfahren zu studieren und die Talente auszubilden, die die Natur Ihnen geschenkt hat. Sie sollten um unser beider willen so heiter sein, wie Sie können, lustige Bücher lesen, die Sie zum Lachen bringen, und nicht grüblerisch mit den Ellbogen auf den Knien auf einem kleinen Stuhl vor dem Kamin hocken. Es steht außer Zweifel, dass Reiten Ihrer Schwester besser bekommen würde als alles andere, schöne Tage und warme Kleidung vorausgesetzt, und dasselbe würde bei Ihnen der Fall sein. Ich habe aus Mangel an Bewegung schon Kopfweh in dieser vermaledeiten Stadt bekommen. Ich wünschte, ich könnte mit Ihnen fünfzig Mal um Ihren Garten herumgehen und dann mit Ihnen Kaffee trinken. Ich war gestern Abend eine Stunde lang in Gesellschaft von zehn bis zwölf Personen und wurde hundemüde. Jedermann wird widerlich und unausstehlich, oder ich werde mürrisch und grillig, was auf dasselbe hinauskommt. Die Unterhaltung dreht sich nur um die Südsee, den Zusammenbruch des Königreichs und den Geldmangel.

Sir Richard Steele an Miss Scurlock, seine Braut und spätere Gattin

Sonnabend, den 7. August 1707

M adame,
Ihr Geist und Ihre Schönheit sind Zauber-
mittel, die mir den Entschluss, an Sie zu
schreiben, leicht machen. Sie können versichert sein,
dass ich so vielen Vorzügen gegenüber, wie jedermann,
der Sie erblickt, an Ihnen wahrnehmen muss, nicht kalt
bleiben kann. Sie sind eine Dame von sehr scharfem
Verstand und werden meine Empfindungen nicht nach
der Kühnheit meiner Ausdrucksweise beurteilen, die
nichts weiter ist als die bei solchen Gelegenheiten
übliche Sprache.
Ich habe Gründe, vor meinen nächsten Verwandten die
Absicht, die ich gefasst habe, Ihnen meine Aufwartung
zu machen, wenn Sie es gestatten, geheim zu halten,
und ich hoffe, Sie haben das Vertrauen sowohl zu meinem wie zu Ihrem Charakter, dass eine solche Gunst
nicht missbraucht werden wird von Ihrem gehorsamsten Diener.

14. August 1707

Madame,
Ich kam heute Abend in Ihr Haus, um Ihnen meine Auf-
wartung zu machen; Sie hatten mir indes befohlen, das
Glück, Sie zu sehen, ein andermal zu erwarten, wenn
Sie mehr Muße hätten. Ich befinde mich jetzt unter
Ihrem eigenen Dach, während ich dieses schreibe, und
die Genugtuung, die ich in Gedanken genieße, Ihnen so

nahe, wenn auch nicht in Ihrer Gegenwart zu sein, birgt etwas in sich, was mich mit so zärtlichen Empfindungen erfüllt, dass es unmöglich für mich ist, ihre Gewalt zu beschreiben. Jede große Leidenschaft macht uns stumm, und das höchste Glück wie der höchste Schmerz packen uns allzu gewaltsam, als dass sie sich durch Worte ausdrücken ließen.

Sie haben wohl die Güte, mich wissen zu lassen, ob ich die Ehre haben werde, Sie zu sehen, wenn ich das nächste Mal herkomme. Ich will in dieser Erwartung leben und an Ihre Vollkommenheiten denken, bis diese glückliche Stunde schlägt. Die eitelste Frau auf Erden kann in ihrem Spiegel nicht die Hälfte der Reize sehen, die ich in Ihnen erblicke. Ihre Miene, Ihre Gestalt, jeder Blick, jede Bewegung, jede Geste von Ihnen zeigen eine solche eigenartige Anmut, dass Sie meine ganze Seele besitzen und ich kein Leben kenne außer in der Hoffnung auf Ihre Gunst. Ich weiß nicht, was ich sagen soll, außer dass ich Sie mit der aufrichtigsten Leidenschaft liebe, die je von dem Herzen eines Mannes Besitz ergriffen hat. Ich will es zu meiner Lebensaufgabe machen, Mittel zu finden, um Sie davon zu überzeugen, dass ich Sie allem vorziehe, was hold und lieblich auf Erden ist. Ich bin, Madame, Ihr gehorsamster, getreuester und untertänigster Diener.

16. August 1707

Madame,

Ehe heute Morgen der Tag dämmerte, erwachte ich und lag da in Erwartung des Sonnenlichts; nicht dass es mir eine neue Freudenempfindung hätte verschaffen können, sondern ich hoffte, es würde Sie mit seinem entzückendsten Lächeln nach der Ruhe begrüßen, die ich

Ihnen gestern Abend wünschte. Wenn meine Gebete erhört werden, so ist der Tag in seiner ganzen Segensfülle erschienen, die ein gütiger Schöpfer auf Ihre Person und Ihre Handlungen ausgießen möge. Lassen Sie, mein holdes Lieb, andere von einer blinden Macht sprechen, die über ihre Herzen verfügt. Ich verachte die niedrigen Vorstellungen, die sie von der Liebe haben. Ich hege keinen Gedanken, der sich auf Sie bezieht, ohne dass ich dabei Gott, den Allwissenden und Allmächtigen, anflehen könnte, mich in diesem Gedanken zu segnen. Möge er Sie bei all Ihren Schritten leiten, möge er Ihre Unschuld, Ihre Sittenreinheit, Ihre jugendliche Klugheit und Ihre wachsende Frömmigkeit mit der Fortdauer seines gnädigen Schutzes belohnen! Dies ist eine ungewohnte Sprache Damen gegenüber; doch Sie haben einen Geist, der hoch erhaben ist über die leichtfertigen Begriffe eines durch Schmeichelei verführten Geschlechts, das nach einer kurzen Zeit trügerischer Verehrung eine bleibende, lang andauernde Verachtung über sich ergehen lassen muss. An der Schönheit übersättigt man sich im Besitz, mein holdestes Wesen; aber ich liebe auch Ihren Geist, und Ihre Seele ist mir so teuer wie meine eigene. Und wenn der Vorteil wissenschaftlicher Bildung, einige Kenntnisse und ebenso viel Weltverachtung im Verein mit dem Streben nach einer streng tugendhaften und religiösen Lebensführung nicht befähigen können, einige neue Gedanken in eine Brust zu pflanzen, die dazu so vorbereitet ist wie die Ihrige, so werden unsere Tage in Freude dahingehen und, anstatt uns mit trüben Ahnungen des Verfalls zu ängstigen, uns die Hoffnung auf ewige Jugend in einem besseren Leben einflößen. Ich kann mir nur ein paar Minuten von meiner Arbeit abstehlen, um an Sie zu schreiben, und habe keine Zeit, das Geschriebene noch einmal zu überlesen. Ich bitte Sie daher um Verzeihung für die ersten Proben meines Denkens, die ich mit so wenig Folgerichtigkeit entwickelt habe. Ich bin, teuerstes Mädchen, Ihr gehorsamster, ergebenster Diener.

(Lord Sunderland's Office, 1707)

Madame,

in welcher Sprache soll ich meine holde Schöne anreden, um sie mit den Empfindungen eines Herzens bekannt zu machen, an dessen Qualen sie sich ergötzt? Ich habe nicht eine Minute Ruhe, wenn ich Sie nicht sehe, und wenn ich bei Ihnen bin, so halten Sie mich in solcher Entfernung, dass ich mich noch abwesend fühle, wenn mir auch ein Blick auf die Reize vergönnt ist, denen zu nahen mir verwehrt wird. Mit einem Worte, Sie müssen mir einen Fächer, eine Maske oder einen Handschuh geben, den Sie getragen haben, oder ich vermag das Leben nicht länger zu ertragen; sonst müssen Sie gegenwärtig sein, dass ich Ihnen die Hand küsse oder, wenn ich demnächst neben Ihnen sitze, Ihnen das Taschentuch stehle. Sie selbst stellen ein so großes Maß an Güte dar, um auf einmal in Empfang genommen zu werden, damit mein Herz vor Freude über die reiche Gabe nicht springe. Teure Mrs. Scurlock, ich bin müde, Sie bei diesem Namen zu nennen; daher geben Sie mir den Tag an, an dem Sie, Madame, annehmen wollen den Ihres gehorsamsten, ergebensten untertänigen Dieners.

Friedrich II. von Preußen an
Louise Eleonore von Wree

Küstrin, 20. Februar 1732

*I*ch würde sehr undankbar sein, wenn ich Ihnen nicht meinen Dank aussprechen wollte, einmal darüber, dass Sie überhaupt nach Tamsel kamen, dann über die reizenden Verse, die Sie für mich gemacht hatten. Ich hätte mich einer Sünde schuldig zu machen geglaubt, wenn ich die Verse gleich gelesen und dadurch, wenn auch nur auf einen Augenblick, mich um den Zauber Ihrer Unterhaltung gebracht hätte. Gestern in abendlicher Einsamkeit fand ich Gelegenheit, alles in ungestörter Muße zu lesen und zu bewundern. Da haben Sie meine Kritik. Alles, was von Ihnen kommt, entzückt mich durch Geist und Grazie. Doch genug – ich breche ab, seh' ich Sie im Geiste doch ohnehin erröten. Ihrer Bescheidenheit aber, jedes weitere Verlegenwerden zu ersparen und zugleich von dem Wunsche geleitet, Ihnen einen neuen Beweis meines blinden Gehorsams zu geben, schicke ich Ihnen, was Sie von mir gefordert haben.

Als mein Gesandter soll mein Bild dich grüßen,
Und des Gesandten Dolmetsch sei dein Lied,
Was ich zu sagen dir bisher vermied,
Ich sag' es nun: Ich liege dir zu Füßen.

Ich trage Fesseln, aber jene süßen,
Von denen nie ein Herz freiwillig schied –
Mit jedem Ringe, jedem neuen Glied,
Wächst nur die Lust zu tragen und zu büßen.

Doch halt, o Lied, verrate nicht zu viel,
Verberge lieber hinter heitrem Spiel
Den Schmerz des Abschieds und des
　　Herzens Wunde,
Verberge deiner Wünsche liebstes Ziel,
Verschweige, dass nur Eine dir gefiel,
Um die du sterben möchtest jede Stunde.

So schicke ich Ihnen denn mein Bild. Ich hoffe, dass es
mich wenigstens dann und wann in Ihre Erinnerung
bringen und Sie zu dem Zugeständnis veranlassen
wird: er war *au fond* ein guter Junge, aber er langweilte
mich, denn er liebte mich zu sehr und brachte mich oft
zur Verzweiflung mit seiner unbequemen Liebe.

Madame de la Popeliniere an Kardinal Richelieu

(1740)

*M*ein Herzliebster, geliebtes Herz!
Warum schreibst du so kalt an mich, die doch nur für dich atmet, die dich anbetet? Mein Herz, ich bin ungerecht, du hast zu viel zu tun, deine Geschäfte lassen dir nicht die Muße, mir zu schreiben; sie quälen dich, des bin ich gewiss, mein Herz … Aber ich habe in deinem Brief jene Wendungen und Empfindungen vermisst, die aus der Seele kommen und die niederzuschreiben ebenso viel Lust bereitet wie sie zu lesen. Ich fühle eine Erregung, Herzliebster mein, die mich wie im Fieber durchwühlt, das mich obendrein noch plagt. Kaum hatte ich erfahren, der Kurier sei noch nicht abgegangen, als ich nicht mehr anders konnte, als dir noch diese paar Zeilen zu schreiben, um meinen kalten und zornvollen Brief wieder gutzumachen, den ich dir gestern geschrieben habe. Ich fühle das Weh, das ich dir antue, brennender als die heftigsten Schmerzen, ich liebe dich, ohne dir sagen zu können, wie tief, Herzliebster; mein Herz, du kannst mich nicht so sehr lieben, um fühlen zu können, wie ich dich liebe. Mein liebes Herz, ich sterbe daran, nicht bei dir sein zu dürfen, auch machen mir meine Drüsen sehr zu schaffen, sie haben sich ums Doppelte vermehrt und an anderen Stellen sind neue aufgetreten. Ich fange an, mir ein bisschen Sorgen zu machen, nur darum, denn der Grundstock meiner Gesundheit ist unverletzlich; es wird sicher nichts zu bedeuten haben, so hoffe ich. Hab nur Zutrauen in mich und sei ohne Sorge. Mein Herzliebster,

die Trennung von dir kostet mich noch das Leben, ich verzweifle schier. Ich habe immer nur dich geliebt, mein Herz, ich bin das unglückseligste Geschöpf auf Erden, ach, mein teures Herz, liebst du mich ebenso aufrichtig? Ich glaube es nicht, Ihr empfindet nicht so lebhaft, ich weiß es. Aber hab mich wenigstens so sehr lieb, als du vermagst ...

Manon Baletti an Giacomo Casanova

A h, wie mich mein Herr Bruder langweilt, es geht über alles Maß, und man kann nicht ungeschickter sein als er, aber sprechen wir nicht mehr von ihm, denn er hat mich in eine so üble Laune versetzt, dass ich sie keineswegs an Ihnen auslassen will.

Ich gehe daran, Ihren letzten Brief genau zu erwidern. Sie beginnen damit, Ihre Liebe zu mir sehr zu übertreiben, ich halte Sie für aufrichtig, schmeichle mir und wünsche keine andere Sache, als sie ewig dauern zu sehen. Wird sie es? Ich weiß wohl, dass Sie sich gegen meinen Zweifel auflehnen werden. Aber schließlich, mein teurer Freund, hängt es von Ihnen ab, dass Sie aufhören, mich zu lieben oder mich immer zu lieben? Aber gehen wir darüber hinweg, denn ich glaube, dass Ihnen diese Befürchtungen nicht sehr gefallen. Die Befürchtung, die Sie mir über die Ungewissheit, über das Gelingen Ihrer Projekte bezeigen, schmeichelt mir, weil sie mir Ihre Liebe beweist sowie die Lust, die Sie haben würden, mich in allen Stücken glücklich zu sehen. Ich versichere Ihnen, dass ich es sein würde, wenn ich Ihnen gehören könnte, und wenn Sie mir immer diese Zärtlichkeit bewahrten, die Sie mir schulden, um die meine zu begleiten. Aber ich will keineswegs, dass diese Befürchtungen der Anlass sind, dass ich Sie vergessen soll. Ich Sie vergessen, Sie zu lieben aufhören, wenn ich gewagt habe, es Ihnen zu gestehen! Sie kennen mich nicht, wenn Sie nicht um die Anstrengungen wissen, die ich gemacht habe, um die Neigung zu besiegen, die ich für Sie fühlte, als ich sie zu bemerken begann. Jetzt kann ich es Ihnen sagen, dass es mir glücklicher- oder unglücklicherweise nicht gelungen ist, aber das hat mir vielen und unnützen Kummer verursacht. Ich begann zu glauben, dass die Gefälligkeit, die ich für Sie zu haben bemerkte, nur eine schlichte Freundschaft wäre, aber die allerschlichteste, ich unterhielt mich mit Ihnen mehr als mit irgendeinem andern, aber ich sagte mir, er ist lustig, er hat Geist, und so ist das nicht verwunderlich. Aber schließlich fand ich mich beunruhigt, wenn Sie einen Tag verstreichen ließen, ohne in das Haus zu kommen. Ich war traurig, ernst und fand, dass ich träumerisch nur an Sie dachte, ach, ich habe gebebt, ich bemerkte die Neigung, die ich für Sie fasste, und ein Entsetzen hat mich gepackt. Was tue ich, sagte ich mir! Auf dem Punkt einen Mann zu heiraten, dem man mich versprochen hat und dem ich mich auch selbst angelobt habe, fasste ich nun eine Neigung für einen Mann, den ich vielleicht nicht mehr wiedersehen würde, der mich nicht liebt, denn damals glaubte ich mit gutem Recht, dass Sie mich nicht liebten ... Was würde aus mir werden, wenn ich so unklug und lächerlich wäre, einen zu lieben, der nur Gleichgültigkeit zeigt, das heißt, sich unglücklich machen. Aber manchmal bildete ich mir ein, dass Sie mich vielleicht auch lieben könnten, dass Sie mir, Verhältnisse halber, die es Ihnen nicht erlaubten, kein Liebeszeichen zu geben hätten. Die Dinge haben sich geändert, ein in Ungnade Gefallener hat Sie alles ganz und gar erkennen lassen, ich habe Sie entlarvt, und das hat Ihnen in meinem Herzen keinen Schaden verursacht! Möchte doch diese zarte Freundschaft, die wir füreinander haben, glücklich sein. Sie kann unser Glück und Unglück ausmachen, welche harte Wahl! Ist es so mühsam zu lieben? Aber gute Nacht, mein lieber Freund, ich sterbe vor Schlaf; meine Feder fällt mir aus der Hand, meine Augen schließen sich, aber da dies nicht alles ist, was ich Ihnen schreiben wollte, so will ich fortfahren, aber es hilft nichts, ich schlafe in allem Ernst, gute Nacht, gute Nacht, mein lieber Freund, behalten Sie mich immer sehr lieb. Wenn Sie mich ganz zufrieden stellen wollen, werden Sie meine Briefe verbrennen! Ich träume, dass ich sage: Ich liebe dich!

Marianne Lancon (die spätere Gräfin du Barry) an Herrn Duval

6. April 1761

*J*a, mein lieber Freund, ich habe es dir gesagt und wiederhole es: Ich liebe dich von Herzen. Du sagtest mir zwar das Gleiche, aber deinerseits ist's nur Mutwillen: gleich nach dem ersten Genusse würdest du nicht mehr an mich denken. Ich fange an, die Menschen zu kennen. Ich will dir sagen, wie ich denke, pass auf:

Ich will kein Ladenmädchen mehr, sondern meiner selbst ein wenig Meister sein und möchte daher jemand finden, der mich unterhielte. Wenn ich dich nicht liebte, so würde ich dir Geld herauszulocken trachten; ich würde dir sagen, du solltest den Anfang machen, mir ein Zimmer zu mieten und es zu möblieren; allein da du mir sagtest, dass du nicht reich wärest, so kannst du mich zu dir nehmen. Es wird dich nicht mehr Miete, nicht mehr für deinen Tisch und das Übrige deines Haushalts kosten. Mein Unterhalt und mein Kopfputz sind der einzige Aufwand, und dafür gib mir monatlich hundert Livres, und damit soll alles getan sein. Wir können so beide glücklich leben, und du wirst dich nicht mehr über Weigerung beklagen. Wenn du mich liebst, so nimm diesen Vorschlag an; wenn du mich aber nicht liebst, so lass uns jedes sein Glück anderswo suchen. Guten Tag, ich umarme dich herzlich.

Lancon

Johann Heinrich Merck an seine Frau

Kassel, 13. April 1767

Werde ich denn nie deine Nachrichten bekommen, meine liebste Freundin? Wenn du die Unruhe wüsstest, die dein Schweigen mir verursacht, so würdest du mir schreiben, oder du würdest es wenigstens eher getan haben. Ganze vierzehn Tage sind vergangen, ohne dass ich das Geringste von allem weiß, was ich, wenn ich es betrachte, am liebsten auf der Welt habe. In all der Langeweile, in der du bist, würdest du wenigstens einige Augenblicke für mich haben können. Aber wenn du mich als den Urheber aller deiner Ärger ansiehst – ach, was für eine finstere Ansicht! Ich rufe die Erinnerung an unsere erste Liebe an. Wenn ich nicht das Idol deines Herzens bin, der Gegenstand aller Wünsche, betrachte mich als den Vater deines Kindes, als einen Mann, der der Idee unterliegt, dich nicht vollkommen glücklich zu wissen. Mit welcher Ungeduld habe ich diesen Posttag erwartet. Nachdem ich die schlechteste Nacht auf der Welt zugebracht habe, stehe ich in aller Frühe auf, schicke zwei Mal zur Post, gehe selbst hin. Man sagt mir, dass der Kurier noch nicht da ist, ich schreibe im Büro meinen Namen ein, damit man mir meine Briefe sofort sendet. – Ich kann dir nicht sagen, wie ich meine Zeit verbracht habe; ganz hingenommen von meiner Traurigkeit; unfähig zu Geschäften. Das geringste Vergnügen, das sich mir bietet, kommt mir schlecht zupass; weil ich es nicht mit dir teilen kann, regt es mich auf.

Es ist ein bitteres Geschenk des Himmels, ein viel zu

empfindsames Herz zu haben. – Ein einziges Lächeln unseres lieben Kleinen erheiterte mich mehr als der Anblick all dieser entzückenden Gärten, eine einzige Zärtlichkeit von dir zu ihm verschafft mir eine köstlichere Illusion, als alle Schauspiele der Welt sie emporbringen können. Er zeigt mir das glückliche Bild, das mich erfreut hat und das mich noch erwartet. Ich bin jetzt nicht ruhig genug, um eine Beschreibung all der Sehenswürdigkeiten, welche diese Stadt enthält, geben zu können. Sie ist eine der schönsten und bemerkenswertesten von ganz Deutschland. Vor zwei Tagen ward sie von der Zerstörung Lissabons berührt. In der Nacht vom Sonntag zum Montag gab es hier ein sehr beträchtliches Erdbeben. Die Glocken läuteten, die Türen des Schlosses öffneten sich, und die Gewehre der Soldaten von der Leibgarde wurden von einer Ecke in die andere geworfen. Die Bewohner der Stadtmitte versammelten sich auf dem Hauptplatz, die Soldaten verließen ihre Posten aus Furcht, vernichtet zu werden. In der Neustadt, wo wir wohnen, spürte man nur leise Erschütterungen. Ich sorgte für mich nichts, aber am folgenden Morgen zitterte ich doch um mein Dasein. Leb wohl, meine zärtlichst Geliebte! Ach, dass ich dich nicht jetzt umarmen kann, dir nicht auf den Knien versichern kann, dass ich dich immer liebe.

Johann Heinrich Pestalozzi an seine Braut Anna Schultheß

(1767)

Mademoiselle, ich suche vergeblich meine Ruhe wieder. Ich sehe es, meine Hoffnungen sind verloren, ich werde die Strafe meiner Unachtsamkeit mit einem ewigen Kummer büßen. Ich habe es gewagt, Sie anzustaunen, mit Ihnen zu reden, Ihnen zu schreiben, Ihre eigenen Empfindungen zu denken, zu fühlen, Ihnen zu sagen. Ich sollte die Schwäche meines Herzens gekannt und solche Gefahren vermieden haben, wo jede Hoffnung verschwindet. Was soll ich nun tun? Soll ich schweigen und im stillen Gram mein Herz verzehren? Nein, ich will nicht schweigen! Es wird Erleichterung für mich sein, wenn ich weiß, dass ich nichts hoffen darf. Aber was hoffen? Nein, ich darf nicht hoffen! Sie haben Menalk gesehen, und ihm gleich muss der Mann sein, den Sie lieben können. Und wer bin ich? Welcher Abstand! –
Teure, innig Geliebte! So empfange auch du den feierlichen Eid ewiger Liebe! Ich stehe eben auf von meinen Knien, auf denen ich zum Herrscher im Himmel gebetet. –

Johann Christian Kestner an Lotte Buff

*L*iebenswürdige Demoiselle!
Sie wissen es schon, was ich für Sie empfinde. Das Herz hat seine Sprache und weiß sich auch ohne Worte genug zu erklären. Ich habe Ihnen das meinige sogar schon durch Worte entdeckt. Allein, um mir eine endliche Entscheidung meines Schicksals von Ihnen zu erbitten, lege ich Ihnen hiermit ein feierliches Geständnis davon vor.

Es ist dieses, dass ich Sie liebe, Sie hochschätze, Sie verehre; dass ich es fühle und überzeugt bin, dass ich Sie ewig lieben werde; dass ich in Ihre Genehmigung meiner aufrichtigsten zärtlichsten Gesinnungen gegen Sie mein ganzes Schicksal setze; dass ich endlich mich für den glücklichsten Menschen halten werde, wenn ich mir Hoffnungen machen kann, einst zu dem ewigen Besitze Ihres unschätzbaren Herzens zu gelangen.

Ob ich gleich hierüber längst und vom Anfange, da ich das Glück gehabt, Sie näher kennen zu lernen, mit mir eins gewesen, dennoch habe ich nicht genug gewusst, was ich mir für ein Urteil von Ihnen zu versprechen hätte, und meine zärtliche Ausforschung Ihres Herzens und Ihrer Neigung hat oft, zu meinem geheimen Kummer, einen Widerspruch mit dem zuweilen günstigen Anschein von Glück zu entdecken geglaubt.

Endlich vertraue ich diesem Brief meinen Antrag mit mehrerem Mute, als ich haben würde, wenn ich ihn mündlich tun wollte und mein Mund vielleicht dasjenige umsonst oder doch unordentlich ausdrückte, was ich empfinde, was ich wünsche, und so sehnlich wünsche.

Mein Antrag geht als dahin: Ob Sie sich mit mir in eine ernsthafte Verbindung einlassen möchten; in eine Verbindung, welche, sobald es die Umstände und die Vernunft erlaubten, ein ewiges Band unauflöslich machte, das nur dem Ausschweifenden, dem Wankelmütigen und Flatterhaften, dem, welcher die süße Harmonie zweier allein sich ergebenen Herzen nicht fühlen kann, sklavisch und lästig vorkommen wird, mir aber eine der größten unter den Glückseligkeiten des menschlichen Lebens zu sein scheint, wofern eine beiderseitige Bemühung sich vereinigt, um ein fortdauerndes gutes Vernehmen, Eintracht, Gefälligkeit, Zufriedenheit und Zärtlichkeit in ihrer Lebhaftigkeit zu erhalten, wovon wir ein schönes nachahmungswürdiges Muster in Ihren lieben und mir deswegen allezeit unendlich verehrungswürdigen Eltern vor uns sehen.

Ziehen Sie darüber zuerst Ihr Herz und Ihre Neigung zu Rate, hierdurch nur wird ein günstiges Urteil erst seinen wahren Wert bei mir erhalten; und, o möchten diese für mich reden! Alsdann werden Sie über dasjenige, was die Vernunft und die Überlegung hiebei anrät, sich mit Ihren lieben Eltern, denen ich meine Absicht schon vorläufig entdeckt habe, beratschlagen können. Um Ihnen darin nach meinen Kräften zu Hilfe zu kommen, so will ich Ihnen eine Regel vorschlagen; dass man nämlich nach meiner durch eine öftere Aufmerksamkeit auf die Begebenheiten der Menschen – wie auch durch Lesen und Hören – erhaltenen wenigen Einsicht in solchen Fällen vorzüglich auf dasjenige zu sehen hat, was fortdauert, nicht bloß im Äußerlichen besteht oder vergänglich ist. Man muss sich also in den Fall setzen, als wenn dieses alles nicht da wäre oder doch verschwinden könnte, und dann wählen. Dennoch wird man bei allen Dingen etwas wagen müssen, die man unternimmt. Es kommt alsdann nur darauf an, dass man Mut genug hat, bei dem einmal mit Überlegung gefassten Entschluss zu verharren und dass man selbst nicht unglücklich sein will, sondern seinen Zustand durch Vernunft und Klugheit zu verschönern sucht.

Ungeachtet mein brennendes Verlangen, eine Erklärung, und was noch mehr ist, eine günstige Erklärung zu erhalten, nicht bald genug erfüllt werden kann und es vielleicht mein Vorteil ist, wenn Sie weniger behutsam wären, dennoch liebe ich Sie zu sehr, wünsche allzu sehr Ihre künftige Glückseligkeit und suche in der Rechtschaffenheit zu sehr mein Glück, als dass ich Ihnen nicht anraten sollte, diese Entscheidung mit gehöriger Sorgfalt, wozu Ihrem Geiste die Natur hinlängliche Fähigkeit verliehen hat, vorzunehmen, in einer Sache, welche durch eine kurze Dauer von Zufriedenheit wenig schätzbar oft ein Elend wird und durch die Fortdauer erst den wirklichen Vorzug erhält. Sind Sie also von der Größe, der Wahrheit, der Aufrichtigkeit meiner Liebe überzeugt, so werden Sie auch in die natürliche Folge davon, Ihr Glück, Ihre Zufriedenheit und Ruhe befördern, keinen Zweifel setzen und meine zum Wankelmut und zur Flüchtigkeit nicht geneigte Denkungsart Ihnen deswegen auf die Zukunft Gewähr leisten. Sind Sie aber davon noch nicht überzeugt: Oh, so sagen Sie mir Ihre Zweifel, ich kann sie heben; geben Sie mir Proben auf, ich unterwerfe mich Ihnen.

Ich schließe und warte voll Ungeduld auf Ihren Ausspruch, indem ich mich, unter Empfindung der leb-
haften, Ihnen nur gewidmeten Zärtlichkeit, der Güte
Ihres Herzens empfehle und in angenehmer Erwartung nenne
Liebenswürdigste Demoiselle,
dero ewig ergebenster

Kestner

Karoline Flachsland an
Johann Gottfried Herder

Darmstadt, 26. September 1772

*I*ch lehne mich an deine redliche Brust, und mein Herz kann nichts als weinen. Heute deinen dritten Brief, Engel meines Lebens! Ich zerfließe fast in Tränen. Ach, was bin ich, armes Mädchen, dass du mich so lieb hast! Was wird aus mir werden, wenn ich einmal bei dir sein werde, auf deinem Schoß, an deiner Engelsbrust, dich selbst hören, lieben, über alles in der Welt lieben werde! Wie kann ich, wie werd' ich das fassen! Du, du, mein Herder, wirst mir Leben und Seligkeit und Himmel und neue große Seele geben – aber ich dir nichts als gute, treue, ganze Liebe. Wie bange wird mir oft über mein Nichts! Du machst dir ein ganz anderes Bild aus mir, als du finden wirst, und wie wird's dann sein? Ich denke immer furchtsam und freudig schauernd an unser Wiedersehen. Ewiges Band von treuester Liebe – edlem Leben und Würdigkeit! O Gott, bin ich das wert? Wert eines solchen himmlischen Lebens? Es geht über all mein Denken und Hoffen! Ich kann nichts davon reden; es ist nichts, und deine Briefe, edelster Jüngling, sind alles, was Himmel und Elysium heißt. Hier sind meine leeren, schwachen, verlangenden Arme, die ich tausend Mal des Tags nach dir ausstrecke und um deinen Hals werfe und die jeden Baum, der mir Schatten und Freude gibt, für dich, mein Einziger auf der Welt, umfassen. Oh, wie wird mir's sein, dich wiederzusehen, dich selbst zu umfassen! Dein ganzes edles, erhabenes Herz in meinen Armen! Wie wollen, werden und können wir einst zusammenleben, wenn du mich erst durch deine Gegenwart und Aufmunterung neu geschaffen hast! Gott wird dein edles Herz belohnen! Ich kann nichts als niederknien und für dich beten. Aber meine Kräfte will ich anwenden, dich zu lieben; nicht Süßeres ist für mich auf der Welt. Oh, ihr goldenen Träume, wann werdet ihr erfüllt? Wann können Sie sich einmal aus Ihrer traurigen Öde und Lage (mein Herz bricht mir, wenn ich an Ihren einsamen Zustand in Bückeburg denke) losreißen, um uns nur wenigstens einige Tage zu sehen, zu sprechen! Wie viel hätten wir uns zu sagen und – sehen musst du mich noch zuerst und dein Herz prüfen, ob ich dir denn auch noch gefallen kann, wenn ich sichtbar um dich bin. Ach Gott, das erwarte ich wie ein Todesurteil. Können Sie künftiges Frühjahr herkommen, uns nur zu sprechen, liebster, einziger Freund? Von unserer künftigen, glückseligen Hütte, von unserer Liebe, von unserem ewig treuen Bande, was hätten wir da zu sprechen und holten neuen Mut und Hoffnung in unsere Arme und Herz! Wenn du es möglich machen kannst, so komme, holder, süßer, einziger Freund, nach dem trüben Winter zu mir. Ach, wie lang wird mir der Winter werden! Zumal dich so einsam zu denken! Oh, wär' es doch vorbei und wir könnten zusammen in einem neuen Leben wandeln! Doch wirst du auch künftiges Frühjahr kommen können?

Was soll ich sagen? Du wartest auf einen Wink, auf den Aufschluss meiner Seele? Was soll ich sagen, Engel meines Lebens? Weißt du denn nicht, dass du handeln kannst, wie du willst, Lieber, dass ich nur ganz nach deinem Willen, nach deiner Einrichtung lebe – dass ich in einer armen, niedrigen Hütte schwarzes Brot mit dir essen und gesundes Wasser mit dir trinken will und ebenso glücklich und vielleicht glücklicher sein werde als im Glanz der Welt? Ach, warum sind wir nicht näher beisammen, damit mein Herder nicht fragen müsste: ob mein Herz ihn verstände? Guter Gott, lass mich doch nie so sinken, dass ich die Großmut und edle Seele meines Herder verkenne! Rede, rede, Engel Gottes, was dein Herz verlangt, wünscht, hofft, will – du weißt, dass ich mit Ruhe und Zufriedenheit deinen Ausspruch höre, wenn es uns auch noch jahrelang (aber das verhüte Gott) entfernte. Oh, hätte ich deinen Lebensplan einzurichten und das Vermögen dazu, die Wolke, die dich umgibt, sollte heute zerfließen, und ich würde heute zu dir fliegen und deine Trösterin, Pflegerin und – gutes Weibchen werden. Aber leider, mir ist alles Gute zu tun in der Welt versagt. Hoffen wir und werden nicht müde, uns zu lieben; wie groß und köstlich wird einmal unser Leben sein! Mein Lohn unendlich groß! –

Graf Mirabeau an Sophie von Ruffei

(aus dem Kerker von Vincennes)
August 1777

egenwärtig suchen mich Träume heim, und ich fühle eine Schwäche wie noch nie vorher. Ich weiß, dass bei Menschen und Tieren während des Schlafes mehr oder weniger zufällig die Vorstellungen wieder auftauchen, die am Tage die Seele am meisten beschäftigt haben; aber das genügt nur meiner Vernunft, während das Gefühl sich nicht besiegen lässt. Es scheint mir unmöglich, dass zwischen uns nicht eine Art unsichtbare Beziehung bestehen sollte, die uns gegenseitig verrät, was einen von den Empfindungen des anderen interessiert. Seit ich deine Briefe bekommen habe, sind meine Träume froher geworden, und oft sind sie so köstlich, aber vorher hatte ich welche, einen vor allem, der mich aus dem Bett trieb, so sehr fürchtete ich, ihn zu wiederholen. Jetzt bringt mir jede Nacht einige der vergangenen Ereignisse in unserer Liebe zurück, oft ist die Einbildung so stark, dass ich dich höre, dich sehe, dich berühre:

Vor drei Tagen war ich bei der Barbaud, an jenem Tag, als du einwilligtest, mich glücklich zu machen. Alles verdeutlichte sich oder vielmehr wiederholte sich bis in die kleinsten Einzelheiten hinein. O Götter, ich schauere noch vor Liebe und Wollust, wenn ich daran denke. Dein Kopf auf meine Arme gestützt... dein schöner Hals, dein marmorweißer Busen, meinen brennenden Küssen freigegeben; meine Hand, meine glückliche Hand wagt sich zu verirren, ich hebe die gefürchteten

Schutzwände, von denen du mich stets so sorgsam fern gehalten hattest, fort... deine schönen Augen schließen sich... du erbebst, du zitterst... Sophie, darf ich? O meine Freundin, willst du mich glücklich machen? Du antwortest nicht... du birgst dein Gesicht an meiner Brust... die Lust berauscht dich, aber die Scham quält dich... mein Verlangen verzehrt mich, ich werde ohnmächtig... ich komme wieder zu mir... ich nehme dich in meine Arme... vergebliches Mühen... der Boden sinkt unter meinen Füßen... ich verschlinge deine Reize und kann sie nicht genießen... Die Liebe erschwerte den Sieg, um seinen Lohn zu erhöhn. Aber die Hindernisse waren nutzlos... verwünschte Nachbarschaft raubte mir alle Kräfte... Welche Augenblicke, welche Verzückung, welcher Zwang, wie viel unterdrückter Taumel, wie viel halb gepflückte Genüsse! Und das alles, meine Freundin, empfand ich nun abermals, ich presste dich gegen das Bett, das dann der Zeuge meines Siegs und meines Glücks geworden ist... ich presste dich wider jene Sessel, wo alles mir unüberwindlichen Widerstand leistete, denn welche Art von Schönheiten vereinigtest du nicht?... Zuletzt erwachte ich voll Erregung und Verwirrung und bemerkte, bis wohin mich der Taumel hatte führen können...

Bist auch du manchmal glücklich, liebes Herz? Scheinen auch dir die Träume meine Liebe in Wirklichkeit zu bringen? Fühlst du meine Liebkosungen, überschüttest du mich mit deinen eigenen? Erweckt das Feuer deiner Küsse ein wenig den Unzertrennlichen zum Leben? Mein Kleines, du sagst mir, dass du träumst, und du sagst mir nicht, was du träumst. Bist du mir nicht Rechenschaft über deine Nächte wie über deine Tage schuldig? O sicher, sicher. Sie gehören viel mehr mir, ganz mir. Erzähl mir doch von dem, was du dir vorstellst, süße Gattin! Täusche den Raum, der uns trennt, umarme deinen Freund, lass ihn sehen, dass er deine Phantasie nicht minder wie dein Herz besitzt. Deine Seele ist so glühend, wären da deine Sinne kalt wie Eis? Nein, nein, gewiss nicht, die Natur gab dir alle Leidenschaft, deine Erregung ist köstlich und fein wie dein fühlendes Herz. Es gefällt mir wenigstens, es zu glauben, und das ist meine einzige Selbstgefälligkeit: sie kommt nur von dir und alles Übrige ist in dir. Leb wohl, liebe, unvergleichliche Geliebte.

Leb wohl, Gattin meines Herzens, Vielgeliebte deines Gabriel. Leb wohl, du bist sein Alles, seine Göttin, sein Leben, sein Weltenall. Nimm alle Küsse wieder, die du mir geben möchtest. Ich streue sie über deinen schönen Leib, und sieh, der kleinste Fleck hat seinen – doch wie viele fliehen in den Schatten des süßen Wäldchens, das über der Liebe im Tempel steht! ...

Johann Wolfgang von Goethe an
Charlotte von Stein

8. Januar 1776

*I*ch bin geplagt und so gute Nacht. Ich habe liebe Briefe gekriegt, die mich aber peinigen, weil sie lieb sind. Und alles Liebe peinigt mich auch hier, außer Sie, liebe Frau, so lieb Sie auch sind ...

27. Januar 1776

Liebe Frau, ich war heute Nacht von einem Teufels-humor zu Anfang. Es drückte mich und Louisen, dass Sie fehlten ... Carl gab mir das Zettelchen, das machte die Sache ärger, mich brannte es unter den Sohlen, zu Ihnen zu laufen ... Wir dachten an dich, liebe liebe Frau. Kommst doch heute Abend.

28. Januar 1776

Lieber Engel, ich komm' nicht ins Konzert! Denn ich bin so wohl, dass ich nicht sehen kann das Volk! Lie-ber Engel! Ich ließ meine Briefe holen, und es verdross mich, dass kein Wort drin war von dir, kein Wort mit Bleistift, kein guter Abend. Liebe Frau, leide, dass ich dich so lieb habe. Wenn ich jemanden lieber haben kann, will ich dir's sagen. Will dich ungeplagt lassen. Adieu, Gold. Du begreifst nicht, wie lieb ich dich hab'.

Mit Ihnen unter dem Dache! Ich fange wieder an zu schreiben, es wird eine Billett-Krankheit unter uns geben, wenn's so von Morgen zu Nacht fortgeht. Der Herzog lässt mich und Wedel hier oben sitzen und steht hinter Ihrem Stuhle, schwör' ich – Er kommt – Wir haben heute viel Guts gehandelt über die Vergangenheit und Zukunft: ich sehe viel voraus, das ich nicht ändern kann. Gute Nacht, goldne Frau.

30. Januar 1776

Das schrieb ich gestern Nacht, und jetzt einen guten Morgen und Stella. Ich habe gut geschlafen, und meine Seele ist rein und voll frohen Gefühls der Zukunft. Kommen Sie heut zum Hof? Louise war gestern lieb. Großer Gott, ich begreife nur nicht, was Ihr Herz so zusammenzieht. Ich sah ihr in die Seele, und doch, wenn ich nicht so warm für Sie wäre, sie hätte mich erkältet … Nun, liebe Frau, bewahr' dich Gott und hab' mich lieb. Ist doch nichts anders auf der Welt.

Gottfried August Bürger an »Molly«
(Auguste Leonhart)

12. November 1779

Wie brünstig ich dich im Geiste umfange, lässt sich mit Worten nicht beschreiben. Es ist ein Aufruhr aller Lebensgeister in mir, der, wenn er sich bisweilen legt, mich in solcher Ermattung an Leib und Seele zurücklässt, dass ich schier den letzten Odem zu ziehen meine. Jede kurze Stille gebiert noch heftigere Stürme. Oft möchte ich in der finstersten, sturm- und regenvollsten Mitternacht aufspringen, dir zueilen, mich in dein Bette, in deine Arme, kurz in das ganze Meer der Wonne stürzen und – sterben. O Liebe, Liebe! Was für ein gewaltiges, wundersames Wesen bist du, dass du Leib und Seele so gefangen halten kannst! Siehe, du Einzige, sie fesselt mich an dich so fest und innig, dass ich nirgends hinkann, weder zur Rechten noch zur Linken! Aller andern Neigungen, aller! wären sie auch noch so sehr mit meinem Charakter und Wesen verwebt, kann ich mich entschlagen, aber unmöglich, unmöglich! des Gefühls, welches macht, dass du mir das liebste, süßeste Geschöpf in Gottes unermesslicher Schöpfung bist. Ich lasse meine Phantasie ausfliegen durch alle Welten, ja durch alle Himmel, und aller Himmel Himmel, lasse sie betrachten, was nur irgend wünschenswürdig ist, und es neben dir wägen, aber bei dem ewigen Gott! sie findet nichts, was ich so feurig wünschen könnte, als ich dich, du himmelsüße, in meine Arme wünsche!
Könnte ich dich mir damit erkaufen, dass ich nackend und barfuß durch Dornen und Disteln, über Felsen,

Schnee und Eis die Erde umwanderte, oh, so würde ich mich noch heute aufmachen, und dann, wenn ich endlich verblutet, mit dem letzten Fünkchen Lebenskraft, in deine Arme sänke und aus deinem liebevollen Busen Wollust und frisches Leben wiedersöge, dennoch glauben, dass ich dich für ein Spottgeld erkauft hätte ...

Christian Friedrich Daniel Schubart
und seine Frau Helene

CHRISTIAN F. D. SCHUBART
AN SEINE FRAU

Hohenasperg, im Juli 1785

O du! Nur zwei Worte durch des Meules Tochter. Seit der Stunde deines Abschiedes bin ich nur Halbmensch – und vegetiere nur. Deinen unaussprechlichen Wert lernt' ich aufs Neue mit Entzücken schätzen. Meine Liebe ist seitdem ein Sturm; möchte Bäume auswurzeln, Hügel wegblasen und hinstürmen zu dir – du Erste!! – Aber nun ist's wieder wüst und leer um mich – ein Chaos voll Nacht und ohne Liebe.

Meine Hoffnung, dich wiederzusehen, ist ein Strohhalm, der knickt, wann man sich anlehnt.

Doch Gott, der Liebe Urquell, wird auch uns helfen, die wir funkelnde Wasserstrahlen von diesem Quell sind.

Liebes Weib – ach, mit Entzücken nenne ich dich so – ich gestehe dir's hiermit offen:

»Ich muss nach Stuttgart; oder ich kann mein Versprechen ans deutsche Publikum nicht halten.«

Meinethalben mag der Herzog mich einsperren und – wenn ich nur vor meinem Vaterlande mit Ehren bestanden bin – frikassieren und braten. Um Gottes willen, warum ist man taub gegen mein Jammergeschrei nach dürftiger Freiheit? – Wenn nichts erfolgt, so schreib' ich nächstens an den Herzog selber und ächz' ihm meine Klage vor.

Seit deiner Abwesenheit bin ich immer kränklich. Du –

meine Kinder –, die ich nach neun Jahren das erste Mal wiedersah, habt mich bis zum Sterben durcheinander gerüttelt. Meine Nerven dröhnen noch vom Fußtritte eurer Liebe. Tränengüsse entstürzen mir noch täglich, und ich schäme mich oft, wenn ich ans große Wort Jesu denke:
Wer Weib, Sohn, Tochter –
Mehr liebt denn mich –,
Ist mein nicht wert.
Doch weg von diesem Artikel, in dessen Flammen ich brate. Abgekühlt!! …
Wär' ich doch frei! – Aber meine Kette scheint mit dem ersten Ringe an Jupiters Thron zu hängen.
Guten Morgen, guten Mittag, guten Abend, gute Nacht – und sanften Schlummer, süßes Erwachen, steten Seelenfrieden, Freud' im Tod, fröhliche Urständ, Belächeln der Liebe Gottes und ewige Zusammenkittung mit dir – wünscht – dir

dein Schubart, so ganz dein Schubart.

HELENE SCHUBART AN IHREN MANN

Stuttgart, 27. Januar 1787

Aus deinem Brief muss ich den Schluss machen, dass du gegenwärtig wieder voll Ungeduld bist, mein Gott, was will, was soll denn noch aus uns werden, zwar sind wir Menschen, und ich kann dir's nicht verdenken, wenn du oft mutlos bist, aber sage mir, was nützt es, wenn wir uns vollends zu Tode quälen, häufen wir nicht unsere Leiden noch mehr dadurch und versündigen uns an Gott und uns selbst; ich bitte dich deswegen um Gottes willen, fasse Mut und sei noch ein wenig geduldig, Gott wird und muss uns endlich helfen. Auch bitte ich dich, verschone mich doch mit so bitteren Vorwürfen. Du weißt ja, dass ich's nicht ertragen kann, sie sind mir ärger als der Tod. Niemand kann mehr darunter leiden, dass wir so getrennt leben müssen, als ich. Aber sage mir, wie kann oder soll ich es ändern, ich will dir gerne folgen; übrigens hast du Recht, dass mein Herz geteilt ist und dass ich suche, meine Pflichten sowohl gegen dich als auch gegen unsre Kinder zu erfüllen, und dies kann ich nicht lassen, solange ein Odem in mir ist. Ich dichte, bete und sorge mich fast zu Tod', wie ich immer alles zu eurem Besten einrichten soll, aber was mir unmöglich ist, kann ich nicht ändern ...

Ich bin ewig deine getreue Schubartin.

Friedrich Hölderlin und Louise Nast

(Frühjahr 1788)

Was wir doch für Menschen sind – Liebe! Ich meine, dieser Augenblick, da ich bei dir war, sei seliger gewesen als alle, alle Stunden... Unaussprechlich wohl war mir's, als ich so oben am Berg ging und deinen Kuss noch auf meinen Lippen fühlte. – Ich blickte so heiß in die Gegend, ich hätte die ganze Welt umarmen mögen – und noch, noch ist's mir so! Deine Veilchen stehen vor mir, Louise! Ich will sie aufbewahren, so lang ich kann. Weil du den Don Carlos liest, will ich ihn auch lesen, auf den Abend, wenn ich ausgeschafft habe.

Ich mache wirklich über Hals und Kopf Verse – ich soll dem braven Schubart ein Paket schicken.

Auf meinen Spaziergängen reim' ich allemal in meine Schreibtafel – und was meinst du? An dich! An dich! Und dann lösch' ich's wieder aus. Dies hatt' ich eben getan, als ich vom Berg herab dich kommen sah.

O Liebe! An Gott und an mich denkst du in deinem Stübchen? Bleibe du so, wenn du schon vielleicht die Einzige unter Hunderten bist.

Kommt deine Jfr. Schwester Wilhelmine heut? Hast du ihr das Briefchen geschickt? Oder giebst du's ihr erst? Ich höre, sie befindet sich besser. Ich soll Bilfingern auch ein Briefchen schicken, aber ich seh', es ist unmöglich bis morgen.

Wann ich nur immer so zufrieden bliebe, wie ich jetzt

bin. Doch – ich liebe dich ja unter jeder Laune fort – mein Zustand ist also doch nicht der schlechteste. Denke recht oft an mich. Du weißt's – ich bleibe unzertrennlich.

dein Hölderlin

(Tübingen, Winter 1789)

Liebe, gute Louise! Noch nie fühlte ich den Wert deiner edlen Seele stärker, sah nie meinen Abstand von dir deutlicher als bei deinem letzten lieben Brief. O könnt' ich zu deinen Füßen den trüben Augenblick dir abbitten, den ich dir vielleicht durch meine trübsinnige Laune machte, könntest du sehen, wie unwürdig deiner so unbeschreiblich edlen Liebe ich mich in dem Augenblick fühle, wann ich daran denke, dass meine Grillen die Achtung, die ich ewig für dich habe und haben soll, so unverzeihlich beiseit setzen. Louise! Louise! Liebes herrliches Mädchen! Und du antwortest mir mit dieser himmlischen Güte? Liebst mich noch ebenso heiß? Tröstest mich so zärtlich über meiner freilich ziemlich traurigen Lage? Täglich, täglich neue Beweise – wie viel ich an dir habe – je öfter ich den Brief lese, desto schätzbarer wird er mir – kein Wort deiner Liebe entging, keine Silbe, die mich so ganz in dein schönes Herz sehen ließ. O lieber Gott! Was müssen das für selige Tage sein, da wir auf ewig vereint so ganz füreinander leben – Louise – was werd' ich da an dir haben. Du wirst mich aufheitern in trüben Stunden, du wirst mir die Lasten, die ich zu tragen habe, versüßen, du wirst mich mit der Welt versöhnen, wann ich beleidigt bin, du wirst mir alles, alles sein – Oh! Ich bin so glücklich!

Ich verspreche dir von nun an, süßes, liebes Mädchen – von nun an – wann ich wieder so feindselig schreibe, will ich nimmer dein Hölderlin sein. Was ich diesen Nachmittag für eine selige Stunde hatte! Ich wollte deinen letzten Brief wieder lesen – bekam aber einen ältern in die Hand – und dann wieder einen andern – bis ich endlich alle gelesen hatte – auch den allerersten, liebe Seele! Sie haben mein ganzes Herz, schriebst du damals, und – o Gott! Ich hab' es noch, nach so vielen Prüfungen, die über dich ergangen sind, nach so vielen Leiden, die du um mich ausstehen musstest, hab' ich es noch, dieses teure Herz, und nicht wahr, liebe Louise! Ich werd' es ewig behalten? – Ich musste innehalten, der Gedanke, dass ich dein Herz habe, und die Erinnerung an all die Wonne der Vergangenheit machte mich ganz weich …

dein Hölderlin

(Tübingen, Anfang 1790)

Dank! Tausend Dank, liebe Louise, für deinen zärtlichen, tröstenden Brief! Er hat mich wieder froh gemacht. Ich glaube wieder an Menschenglück. Die Blumen machten mir unbeschreibliche Freude. Ich schicke dir den Ring und die Briefe hier wieder zurück. Behalt sie, Louise! Wenigstens als Andenken jener seligen Tage, wo wir so ganz für uns lebten, dass uns kein Gedanke an die Zukunft trübte, keine Besorgnis unsere Liebe störte. Und weiß Gott! Louise! Ich muss offenherzig sein – es ist und bleibt mein unerschütterlicher Vorsatz, dich nicht um deine Hand zu bitten, bis ich einen deiner würdigen Stand erlangt habe. Unterdessen bitt' ich dich, so hoch ich kann, gute, teure Louise! dich nicht durch dein gegebnes Wort, bloß durch die Wahl deines Herzens binden zu lassen. Du wirst es für unmöglich halten, gute Seele, einen andern zu lieben, wie du mir schon so oft bezeugt hast – aber so mancher liebenswerte Jüngling wird indessen dein Herz zu gewinnen suchen, so mancher achtungswürdige Mann um deine Hand dich bitten, ich will heiter dir Glück wünschen, wenn du einen würdigen wählst, und du wirst dann erst einsehen, dass du mit deinem mürrischen, missmutigen, kränkelnden Freunde nie hättest glücklich werden können. Sieh! Louise! Ich will dir meine Schwachheit gestehen. Der unüberwindliche Trübsinn in mir – aber lache mich nicht aus – ist wohl nicht ganz, doch meist – unbefriedigter Ehrgeiz. Hat dieser einmal, was er will, dann und bälder nicht, werd' ich ganz heiter, ganz froh und gesund sein. Du siehst jetzt den eigentlichen Grund, warum ich den freilich zu raschen Vorsatz fasste, unser Verhältnis äußerlich anders stimmen zu wollen. Ich wollte dich nicht binden, weil es ungewiss ist, ob jener mein ewiger Wunsch jemals erfüllt, ob jemals dieser – eben menschliche – Ehrgeiz befriedigt wird, ob ich also jemals ganz heiter, ganz froh und gesund werden kann. Und ohne dies würdest du nie ganz glücklich mit mir sein. Unsre Liebe könnte die nämliche bleiben, aber desto mehr müssten dich meine bösen Launen, meine Klagen über die Welt und was der Torheiten mehr sind, die mir zur andern Natur worden sind, diese würden dich desto mehr schmerzen, je stärker du mich liebtest, und je stärker sonst in guten Stunden meine Liebe zu dir wäre. Aber treulos kann ich nie werden. Und wirst auch du nie. Denn das ist nicht treulos, wenn du auf Bitten deines Geliebten, der aus Überzeugung, dass er dich nie so glücklich hätte machen

können, als der Würdigere – dich bittet! wann du alsdann den Würdigern wählst! – das ist nicht treulos! Du
würdest immer noch, als beglückende Gattin eines andern, an den Freund deiner Jugend denken, und deine
vorherige Liebe zu ihm würde bloß durch den Gedanken eingeschränkt werden, wegen seiner unbezwingli-
chen drückenden Schwachheiten würdest du nie ganz
glücklich mit ihm haben sein können. Und so würdest
du gewiss nie treulos! Und ich würde denken, meine
Liebe ist nicht für diese Welt! Und mich deines Glückes
freuen, wollte mir sogar getrauen, dich an der Seite deines Gatten zu sehen – und euer beider Freund zu sein.
Ich weiß schon, Liebe, was du mir darauf antworten
wirst. Ich hätte vielleicht auch gar nichts davon geschrieben, wenn ich dir gern nur einen einzigen Zug in
meinem Charakter verbergen möchte. Lebe wohl, teures, einzig geliebtes Mädchen! Ewig

dein Hölderlin

LOUISE NAST AN HÖLDERLIN

(Maulbronn, Weihnachten 1788)

O lieber Fritz! Da sitz' ich und habe fast alle deine Briefe
vor mir, das ist mein einziges Vergnügen, und da ist
mir's so über alles wohl, bin so glücklich, wann ich
allein sein kann, es ist schon wirklich 12 Uhr, und doch
konnte ich mich nicht satt lesen, oh, es ist meine liebste
Lektüre. Hast Recht, er macht mir viele Sorge, dein
Brief, ganze Nächte konnte ich nicht schlafen, und doch
ist es mir so lieb, dass ich um aller Welt Schatze ihn
nicht gebe, oh, dich haben, welche Seligkeit, und Fritz,

noch so lange bis Ostern, noch so lange dich nicht sehen, so lange von dem getrennt sein, der mein Alles ist. Doch der Gedanke, dass du mein bist, mein bleibst, nicht wahr, lieber Fritz? Auch Jahre lang Trennung macht dich nicht kälter gegen mich, o nein, du bleibst der liebe Fritz, der du warst bei deinem letzten Besuch, ich weiß sie alle noch, die lieben Worte, tief sind sie in meinem Herzen, auch du wirst sie noch zurückrufen können, diese seligen Freuden, auch bin ich manchmal so glücklich, mir sie vorträumen zu können, oh, und letzthin einen herrlichen Traum, den ich um alles nicht gebe, du standst oben, wo man ins Kloster geht, wirst es wohl noch wissen, ach, vergangne Zeiten, wo ich dich so oft sah, strecktest deine Arme sehnend nach mir aus, Gott im Himmel, welcher Anblick, deine schwarze Kutte, alles wieder wie vorher, ach, und es war ein Traum, und sie sind entflohen, die glücklichen Zeiten, stummer Schmerz tritt an ihre Stelle, und warum dies alles, diese Klagen? Mein Fritz ist ja noch mein, er ist mir noch so treu wie hier, oh, er ist noch mein, auch mich soll nichts von dir trennen, kein Unglück, kein Schicksal, nur dich und eine Hütte, so schlecht sie ist – sie ist mir ein Königreich, oh, mit dir sind auch dornige Wege mit Rosen bestreut. O Gott, lieber Vater, an deiner Hand werden sie doch auch vorübergehen, die Jahre der Trennung, sie flieht ja sonst schnell, deine Zeit, aber der Liebe werden es Ewigkeiten sein, nicht lange mehr wird wieder ein Paar aus meiner Freundschaft das Band der ewigen Treue knüpfen, das liebe Mädchen ist wirklich hier, meine Heinerike, sie scheint recht vergnügt, wir haben schon viel von dir, Lieber, geschwatzt, wir erinnern uns oft an die glücklichen Zeiten in L. – Und tausend Mal dankte ich ihr für ihre Liebe, das gute Mädchen, wenn sie mir recht glücklich wird, sie hat es nur an uns verdient, lieber Fritz. Schreib nur recht viel, ich freue mich schon wieder auf den nächsten Botentag, oh, es waren lange Feiertage, keinen Brief konnte ich von meinem Fritz bekommen, leb wohl, schlaf wohl, es ist schon recht spät. ewig

deine Louise

(Maulbronn) 19. Januar 1789

Lieber guter ...

O der süßen Worte deines lieben Briefs. Ach, nur noch elf Wochen, und dann, Fritz, all die Seligkeit in deinen Armen, o könntest du's fühlen, wie mein Herz bei diesem Gedanken stärker schlägt, bald wieder in den Armen meines Fritz ... O der Wonne, die sich nicht beschreiben lässt, da keine Worte sind, sie zu sagen, o Gott, lieber Vater, wie machst du uns glücklich, was für Tage müssen es sein, lieber teurer Fritz, wo wir ganz füreinander leben, wann uns kein Schicksal, keine Zeit, auch der Tod selbst uns nicht trennen kann, auch dort in jenen himmlischen Gegenden ewige Fortsetzung unserer Liebe ist, Gott! Wie bin ich so glücklich, lieber Fritz, Geliebter mein ... Jedes Plätzchen, das ich von meinem Fenster aus sehen kann, mahnt mich an tausend selige Augenblicke in jenen glücklichen Zeiten, nur du wohnst in meiner Brust von Sterblichen, jeden Augenblick für dich sie aufopfern würde ich, oh, für dich, liebes gutes Herz, welche süße Aufopferung, und dies Sehnen jetzt, könntest du – ach könntest du jetzt eilen an dies klopfende Herz, und deinen Schattenriss, wie fest drück' ich ihn an mein Herz, nein! So warst du noch nie getroffen, jeder Zug wird mir wieder so lebhaft, Gott, und dies himmlische Lächeln, aber nein, ich muss schweigen, sonst möchtest du meinen, ich hab' es dir abgelernt, und doch, mein Herz, empfind' ich so viel dabei, bist eben doch ein recht lieber Schmeichler, wenn ich gleich nur zu gut weiß, dass du nicht Recht hast. Heinerike machte mir schon viele Pläne, hier in ihrem Haus wär's herrlich, einen herzguten Mann hat sie, der bald auf unserer Seite ist, doch in elf Wochen lässt sich noch vieles denken, und dann dich wiederhaben, dich in meine Arme schließen, als wollt' ich dich nimmer lassen, welche Seligkeit … Lebe wohl, meiner Seele ist es schon späte Nacht, ich kann so lang nicht an dich schreiben, außer es ist alles im Bett, sonst bin ich nicht ruhig, viele Grüße von meiner Rike, für deinen Wunsch lässt sie dir danken, er wird bald guten Erfolg haben, schlaf gut, liebes Herz.

Ewig deine treue   *Louise*

Wilhelm von Humboldt an Henriette Herz

(Tegel 1787) Mittwochabend

nd ich sollte je aufhören können, Sie zu lieben, Sie je nur weniger innig, weniger herzlich lieben können als jetzt? Nein, Henriette, halten Sie mich jeder Schwachheit, jedes Fehltritts fähig, nur keiner Untreue, keiner Unbeständigkeit, ich bitte Sie darum. Wenn Sie wüssten, wie Sie, und nur Sie allein meine ganze Seele beschäftigen, wie ich nur dann recht froh, recht zufrieden bin, wenn ich bei Ihnen sein oder doch recht ungestört an Sie denken kann, wie meine Aussicht in eine glücklichere Zukunft sich nur darauf gründet, dass Sie, meine Teuere, fortfahren, mir so gut zu sein, als ich oft glaube, dass Sie mir jetzt sind; oh, dann würden Sie nicht besorgen – und wenn es denn eine Besorgnis für Sie ist –, dass ich je aufhören könnte, das für Sie zu empfinden, was ich jetzt empfinde. Wie lange schon suchte ich, sehnte ich mich nach einer Freundin, der ich mein ganzes Herz ausschütten, deren Vertrauen ich verdienen, die ich recht, recht innig lieben und dadurch glücklich sein könnte. Diese Freundin habe ich jetzt gefunden, teuerste, innigst geliebte Henriette – denn Sie haben mich ja Ihrer Freundschaft gewürdigt, erlauben mir ja, Ihnen jede Empfindung meines Herzens zu entdecken – und ich sollte jetzt dieses Glück nicht zu schätzen wissen, sollte es nicht genießen, nicht so lange genießen wollen, als Sie mir es nur zu genießen verstatten? Ist denn auch das, was ich für Sie empfinde, von der Art, dass es so leicht wieder erlischt, so leicht von Gegenstand zu Gegenstand flattert?

Oh, Henriette, klagen Sie die Freundschaft, die reinste, innigste, herzlichste Freundschaft nicht so ungerecht an! Ich fühle zu sehr, dass meine ganze Ruhe, meine ganze Zufriedenheit nur von Ihnen abhängt, dass Ihre Freundschaft mir unentbehrlich geworden ist, als dass ich nicht alles tun sollte, sie mir zu erhalten ...

(Berlin 1787) Sonnabendnachmittag

Wie herzlich leid hat es mir getan, teuerste Freundin, dass ich gestern nicht habe zu Ihnen kommen können, aber ich konnte wirklich nicht. Und doch bin ich den ganzen Nachmittag bei Ihnen gewesen, denn ich habe immer nur an Sie gedacht. Allein freilich unterscheidet sich dadurch dieser Nachmittag um nichts von allen übrigen Tagen. Sie schrieben mir neulich, Sie wollten gern einer Geliebten, aber keiner Freundin nachstehen. Wie, liebe Henriette, wie sollten Sie in meinem Herzen irgendeiner andern nachstehen, Sie mögen sie nun eine Geliebte oder eine Freundin nennen! Ich sagte es Ihnen schon letzthin, und es ist so wahr; es ist mir unmöglich, jetzt recht eigentlich zu lieben; Sie, Sie allein erfüllen zu sehr meine ganze Seele. Und wenn ich auch einmal einem Mädchen gut, recht gut wäre, so würde ich doch für diese nie, nie das empfinden, was ich jetzt für Sie empfinde. Ich kann es mir sogar vorstellen, wie meine Gesinnungen gegen Sie und gegen jene verschieden sein würden. Gegen sie würden Sie immer wärmer, inniger, vertraulicher, aber zugleich auch mit größerer Ehrfurcht, mit einem lebhaftern Gefühl, wie wenig ich noch Ihrer Freundschaft wert wäre, mit größerer Besorgnis, Sie zu verlieren, verbunden sein. Jene würde ich auch treu und herzlich lieben, aber doch nie mit der Wärme, mit der Innigkeit, ich würde ihr nie so offenherzig, wie Ihnen jede, auch die geheimste Empfindung meines Herzens anvertrauen, ich würde nicht so ängstlich sein, ihre Liebe oder ihre Freundschaft wieder zu verlieren. Wenn Sie je aufhörten, mir gut zu sein, so würde ich unglücklich sein, und, wie sehr mich jene auch liebte, so würde mich ihre Liebe doch nie trösten können, änderte aber jene ihre Gesinnung gegen mich, so würde es mich dann recht eigentlich kränken, wenn ich daran schuld wäre. Sie, liebste Freundin, würden gleich erfahren, wenn ich ihr gut wäre; aber wie müsste jene sein und wie lange müsste ich sie kennen, wenn ich ihr sagen sollte, wie gut ich Ihnen wäre. Glauben Sie auch nicht, dass ich mich nach so einer Verbindung eben sehnte. Bin ich nicht schon durch Ihre Freundschaft so glücklich, so viel glücklicher, als ich es verdiene? Und würde ich denn durch jene Verbindung glücklicher werden, ich könnte ja doch einer andern nie so gut sein als Ihnen, die Freundschaft, selbst die Liebe einer andern würde mich ja doch nicht so innig glücklich machen, als mich Ihre Freundschaft macht, als sie mich machen würde, wenn ich völlig gewiss wäre, sie ganz zu besitzen. Und gesetzt, es läge irgendeiner daran, dass ich ihr gut wäre; würde sie nicht dennoch gern Ihnen nachstehen wollen, oh, wenn sie Sie kennte, und wollte sie das nicht, so könnte auch ich sie nicht lieben. Welche Rechte, wenn ich auch nur das sagen wollte, besitzen Sie nicht schon auf meine Dankbarkeit und auf mein Vertrauen! Sagen Sie selbst, was würden Sie von mir denken, wenn ich unbescheiden genug sein sollte, von Ihnen zu fordern, dass Sie mich irgendeinem Ihrer Eltern, Freunde vorziehen sollten, wenn ich diesen nicht gern nachstehen wollte, da sie doch in längerer Zeit mehr Gelegenheit gehabt haben, Ihnen zu zeigen, dass sie Ihrer Freundschaft nicht unwert sind. Glauben Sie also nicht, dass ich je eine andere Ihnen vorziehe, sie je mehr lieben könnte als Sie. Sie täten gewiss meinem Herzen sehr Unrecht, liebe Henriette; denn wahrlich, wenn ein gewisser Grad von Freundschaft noch von Liebe verschieden ist, so hat die Freundschaft auf ewig die Liebe aus meinem Herzen verdrängt. Möchten nur auch Sie mir recht gut sein, beste Henriette; ach, oft glaube ich es, Sie sagten mir es ja manchmal. Aber Sie kennen so manchen bessern, vorzüglichern Menschen, als ich bin, Sie können noch täglich manchen kennen lernen, ich habe so gar nichts, wodurch ich Ihnen gefallen, und noch weit weniger, wodurch ich Ihre Freundschaft verdienen könnte; wie ist es wohl möglich, dass Sie mir gut wären, oder anders gut wären, als vielleicht nur aus Mitleid, weil Sie sehen, dass ich sonst so unglücklich sein würde? So denke ich oft bei mir selbst, liebe Henriette, und wenn ich so denke, dann werde ich immer so traurig, dann weine ich so manche Träne im Stillen. Aber mag mich auch immerhin jeder andere in jeder Eigenschaft übertreffen, so gibt es doch gewiss niemanden auf der Welt, der Sie so innig, so herzlich liebt als ich, niemanden, der so gern wie ich alles tun, alles hingeben möchte, um Sie nur recht glücklich zu sehen; und das ist es auch nur, was mir noch einige Hoffnung gibt, dass Sie vielleicht wissen, dass Sie es mir vielleicht glauben, wenn ich es Ihnen sage, und dass es Sie vielleicht doch etwas freut.

Ich habe Ihnen wieder recht offenherzig geschrieben. Sie sagten mir neulich, es freute Sie, mein ganzes Herz vor Ihnen offen liegen zu sehen: Oh, wenn es das ist, so sehen Sie es gewiss heute so ganz, wie es ist. Ich brauchte doch nicht mehr deshalb um Verzeihung zu bitten? Ich glaube kaum, dass ich Ihnen Dienstag werde diesen Brief geben können, was wird das wieder für ein Dienstag werden. Wenn Sie sich indes nur da, wo Sie sind, amüsieren, dann opfere ich Ihnen gern den Abend auf, wie groß auch das Opfer ist. Sehe ich Sie Dienstag nicht, so schreibe ich wohl bis Freitag noch mehr. Leben Sie recht wohl, liebe Henriette, und denken Sie manchmal an den armen ...

(Frankfurt a. d. Oder)
Sonntagabend um 12 Uhr

Ach, und ich freue mich so innig, dass ich Sie verstehe und dass Sie mir das zutrauen und mir so naiv, so offenherzig schreiben. Oh! Henriette, sich eines reinen Herzens und schuldloser Absichten bewusst zu sein und sich ganz einer dem andren zu vertrauen, das ist das seligste Gefühl. Sagen Sie mir, könnte ich bei der heißesten, aber nicht so edlen, nicht so reinen Liebe des schönsten, klügsten, besten Weibes, eines Weibes wie Henriette, wenn solch ein Weib auch einer solchen Schwachheit fähig wäre, nur halb so glücklich sein, als ich es jetzt bin? Oh! Meine Teuerste, ich bin von gewissen Seiten beneidenswert glücklich, dass ich Sie gefunden, dass Sie mich lieben. Der Gedanke an Sie tröstet, richtet mich bei jedem Kummer, bei jedem Verdrusse auf; und wenn er mich manchmal nicht heiter zu machen vermag, so macht er mich doch ruhig und versetzt mich in einen Kummer, der selbst so süß ist!

O Henriette! Welch einen glücklichen Tag hat mir Ihr letzter Brief gemacht! So viel Vertrauen, so viele Liebe, Gott, wie verdien' ich das alles! Ich kann Ihnen dafür nicht danken; was sind Worte dagegen. Aber meine Handlungen, mein ganzes Leben soll Ihnen danken, mein Herz soll ewig nur das Ihre sein. Nicht bloß auf gleiche Gefühle, gleiche Gesinnungen gründet sich unsre Liebe, teure Henriette, nein, von meiner Seite auch auf Dankbarkeit, auf unverlöschbare Dankbarkeit. Ihnen danke ich das Glück meines Lebens, Ihnen jede frohe Minute, die ich genieße. Oh, wie glücklich werd' ich noch an Ihrer Seite sein. Wäre ich doch jetzt bei Ihnen. Ein Blick würde Ihnen besser als tausend Worte sagen, wie herzlich ich mich Ihrer Liebe freue, wie innig mein ganzes Herz Ihnen dafür dankt. Ihre Ruhe, sagen Sie, wäre auf ewig dahin, wenn je Kunth oder ich Sie täuschte. Gewiss, Sie werden sie nie verlieren, diese allein beglückende Ruhe. Schon der Gedanke, Sie, Henrietten, Sie, die mir ihr ganzes Vertrauen gibt, die mir keinen ihrer Fehler, keine ihrer kleinsten Schwachheiten versteckt, Sie täuschen zu können, kann ich nicht ausdenken. Nein, Henriette, meine Liebe für Sie ist gewiss rein und schuldlos; ist die Liebe, die Seele mit Seele, Herz mit Herz verbindet; und eine solche Liebe hängt nicht von zufälligen Umständen, nicht von Jugend, nicht von Schönheit ab. – Solange die Seelen sich das bleiben, was sie sich waren, dauert auch sie, und können die Seelen wohl je aufhören, sich das zu sein, wenn durch die lange Vereinigung eine sich immer nach der andern bildet? –

Wie glücklich, Jette, hat mich dein liebevoller Brief gemacht! Ach, du glaubst es nicht. Wie mein Herz sich
sehnt, wieder bei dir zu sein. Es sind die einzigen
glücklichen Augenblicke hier, wenn ich mich in Gedanken zu euch hin träume. Oh, und wie oft ich das tue,
wie oft ich in deiner kleinen Stube neben dir auf dem
Sofa sitze, wie oft ich dich an mein liebewallendes Herz
drücke! Hast du wohl schon dran gedacht, liebe Jette,
an den ersten Augenblick des Wiedersehens, wie mir
das Herz dabei klopfen wird, wie ich dich in meine
Arme schließen, wie Tränen der Freude in meinen
Augen glänzen werden! Aber weg mit diesen wohl
beglückenden, aber auch mit Sehnsucht erfüllenden
Bildern! Es ist nicht gut, Freuden der Phantasie zu genießen, und am wenigsten, wenn die Phantasie in der
Zukunft, wenn auch der gewissesten, umherschweift.
Nützlicher ist's, mit dem verweilenden Blick auf der
Vergangenheit zu ruhn. Meine Seele ist auch dazu weit
aufgelegter. Tausend Mal bin ich nun schon alle Szenen
unsrer Bekanntschaft durchgegangen, von dem Augenblick an, da ich zum ersten Male dich sah, bis zu dem
Tage hin, da ein Band uns aneinander knüpfte, das
selbst das Schicksal nicht zu zerreißen vermag. Es ist
doch eine schöne, große Idee, etwas zu haben, das so
unabhängig ist von allen unseren Ereignissen, so ganz
uns eigen gehört. So ist Tugend, so das Gefühl sympa-
thisierender Tugend-Liebe. Ich kann nie aufhören, dich
zu lieben. Unzählige Fäden knüpfen dich an mich. Wie
viel hab' ich nicht deinetwegen geduldet, gelitten! Gott,
ich liebte dich, wie ich vorher nie geliebt hatte, jetzt nie
mehr lieben werde können; und ob du mich liebtest,
lieben würdest! Wie konnt' ich das hoffen? Ich zählte

die Augenblicke, eh ich dich sah, und wenn ich dich gesehn hatte, kehrt' ich fast immer trauriger zurück, als ich gekommen war ...

Dein Kopf ist gerade wie der meinige. Neue Ideen werden wir beide nie schaffen, aber lass uns das nicht bekümmern. Wir fassen dafür die leicht auf, die man uns gibt, und sondern bald das Wahre vom Falschen. Ich studiere jetzt schrecklich den Kant. Leb wohl!

Wilhelm von Humboldt und Caroline von Dacheröden

(Berlin) Dienstagnachmittag,
12. Oktober 1790

D a kamst du, du holde süße, ach, du meine Li! Es musste ganz mein werden, was glücklich durch mich sein sollte. Wer mich ganz empfand, konnte mich lieben, sonst niemand, nur dem konnte ich mehr scheinen. Durch dich ward nun mein Dasein verwandelt, weil ich so glücklich ward, aber mein Leben blieb, wie es war. Denn du bist ja ein Teil meines Selbst, ich gehe nicht hinaus aus mir, wenn ich dein werde. Es ist das keine Täuschung, wahrlich nicht. Aber es ist ja so unendlich vieles gleich in uns. Wie könnten wir zwei Wesen sein? Nun habe ich aber auch wahrlich keinen Wunsch, keine Erwartung, die nicht in uns liegt. Wenn du mich immer so liebst, kann ich nicht begreifen, wie ich etwas vermissen könnte, und ebenso begreife ich nicht, was du noch wünschen könntest, wenn dein Bill dich ewig so liebt. Und was heißt Liebe, als sein? Es ist ja nicht Liebe, wo ein Sein ohne die Liebe ist. Das denk' ich, das sag' ich mir ewig. Mir ist unendlich weh, viel mehr weh als unruhig, aber ich bin so selig.

Li, wenn wir jetzt stürben, den Tag der Vereinigung nicht erlebten, ich könnte doch nicht sagen, dass die letzten Wochen meines Lebens unglücklich gewesen wären, dass ich vor dem Aufblühen des Glücks hingeschieden wäre. Es täte mir weh um die Wochen, sie waren ja so voll von Erinnerungen, von Empfindungen für Li! Nicht wahr, es ist dir auch so! ... Es ist mir ordentlich lieb, dass dein Vater reich ist und dass ich so vielen Leuten das als großen Mitbewegsgrund, unsre Verbindungen zu beschleunigen, anführen kann. Verzeih, du Holde. Es sieht so undelikat aus. Aber den Menschen zu sagen, dass ich das für dich fühle – nein, jedes andere lieber. Was ich fühle, würde jedes Wort entweihen, und das auch nur auf einen Augenblick herabzustimmen oder doch zu zeigen – nichts oder alles! Auch nicht ahnden müssen sie's. Eine recht vernünftige, überlegte Partie muss es ihnen scheinen. Nie etwas anderes. So ist Kunth nun völlig überzeugt, dass die Idee, mir ein ruhiges Etablissement zu verschaffen, meine erste und vorzüglichste war. Wenn ich's so nehme, kann ich auch gerade das an mir loben und zu schätzen scheinen, was die Menschen verstehen können, sehr viel Verstand, Kenntnisse, was man so Herzensgüte nennt, u.s.f. Aber warum so lang davon? Verzeih. – Schreib mir doch immer viel von deiner Gesundheit. Vorzüglich muss ich immer wissen, wenn das Kind einmal Blut gespuckt hat. Hörst du, ich muss. Bill kann auch befehlen. Lass ihm die Freude. Li soll auch befehlen. Bill liegt nicht mehr umgekehrt im Bett, lebt so vernünftig, schläft meistens sieben Stunden, immer sechs, steht immer vor sechs auf und geht vor zwölf zu Bett. Und nun soll Li ausdrücklich sagen, ob Bill früher zu Bett gehen und früher aufstehen soll. Hörst du, Li, sag es. Überhaupt sage etwas, das ich tun soll oder unterlassen, damit ich das Gefühl habe, etwas zu tun, weil's Li will. Springe auch nicht mehr mit dem Pferde, als ganz, ganz niedrig. Will aber auch das lassen. Sag nur.

Es ist ein himmlischer Morgen, teure Li; Rom und der
Soracte liegen mit unglaublicher Klarheit vor mir. Wir
hatten in den letzten Tagen Augusts und den ersten
Septembers eine wirklich größere Hitze als fast vorher,
nun sind Gewitter gekommen, und in diesen Früh-
stunden heute weht eine ordentlich herbstliche Luft.
Über den Soracte hinaus blicke ich ins Blaue nach dir.
Da bist du, da kommst du wieder her und schenkst
mir wieder einen Himmel von Liebe und stillem, ruhi-
gem Dasein. Glaube aber nicht, dass ich mich unglücklich fühlte oder gefühlt hätte. Auch die Einsamkeit hat
mir wohlgetan, gerade durchaus allein, mit niemand,
mit dem ich auch nur eine Silbe vertrauten Gefühls
hätte wechseln können, habe ich dich und mich und
unsere Kinder und die Natur tiefer empfunden und
mich tiefer in das versenkt, was sich jeder ernster Ge-
sinnte als eine innere, tröstende und beglückende Heimat bildet. Das freie Herumschweifen auf dem Lande
hat mir einen unendlichen Genuss gewährt, und auch
künftig werde ich mit Freude auch an diesen Sommer
zurückdenken. Ich sage dir das so frei, liebe, teure
Seele, weil ich weiß, dass du fühlst, wie unendlich
mehr und froher ich genieße, wenn ich mich deiner
Nähe erfreuen kann. Aber wahr ist es, solange die
Liebe bleibt, solange ich mein Dasein mit Zuversicht
denselben Gefühlen vertrauen kann, die es nun so
viele Jahre hindurch trugen und hegten, solange ich
dich dabei gesund und auch von Gegenständen umgeben weiß, die du liebst, solange kann ich nicht unglücklich sein. Nur die Farben freilich sind anders. Die
leichte Heiterkeit, das fröhliche Hineilen der Tage –
das alles ist nur da, wo du bist, mit dem unerschöpfli-

chen Schatz ernster und froher, tiefer und leichter Gefühle, mit der ewig sorgenden Liebe. Jetzt schläfst du gewiss noch mit der kleinen Louise im Arm. Ich freue mich unbegreiflich, sie zu sehen. Schon jetzt rührt es mich manchmal zu denken, dass ich eigentlich an nichts nur einmal ein Bild von ihr festhalten kann. Schicke mir ein paar Härchen von ihr, damit ich doch ein anschaubares Zeichen ihrer Existenz habe.

Rom, 5. Januar 1805

Ja, einzig liebes, teures Wesen, komm, dich in meinen Armen auszusprechen und auszuweinen. Ich verstehe dich gewiss, kein Laut deines Herzens ist mir fremd, und im ersten Moment unseres Wiedersehens wirst du in meinem Blick die unendliche Liebe wiederfinden, die ich immer gleich treu und gleich stark für dich bewahrt habe. Auch ich, teure Seele, habe deine Abwesenheit tief gefühlt. Wie man es auch anfangen mag, immer bleibt eine unaussprechliche Leere und Öde im Herzen, wenn sich die Liebe nicht aussprechen lässt. Meine Gedanken waren immer und ununterbrochen bei dir, aber oft war es mir kaum möglich, die Heftigkeit der Sehnsucht still zu ertragen. Wie ich mich auf dich freue, kann ich dir eigentlich nicht sagen. Alles an dir wird mir neu sein, und im Neuen werde ich mit unaussprechlichem Genuss das Alte wiederfinden, was mich nun schon so lange beglückt hat.

Erfurt, 7. Januar 1790

Ich suche mich zu sammeln, um dir zu schreiben, ach! Ich kann mich selbst noch nicht wiederfinden, meine Sinne entfliehen mir hier, meine Seele ist fern von sich selbst – diese Leere, diese Abgeschiedenheit von allem, was ich liebe, und diese namenlose Fülle in meinem Herzen – wer begreift es außer dir, wie mir ist! – Oh, ich freue mich, dass nur du diese Gefühle, diese glühenden Erinnerungen mit mir teilst – Wilhelm! Wie trage ich sie in mir, und wie so heilig und ganz umfasst dich mein Herz!

(Erfurt) 27. Januar 1790

Ich denke oft an die Zukunft, aber nicht immer vermag ich's, Hoffnung und Freude aus ihr zu schöpfen – und mir ist's immer, als würde sie doch nie mein werden, dann kehre ich wehmütig und still zur Erinnerung zurück. Was hat auch der Mensch, was kann er mit Wahrheit sein nennen als diese Bilder, die ihn tröstend umschweben, wenn es trübe in seiner Seele ist. Mir ist so bang und so weh. – Deine Liebe hat mir alles gegeben, und wenn ich noch heute von dem Schauplatz des Lebens abtreten müsste, so würde mein letztes Wort ein Bekenntnis sein, dass deine Liebe mir den höchsten Genuss gereicht hat, dessen ein menschliches Herz empfänglich ist. Die unnennbare Seligkeit dieses Genusses ist es auch nur allein, die mich zweifeln macht, ob er hier je dauernd mein werden kann. Es gibt einen Grad des Glücks, dessen Dasein die Seele nur in Momenten wie die, die ich dir danke, ahndet und zu dessen Hoffnung sie sich nur in ihrem kühnsten Flug aufschwingt – Wilhelm, und dieses seltene, kaum erträumte Glück ist für mich einzig allein in deinen Armen, in dem Gefühl deines glücklichen Daseins durch meine Liebe – oh, vergib, wenn deiner Caroline vor dieser Höhe schwindelt, deine Liebe wird die Zaghafte heben und halten.

Schlafe wohl, mein Wilhelm. Ich werde morgen das süße Erwachen durch die Hoffnung haben, einen Brief von dir zu bekommen. Meine Seele, lebe wohl.

Erfurt, 14. April 1790

Mein Herz geht immer auf, teurer Geliebter, wenn es sich in dieser lieben Unterhaltung vor dir ergießt. Oh, ich fühl' es, mein ganzes Wesen wird schöner in deiner Nähe aufblühen, die ewige Harmonie der Dinge mich inniger ansprechen, wenn so gar nichts Verworrenes in mir ist und ich die Nähe eines Wesens ahne, in das das meine süß, namenlos, in ewig steigenden Gefühlen versinkt. Ach, wie könnte in diesem Herzen etwas Verschlungenes sein, das deine Liebe nicht löste? Deine Liebe ist ihm ja Fülle des Lebens. O Wilhelm, Wilhelm, du hast dir meine Seele neu erschaffen, was weniger und was mehr konnt' ich dir geben als sie selbst! Ja, dein, o du Lieber, bin ich so ganz, dass ich mein eigenes Wesen nur wiederfinde in dir, dass ich keine Existenz mehr ahnde, als die deine Liebe mir geben wird. So oft muss ich weinen – wenn mein überschwellend Herz seine Seligkeit nicht mehr zu umfassen vermag, oh, es sind süße, wonnevolle

Tränen, ein Hauch höhern Friedens kommt mit ihnen über meine Seele, die diese glühende, verzehrende Sehnsucht so oft schmerzlich bewegt.

Nein, teurer Geliebter, nie hätte ich einen Mann gefunden, dessen Geist und Herz mir mehr gegeben, dessen Wesen mich mit höhern Gefühlen erfüllt hätte. Du allein konntest mein Herz diesem neuen Leben aufschließen, diese süße, beglückende Gewissheit, ganz verstanden zu werden, mir in die Seele legen, vor dir existiert mein Geist fast einzig in all der Freiheit, der er bedarf, um sich lebendig zu fühlen in seinen besten Kräften, es ist auch so gar nicht eine entfernte Ahnung in mir, dass ich an deiner Seite nicht den mannigfaltigen Gestalten meines Herzens und Geistes leben dürfte. Dies Letzte, ich gestehe es, gehörte immer ausschließend zu meinem Glück. Es ist mir nichts so interessant zur Beobachtung, nichts so heilig im Zusammenleben als die Individualitäten eines jeden Charakters. Sie in einem so engen Verhältnis wie die Ehe respektiert zu sehen, war das Einzige, was ich bei dem Mann suchte, dem ich meine Hand geben wollte – was ich bei keinem fand, der mir diese Verbindung antrug. Auf Liebe hatte ich längst Verzicht getan. Ich hatte mich fast überredet, sie für eine süße Illusion meines Herzens anzusehen. Oh, ich könnte dir stundenlang von den Träumen, den scheinenden Widersprüchen meines Herzens reden; wie manchmal schien mir dieser oder jener Mann angenehm, wohl gar interessant, solange, als er mir keine Veranlassung gab, ihn mir in einem engeren Verhältnis zu denken, aber dann war's auch aus. Prätention, Indelikatesse, misstrauisches Wesen überall, und diese hätten mein Leben vergiftet. Direkt Böses findet man gewiss selten unter den Menschen, aber Schwäche, eiserne Vorstellungen von Pflichten, Unglauben an andre, ungraziöses Wesen, Eitelkeit, Intoleranz für jede Idee, die außer ihrem Gesichtskreis liegt, dies alles ist mehr oder weniger in den meisten Menschen verwebt, und da es mir an der Leichtigkeit, die meinem Geschlechte größtenteils eigen ist, fehlt, so hätte ich dies alles schwer aufgenommen und wäre gewiss unglücklich gewesen.

O mein Wilhelm, wie süß es ist, von diesen Betrachtungen auf dich zurückzukommen – wie verschwanden alle diese Besorgnisse bei dem ersten Blick in dein einzig schönes, großes Herz! Teures Wesen, wie knüpft jeder Gedanke meiner Seele mich fester an dich, wie bringt jeder Augenblick Nachdenkens über dich mein Wesen dem deinen in dem Maße näher, als es mich von jedem andern entfernte, den ich mir in diesem Verhältnis dachte. Je mehr sich deine Seele vor mir entfaltet, je mannigfaltiger die Gestalten werden, unter denen mir dein liebes Bild erscheint, je verwandter fühl' ich dein Wesen dem meinen, und mit dem reinen Entzücken, für das die Sprache keinen Ausdruck hat, sehe ich durch dich den leisen Wünschen und Träumen meines Herzens Wahrheit und Dasein gegeben. O Wilhelm, Wilhelm, wie oft werd' ich noch weinen an deinem Busen im Übermaß meines Glücks! Ewige Güte, mit was verdient' ich dies Los! O auch, das ist so süß zu fühlen, dass es unverdient ist; der leiseste Anspruch risse aus diesem himmlischen Kranz die lieblichste Blume – mein teurer Mann, so nimm mich, so möge ich dir still blühen am Herzen, alles, alles ewig dankend der Liebe.

Dein zu sein, dir anzugehören, alle Wahrheit meines Lebens nur zu nehmen aus dir, o Wilhelm, welche süße dauernde Bestimmung gibt das meinem Leben, ich kann mich nun nie mehr allein fühlen, wie das sonst so oft mein Fall war.

Wie hast du mich verlassen können? Wie dich trennen von deinem eigenen Leben? Lebst du noch, Bill, oder ist dein Herz in die tote Erstarrung des meinen versunken? Weh, ich habe dich und mich betrogen. Ich habe auf Kräfte gerechnet, die der letzte Hauch deines Mundes verweht, dein letzter Kuss vernichtet hat. Ich habe dich aus meinen Armen gelassen – mein eigen Dasein hab' ich mir entwandt! – Oh, Bill, Bill, komm zurück – ich trag es nicht – du weißt ja, dass mein Herz viel tragen kann, aber dies – ach, verzeih, verzeih, meine Sinne sind verwirrt, meine Seele ist mir entrissen – diese Dumpfheit – mir ist, als fühlt' ich mich langsam vernichten. – Ich kann nicht weinen. Meine Augen sind trocken und brennen fürchterlich. Wie sie dich nicht mehr sahen, versiegten auch die lindernden Tränen. –

Abends 10 Uhr

Sei gesegnet mit ewigem Frieden, teures, heiliges Wesen: du hast mich mir wiedergegeben, das Gefühl meines Daseins und meine Seele – ich fühle dich wieder und leide und weine wieder. – Ach, was kann ich dir dafür geben? – Du hast mein ganzes Wesen. O Bill! Dich und dein eigen Dasein, das in immer höherer Fülle und Schönheit in mir blühen soll. – Ich halte deinen lieben

Brief, bedeck' ihn mit tausend Küssen, ach, benetzt von heißen Tränen leg' ich ihn an mein Herz. Freue dich, dass ich wieder weinen kann – freue dich, Bill, dass ich nun kein Leiden, keinen Schmerz mehr fürchten darf, da ich noch so namenlos glücklich zu sein vermag in dem unendlichen Weh, das mir den Busen füllt. Ich kann nicht mehr schreiben, die armen Augen bitten, »vergib uns, Bill, wir können das Licht nicht ertragen«. Leb wohl.

Mittwochabend 10 Uhr

Gestern und heute habe ich, nachdem ich Papa gute Nacht gesagt, eine Stunde am Fenster gestanden und da mit unverwandten Blicken den Mond und den Wagen, unser Lieblingsgestirn, angesehen. So tröstend ist der Gedanke, dass auch deine Blicke da ruhen, ach, dass vielleicht in einem Moment dieselben Bilder der Vergangenheit in deiner und meiner Seele aufdämmern ...

Donnerstagabend

Nun bist du doch gewiss angekommen, bist vielleicht, da ich dies schreibe, im Palazzo di noja. Ach, wüsst' ich nur erst, dass du da bist und wohl angekommen – bis Mittwoch ist's noch so lang. – Ich bin wohl ein Kind mit meinen Erscheinungen, aber ich bleibe doch dabei, heute habe ich dich gesehen. Wie ich nach Tisch von Papa gegangen war und in mein Zimmer trat, standest du an den Stuhl gelehnt, der vor dem Klavier steht, in deiner Pekesche mit einem weißen Tuch um den Hals, wie du gewöhnlich den Abend zu mir kamst. Ich habe mich auch gar nicht erschrocken – setzte das Licht auf das Klaviergestell und blickte auf –, aber da sah ich dich nicht mehr. Nun sitz' ich da und blicke alle Augenblick nach dir in der Stube umher und sehe dich nicht. Wo bist du, Bill? Ach, erscheine deiner Li. Der Tag ist so hingegangen, ohne dass ich dir etwas davon sagen kann, ohne dass ich etwas getan hätte. Ich habe gar kein reges Gefühl des Lebens mehr – es ist eine Leerheit des Sinns in mir, vor der ich schaudre. Schmäle mit mir, Bill, aber zürne nicht – ich will mich zusammennehmen, gewiss, ich will, ich will etwas tun. Sieh mir nur noch ein wenig nach – es kann nicht so bleiben, es wird besser werden – ach, zürne nicht. Gib mir bestimmt auf, etwas zu lernen oder zu tun oder zu lesen. Ich bitte dich, tue das .... Papa hat mir eine moralische Vorlesung über das Blassaussehen und stilles Grämen gehalten, die, wie du dir denken kannst, sehr erbaulich war. Eigentlich habe ich sie mir zugezogen, weil mir kein Wort über dich entgeht – so was ist Papa noch nicht vorgekommen, er hat zur Schmidtin gesagt, ich sei ihm ein unbegreiflich Geschöpf. Aber was soll ich über unsre Trennung reden und nun gar gegen ihn? Ach, der Schmerz, der mich so ganz füllt, ist das Liebste, was ich habe, und ich würde glauben, ihn durch Worte zu entheiligen. Meine Brust ist ruhig geblieben alle die Tage. Ach, es ist, als wollte nichts in mir die Arbeit meines Herzens unterbrechen. Wie ist dir, mein einzig süßes Leben?

Schiller und Lotte werden bald einige Wochen in Rudolstadt zubringen. Caroline grüßt dich, sie ahndet unsere Trennung und wird mich bald in Erfurt besuchen. Ach, welcher traurige Winter ist dieser für uns drei. Weh – mir ist so oft, als gäb' es keine Zeit mehr nach diesem Winter – keinen Frühling. – Lebe wohl, wohl. Mann meiner Seele, lebe wohl.

Bill, Bill, das haben noch Menschen Menschen nicht
gegeben, was du deiner Li gabst, aber das soll auch
noch kein Mann empfangen haben, was du empfangen sollst – oh, du mein Einziges, mein Alles, welch
eine Stunde wird die des Wiedersehens sein – und
welch ein Moment der, in dem wir empfinden, dass
nichts uns mehr trennt. –

Erfurt, Freitagabend, 18. Februar 1791

Mein Wilhelm, wie oft sitz' ich in einsamen Nächten
stundenlang und sinne darüber nach und empfinde
es klarer und klarer – ach, mit so süßer Wonne – wie
selbständig in sich, wie geschieden von dem Zauber der
Gegenliebe unsre Gefühle sind. So empfind' ich dein
Herz, so das meine, empfinde, dass das Hingeben unserer Wesen aneinander unser Dasein ausmachen wird.
Ach, und nicht dies Dasein allein! Der liebeglühen-
den Seele sei es vergönnt, den Schleier der Zukunft
zu heben. – Dieser Blick der Ewigkeit füllt sie mit den
Ahnungen höheren Seins, reinerer Liebe, innigeren
Überfließens in den Geliebten, und oft – oh, Wilhelm, ist
es dir nicht auch so? Fühlst du nicht oft, wenn du eines
künftigen Daseins gedenkst, ein süßes, namenloses Verlangen, gleich dem Zurückkehren an einen heimischen
Ort? Sollte es trügen? Sollte etwas tief Empfundenes
unwahr sein? O nein! Die Momente, wo ich von der
heiligen Glut deines Wesens getragen in der reineren
Ansicht der Dinge schwebte, lösten die lang gebundene
Seele. Da empfand ich, dass alles Aufstreben, alles Rin-

gen nach Veredlung, das einen menschlichen Busen füllt, Verlangen sei, die erste, einfache, hohe Urgestalt unsres Wesens wieder zu fassen! Oh, lass mich an deiner Seite leben, in der Freiheit aller äußerlichen Verhältnisse, dass nichts die Harmonie unseres Daseins störe, dass ich dich leben sehe in der Fülle deiner liebsten, eigensten Ideen, in allen geistigen Gestalten deiner Seele. Mein Herz wird von einem neuen Leben glühen, mein Wesen sich zu einer höheren Schönheit erheben und dir den reinsten Genuss der Menschheit geben! –

(Erfurt) Sonnabendabend, 2. April 1791

Mein ganzes Leben ist in dem wunderbarsten Aufruhr. So gewiss ich weiß, dass du heute nicht kommen kannst, dennoch stürz' ich ans Fenster, wenn ich von fern einen Wagen die Straße heraufrasseln höre, und das Blut strömt fiebrig durch meine Adern. Ach, jeder Moment vergrößert die unsägliche Wonne und Qual dieses Erwartens – Wilhelm, Wilhelm, und wo bist du! – Ach, vielleicht unterwegs, und mit jedem Moment schlägt ungestümer dein Herz. Fühl ich's doch an dem meinen, wie dies ist. – Ach, möge die Dämmerung, die den Tag zu verdrängen beginnt, deine Seele einwiegen zu Stille und Frieden – möge sie doppelt allen Zauber der Erinnerung über dich ausgießen und mit freundlicher Täuschung die Last der gegenwärtigen Stunde erleichtern.

Ach, Bill, indessen du mit meinem Bruder aus bist, weiß ich nichts anzufangen – es sind nur Momente, und doch, doch lasten sie mir. Bill, ewig möchte ich vor dir liegen, auf deinem Schoße sitzen, an deiner Seite, und dich ansehen – und es liegt mir etwas Unbeschreibliches in dem Ansehen, ach, es ist mir, als übertrüge ich da meine Seele am wahrsten und glühendsten in dich über. Süßes, geliebtes, einziges Wesen, so hab' ich dich wiedergesehn – dich – ach, wie hat dieser Moment meine Seele erhellt – wie hat er die Erinnerung all der bangen Wochen aus ihr verwischt. –

Ich war in deiner Stube und habe da gesessen auf dem Stuhl vor deinem Bett und das Kopfkissen so oft geküsst. Ach, Bill, mein Bill, dürftest du in meinen Armen ruhen, an dem Busen, den oft Todesangst füllte und der nun dir so glücklich entgegenwallt – ach, der Schlaf wäre dann meinem Bill noch wohltätiger, Augen würden schneller gut werden, arme Li; warum darf ich das nicht, warum nicht mich über dich neigen mit all den Gefühlen der sorgsamen Liebe! – Oh, wenn ich erst bei dir bin, musst du mich nicht von dir trennen. Volle Ruhe – ach, ist nur da, wo du bist.

Wolfgang Amadeus Mozart an seine Frau

Dresden, 13. April 1789, um 7 Uhr früh

Liebstes, bestes Weibchen! Liebstes Weibchen, hätte ich doch auch schon einen Brief von dir! Wenn ich dir alles erzählen wollte, was ich mit deinem lieben Porträt anfange, würdest du wohl oft lachen. Zum Beispiel, wenn ich es aus seinem Arrest herausnehme; so sage: grüß dich Gott, Stanzerl! – Grüß dich Gott, Spitzbub – Krallerballer – Spitzignas – Bagatellerl – schluck und druck –, und wenn ich es wieder hineintue, so lasse ich es so nach und nach hinunterrutschen und sage immer Nu – Nu – Nu – Nu!, aber mit dem gewissen Nachdruck, den dieses so viel bedeutende Wort erfordert, und bei dem letzten schnell: Gute Nacht, Mauserl, schlaf gesund! – Nun glaube ich so ziemlich was Dummes (für die Welt wenigstens) hingeschrieben zu haben, für uns aber, die wir uns so innig lieben, ist es gerade nicht dumm. – Heute ist der sechste Tag, dass ich von dir weg bin, und bei Gott, mir scheint es schon ein Jahr zu sein. – Du wirst wohl oft Mühe haben, meinen Brief zu lesen, weil ich in Eile und folglich etwas schlecht schreibe. – Adieu, liebe Einzige – der Wagen ist da... Lebe wohl und liebe mich ewig so wie ich dich; ich küsse dich Millionen Mal auf das Zärtlichste und bin ewig dein dich zärtlich liebender Gatte

W. A. Mozart

Königin Luise
1776–1810

Luise Prinzessin von Mecklenburg-Strelitz
an Friedrich Wilhelm Prinz von Preußen

Darmstadt, 27. März 1793

Sie werden vielleicht bemerkt haben, lieber Freund, dass es viele Dinge in Ihrem Briefe gibt, die ich mit Schweigen übergehe. Wundern Sie sich darüber nicht, Vater und Großmutter haben gewollt, dass ich ihnen meinen Brief, den ich an Sie schrieb, zeige, und die letztere besonders hat mir vor allem empfohlen, Ihnen nicht zu zärtlich zu schreiben. Ein Glück, dass die Gedanken und Empfindungen zollfrei sind, und über diese kann sie keine Vorschriften machen. Vernehmen Sie, teurer Prinz, dass die Namen: Freundin, liebe Luise, alles das mir ein wirkliches Vergnügen gemacht hat, nennen Sie mich immer, wie Sie wollen, in meinem Leben wird es mir nicht in den Sinn kommen, das böse zu finden, im Gegenteil, es macht mich froh. Da wir vom ersten Augenblick unserer Bekanntschaft an natürlich und ohne Zwang beisammen waren, scheint es mir, dass ich Ihnen den Grund hätte sagen sollen, warum in meinem Briefe ein gewisser gezierter Stil herrschte, der mir keineswegs natürlich ist; sonst könnten Sie glauben, dass das nicht der Fall ist. Im Gegenteil: Sie sind mir nicht gleichgültig, und Sie kennen meine Gefühle für Sie; so habe ich nicht nötig, Ihnen zu wiederholen, dass ich Ihnen recht herzlich gut bin. Seien Sie stets derselbe gegen mich, ich gestehe Ihnen, dass mein Herz unfähig ist, sich zu verändern. Wenn Sie noch in Tribur wären, verspräche ich mir viele Tage wie den 24., der einer der schönsten meines Lebens gewesen ist. Bitte, lieber Prinz, zeigen Sie diesen

kleinen Zettel keiner lebenden Seele, und wollen Sie darauf antworten, so tun Sie das nicht in Ihrem Brief, sondern auf einem kleinen Blatt für sich, damit Großmutter es nicht merkt, sonst habe ich Verdruss davon. Aber ich meinerseits meine, dass ich Ihnen das schuldig war, um Ihnen die Wahrheit zu sagen. Hoffentlich bleiben Sie noch einige Zeit in Wiesbaden, denn unser Briefwechsel würde desto lebhafter sein, die Briefe sind nur zwei Tage unterwegs. – Noch eins: Großmutter wollte, dass ich ein Konzept für den Brief an Sie mache, weil ich nicht richtig orthographisch schreibe; ich gestehe, dass das nicht schön ist, aber Sie müssen auch meine Fehler kennen lernen, vielleicht, wenn ich in meiner Kindheit fleißiger gewesen wäre, wäre ich in der Lage, Ihnen ohne Fehler die Empfindungen meines Herzens zu sagen, so kann ich es nur immer fehlerhaft. Eine Bitte: lassen Sie mich durch irgendwen wissen, wann Sie Wiesbaden verlassen, damit ich immer weiß, wo Sie sind, mein lieber Prinz. Viele Empfehlungen an Herrn von Schak und Ihren Diener, seien Sie nicht eifersüchtig auf diesen.
Lieben Sie immer Luise

Charlotte von Lengefeld an Friedrich Schiller

lles schläft schon um mich her, aber ich kann nicht eher ruhen, bis ich dir, teurer Liebster, einen guten Abend gesagt habe, jetzt schläfst du wohl; ach, mir ist's immer, als müsste ich dich aufsuchen, als hörte ich den Laut deiner Stimme. Ohne dich ist das Leben mir nur ein Traum; ich bin nie da, wo ich scheinbar bin, sondern meine Seele, meine besten, wärmsten Gefühle sind nach dir gerichtet. Wie lebst du? Um unserer Liebe willen strenge dich nicht zu sehr an, mein einziger Lieber, arbeite nicht zu viel; es kann mir so angst werden, dass du dir doch wirklich schaden könntest…

Wie klar fühle ich's täglich und jetzt, dass nur bei dir, nur unter deinen Augen das Leben mir liebliche Blüten geben kann. Arm und leer wäre mein Herz ohne dich. Mein besseres Leben lebe ich nur bei dir! Ach, das Scheiden auf Stunden lang tut mir schon weh, und vollends auf Tage! Mir war es gestern so bang; eine lange Trennung trüge ich nicht! Ich kann mich hier gegen niemand aussprechen darüber; Linen würde es wehe tun, wenn sie fühlte, wie so weh es mir ums Herz ist. Ach, ich möchte ihr jetzt nur Freuden geben, denn sie bedarf es so sehr; es muss bald anders werden; in manchen Momenten ist mir das Verhältnis ganz unerträglich. Gute Nacht, mein Alles! Ich möchte nur Namen finden, dich zu nennen; es drückt keiner aus, was du mir bist. Ich bin wohler, als ich's erwartet habe.

Lotte

Jean Paul und Charlotte von Kalb

Weimar, 24. Juni 1796

I ch reiche dir die Hand über Zeit und Raum, es war eine Zeit, ehe ich dich kannte und liebte; die Ewigkeit beginnt für den Liebenden. Sie ist der Strahl, der das Unendliche erhellt und begeistert. – Jawohl, die Schmerzen, die Leichentücher müssen wir im Grabe lassen. Ich leide wie du, denn tief ist der Schmerz der ewigen Sehnsucht.

CHARLOTTE VON KALB AN JEAN PAUL

(November 1798)

Hier sind die Briefe deiner Freunde wieder, unter ihnen habe ich deine Geliebten erkannt. Und meine Seele hat sich mit ihnen vereinigt, meine Gedanken sollen auch bei den ihrigen ruhn! Auf morgen Mittag bitte ich dich durch ein Billett zu mir zu Gast. Oder vielleicht ist's noch besser, komme gegen 4 Uhr zu mir, dann bin ich einige Stunden allein. Ich habe dir nichts zu sagen, was nicht alle Seligen hören könnten. – Schick wieder Briefe der verstandenen Seele deiner Freundin.

Ich fange an zu zittern, und Todeskälte umfasst mich. Ich kann nichts tun, bis ich weiß, ob Sie den Abend kommen. Schreiben Sie bald, damit ich weiß, ob ich auch schreiben und arbeiten kann. Oder ob – ach – denke dir das Widrigste, das ist es. Die Billette, die so spät kommen, sind immer Todesboten. Was ich zu sagen habe, ist sehr bedeutend. Mich hat ein Wort mit dem ganzen menschlichen Geschlecht bekannt gemacht und mich in ein anderes Verhältnis mit ihm gesetzt, bei dem es ewig bleibt. Deiner Seele darf es nicht verborgen bleiben.

Meine Seele wird ruhig sein. Ich werde aber auch diese Wahrheit sagen von mir und andern, und es wird, was ich einst sagte, ein Testament. Sie werden von nichts hören als was von der Wahrheit, der Güte kommt. Ich will dann auch lange keinen Besuch von Ihnen erwarten; so wollen, wollen Sie mich auch nie wiedersehn! – Ch.

(Dezember 1798)

»Dass ich meine Lippen auf die Wunden deines Herzens legen werde. Sei still, liebe Seele!« Ich habe seit gestern um 10 Uhr nichts anderes gedacht.

»Werde ruhig und hoffend!« Bei der ewigen Wahrheit, bei meiner Seligkeit, ich will es werden. Prüfe dich nur, was deine Liebe für mich dir ist. Ob sie deinem Herzen unentbehrlich ist, ob sie unendlich ist. Es ist mir, als hörte ich nur meine Liebe. Von einem mächtigen Geist vernichtet zu werden ist viel erhabener als die höchste Ehre, Genuss und Fülle, so die Welt geben kann. Oh, nimm mich auf, damit ich sterben kann, denn ich kann entfernt von dir nicht leben und nicht sterben.

Heiliger Gott, gib deinem Unsterblichen alles, alle die Seligkeit, die deine Erschaffene entbehrten, alle die Seligkeit, die sie verkennen! Gib ihm mein Herz, dass ich sein Antlitz schaue! Lass mir den Schmerz, lass mir die Tränen um ihn!

(Dezember 1798)

Ach komme, ich beschwöre dich um meine Seligkeit, komme jetzt, du wirst Ruhe finden! Lass mich nicht in den fürchterlichen Leiden allein! Bis in den Abend kann ich's nicht tragen. Lieber den Tod.

Jean Paul an Josephine Sydow

Weimar, 24. November 1799

Verzeihen Sie den öden Brief! Es ist ein eiliger! – Der Perlenfischer sinkt beklommen in das ungeheure Meer, mit verbundenen Ohren und Lippen, und die Masse drückt ihn blutig – aber drunten, unter Ungeheuern, findet und holt er die reinen lichten Perlen. – So, edle Seele, sendet dich ein höherer Geist in das dunkle schmutzige Meer des Lebens, unter so viele im Schlamm lauernde Raubtiere herab, damit du die Perlen, die oft Tränen gleichen, sammelst und reich an heiligem Schmuck wieder empor nach dem Himmel steigest.

Oh, lebe wohl, teure, geliebte unvergessliche Josephine, unsere Seelen bleiben beisammen, ehe sie sich einander nannten. Immer, immer werd' ich dich lieben.

J. P. F. Richter

Jean Paul und Caroline von Feuchtersleben

Hildburghausen, 31. Oktober 1799

Was mich aus dem reichen Gestern ärgern konnte, wäre ich selbst, da ich's darauf anlege, mehr den Teil meines inneren Menschen, der zu den Holzschnitten, als den, der zum Campaner-Tal gehört, zu zeigen. Ich habe den Umriss Ihres Herzens gefasst. Sie wissen nicht, wie oft Sie vor der Sonne vorübergehen und Ihre Gestalt abschattend malen. – Gib mir keinen Schmerz, denn nur du kannst mir die größten geben.

Die innere Sonne braucht den äußeren Sturm und Regen, um sich darauf in ihrem Farbenbogen abzumalen. – Wir werden immer das frömmere Herz an das wärmere drücken. Mich zerrütten nur die Minuten vor Entscheidungen, nie diese – ein unaufhörlicher Frühling weht mir aus den versperrten Blumen zu, die fortwachsende Heiligung der Liebe.

R.

CAROLINE VON FEUCHTERSLEBEN AN JEAN PAUL

Oh, wie gern flög' ich an dein Herz, du mein ewig und unaussprechlich geliebter Mensch! Da nur bin ich glücklich und selig. Doch dringt seit einigen Tagen ein Schmerz mir in die Brust, den ich selbst nicht begreife: Ich möchte an allem vergehen, mich in Tränen auflösen.

Die Eindrücke, der Brief der glücklichen Caroline müssen diese Wehmut in mir erregt haben. Ich kann den Gedanken nicht loswerden: So nahe an deinem Besitz dich, dich verlieren! Und bin ich denn besser als sie? Und habe ich nicht Fehler gemacht, so habe ich doch andere, die du nicht ertragen könntest; und könnte ich diese bekämpfen, wie ich es will – fehlen mir nicht alle Vorzüge des Geistes, diese Feinheit und Zartheit der Seele, die sie hat und deren du bedarfst? Wenn ich sehe, wie du über alles herrschst, über das Erhabene wie über das Gewöhnliche, so drückt es mich noch mehr, dass ich diese Vollendung nicht erreichen kann; aber wie peinigte mich doch gestern der Gedanke deines Verlusts! Als ich am Klavier deinen Tönen zuhörte, sann ich nach, wohin ich wohl fliehen würde, wenn du mich wohl losließest von deiner Hand, von deinem Herzen. Mir war, als wäre mein Glück schon durch den Gedanken vernichtet, schreckliches, verhasstes Bild! Wie kam es in meine Seele? O du Einziger, du Seligkeit für dieses und jenes Leben, ich hänge ja so fest an dir – und eine Liebe wie die meine würdest du überall entbehren. Und ist nicht Liebe alles, alles?

Caroline Mayer an Jean Paul

Hildburghausen, 31. Januar 1800

Geliebter! Ich bin dein! Oh, nimm meine Seele auf und liebe mich ewig wie ich dich! Vor einer Stunde kamen die treuen, ersehnten Briefe, die das Glück unseres ganzen Lebens bestimmen. Dank, Geliebter, tausend Dank, für deine Schonung, deine Liebe! Tausend Dank den edlen, teuren Herders für ihre reine Freundschaft! Worte habe ich heute nicht, nur Liebe. Aber um auch deine Freude und dein Glück nicht um eine Stunde zu verspäten, eile ich, dir die Versicherung zu geben, dass meine Seele und mein ganzes Leben auch vor der Welt dein sind, dass ich nun ganz deine Hermine bin. Das Jawort unserer Mutter wirst du, wenn auch nicht von ihr selbst geschrieben, doch von meinem Onkel erhalten.

O mein geliebter Richter, wir werden sehr, sehr glücklich sein! Gott segne dich und mich! Ich achte und liebe dich unsäglich und will dich so glücklich machen, als ich es durch meine Liebe kann. Ich kann nicht schreiben, bald sollst du viel, viel von mir und meinen Hoffnungen hören. Ich bin gesund, das Glück und die Freude werden meine Gesundheit befestigen. Lebe wohl und froh und glücklich; ich liebe dich ewig.

Caroline

Sei froh, beste Seele, deine Hermine ist es auch.

Du göttlichstes einziges Herz!

Könnt' ich doch an deinen Hals fliegen und dir danken, dass du an mich gedacht hast, ich stand gerade auf dem Flur, das kleine Spind mit Gaze zu beschlagen, als ich deinen Brief bekam – du Liebster, wie gern hätte ich mit meinen Augen die Wolke durchstechen mögen, um dir einige Sonnenstrahlen zu verschaffen. Eine so unschuldige Reise – eine so lang aufgeschobene Freude, ein so genügsames Herz, das nichts weiter will, als sich in der Natur entzücken – es ist unverzeihlich vom Himmel, wie freudig wollte ich die alte Mischung von Regen und Sonnenschein wieder zurückrufen – die wenigstens eine fliegende Beleuchtung auf deine Gegenden geworfen hätte.

Als du gestern in deinem Wagen festsaßt, war's meinem kindischen Herzen, als säße da der fremde Jean Paul, der nicht mir gehörte. Wie wenn ich dich in Berlin hätte abreisen sehen – und es war so leer oben hinauf – ich so verlassen. Ein paar schwere Tränentropfen, solche heiße Bange musst' ich weinen, aber ich ertränkte meine Beklommenheit – ich ging in dein Zimmer, räumte auf – ließ es reinmachen. Dein Schnupftuch nahm ich mit in meins hinüber, es hatte noch einige Wärme von dir, aber ich hatte nichts zu sorgen – mir war auch nicht wohl – ich sehnte mich nach etwas Zerstreuendem von außen her, das ich mir nicht selbst gäbe, sagt, hätt' ich arbeiten – schreiben können. Da holt' ich mir den ungebundenen ersten Teil des Titans und habe ihn fast ganz durchgelesen – wie ich da oft zu deinen Füßen hätte sinken mögen, du Herrlichster, kannst du dir denken. Ich finde in deiner Abwesenheit erleuchtet mir ein unnennbares Etwas – die Spiele deiner Phantasie, deine Bilder, deine Malereien – oder ist's nur, weil meine Seele ganz, ganz gierig ist nach deinem Allerheiligsten und ich durch die Einsamkeit freier von anderen Störungen meiner Aufmerksamkeit bin?

Montags, 10. Juni 1811

Mein geliebter Mensch!

Du wirst dir die Freude vorstellen können, die ich bei dem Durchlesen deines Briefes empfand – die Wehmut, in die ich zerschmolz, als du mich so freundlich, so süß, zu liebend anredest – nie habe ich mich mehr gesehnt, an deiner gesegneten Brust zu ruhen, als in dem Augenblick – wie ist es doch möglich, dass wir jemals harte Worte miteinander wechseln konnten, bei so viel Liebe! Guter himmlischer Mensch, ich fühle, dass ich nur mit dir ein Ganzes ausmache und dass deine Stärke dazugehört, um mich im Gewirr des Lebens aufrecht zu halten, von dem ich seit deiner Abwesenheit so viel empfunden habe, dass ich jeden Augenblick segne, wo ich ein wenig ruhen und mich einsam niedersetzen kann.

Lange habe ich auf deinen Brief gewartet, zuletzt täglich auf die Post geschickt – er ist vom Donnerstag und ich erhielt ihn erst am Sonntag – ich geriet in Angst, endlich glaubte ich am Sonnabend bestimmt, du würdest zurückkehren, und die Ordnung in deiner Stube wurde im Ganzen eiligst hergestellt, so dass du um 7 Uhr durch weniges gestört worden wärest. Nun wusste ich nicht, was ich denken sollte. Gott sei gelobt, dass ich den Tag darauf erlöst wurde. Dass du nicht ein Wort vom Tage deiner Wiederkunft sagst, ist mir unbegreiflich. Ich bitte dich bei der Güte deines Herzens, dass du mir es ankündigst, damit ich meinem süßen Menschen gleich mit allen Bequemlichkeiten entgegenkommen kann, die ihm sein Haus wieder zum Liebsten machen können. Die 14 Tage werden bald abgelaufen sein, und du wirst doch nicht länger ausbleiben? ...

Emanuel sah ich oft, Otto einige Male. Der gute Otto schickte mir am 1. Juni eine Torte, Emanuel Blumen, und Amöne gab mir ein kleines Fest im Donopschen Garten. Am Morgen kamen alle Bekannten zu mir – aber ich nahm wegen des Rumors im Hause niemand an. Gestern am Sonntag bat ich die Dobeneck, Seebeck, Amöne im Donopschen Garten – das war die erste Freude, der erste Spaziergang, die ich mir seit deiner Abreise erlaubt habe. Briefe kommen weniger als je, ich erhielt einen aus Berlin und einen aus Altenburg. Du hast bloß ein Buch geschickt bekommen aus Jena von einem gewissen Luden über Staatswirtschaft und Politik, das du rezensieren sollst. Den Brief halte ich nicht des Schickens wert. Deine Befehle des nicht Antastens deiner Sachen befolge ich pünktlich, und ich glaube, du wirst nichts vermissen, denn ich selbst habe alle Papiere abgestaubt und geordnet.

Mittwochs

... Komme bald, mein bester guter Mann, meine Puppe, mein Leben – mein treustes gutes Herz in die Arme deiner Caroline

FRIEDRICH HÖLDERLIN
1770–1843

Friedrich Hölderlin und Susette Gontard

(zweite Hälfte September 1799)

Hier unsern Hyperion, Liebe! Ein wenig Freude wird diese Frucht unserer seelenvollen Tage dir doch geben. Verzeih mir's, dass Diotima stirbt. Du erinnerst dich, wir haben uns ehmals nicht ganz darüber einigen können. Ich glaubte, es wäre der ganzen Anlage nach notwendig. Liebste! Alles, was von ihr und uns, vom Leben unseres Lebens hie und da gesagt ist, nimm es wie einen Dank, der öfters umso wahrer ist, je ungeschickter er sich ausdrückt. Hätte ich mich zu deinen Füßen nach und nach zum Künstler bilden können, in Ruhe und Freiheit, ja ich glaube, ich wär' es schnell geworden, wonach in allem Leide mein Herz sich in Träumen und am hellen Tage und oft mit schweigender Verzweiflung sehnt. Es ist wohl der Tränen alle wert, die wir seit Jahren geweint, dass wir die Freude nicht haben sollten, die wir uns geben können, aber es ist himmelschreiend, wenn wir denken müssen, dass wir beide mit unsern besten Kräften vielleicht vergehen müssen, weil wir uns fehlen. Und sieh! Das macht mich ebenso still manchmal, weil ich mich hüten muss vor solchen Gedanken. Deine Krankheit, dein Brief – es trat mir wieder vor die Augen, dass du immer, immer leidest – und ich Knabe kann nur weinen drüber! – Was ist besser, sage mir's, dass wir's verschweigen, was in unserm Herzen ist, oder dass wir uns es sagen! – Immer hab' ich die Memme gespielt, um dich zu schonen –, habe immer getan, als könnt' ich mich in alles schicken, als wär' ich so recht zum Spielball der Menschen und der Umstände gemacht und hätte kein festes Herz in mir, das treu und frei in seinem Rechte für sein Bestes schlüge, teuerstes Leben! Habe oft meine liebste Liebe, selbst die Gedanken an dich mir manchmal versagt und verleugnet, nur um so sanft wie möglich um deinetwillen dies Schicksal durchzuleben – du auch, du hast immer gerungen, Friedliche! Um Ruhe zu haben, hast du mit Heldenkraft geduldet und verschwiegen, was nicht zu ändern ist, hast deines Herzens ewige Wahl in dir verborgen und begraben, und darum dämmert's oft vor uns, und wir wissen nicht mehr, was wir sind und haben, kennen uns kaum noch selbst; dieser ewige Kampf und Widerspruch im Innern, der muss dich freilich langsam töten, und wenn kein Gott ihn da besänftigen kann, so hab' ich keine Wahl als zu verkümmern über dir und mir oder nichts mehr zu achten als dich und einen Weg mit dir zu suchen, der den Kampf uns endet.

Ich habe schon gedacht, als könnten wir auch von Verleugnung leben, als machte vielleicht auch dies uns stark, dass wir entschieden der Hoffnung das Lebewohl sagten.

Susette Gontard an Friedrich Hölderlin

(Anfang Herbst 1798)

Ich muss dir schreiben, Lieber! Mein Herz hält das Schweigen gegen dich länger nicht aus. Nur noch einmal lass meine Empfindung sprechen vor dir, dann will ich, wenn du es besser findest, gerne, gerne still sein. Wie ist es nun, seit du fort bist, um und in mir alles so öde und leer, es ist, als hätte mein Leben alle Bedeutung verloren, nur im Schmerz fühl' ich es noch. –

Wie lieb' ich nun diesen Schmerz, wenn er mich verlassen und es wieder dumpf in mir wird, wie such' ich ihn mit Sehnsucht wieder. Nur meine Tränen über unser Schicksal können mich noch freun. – Sie fließen auch reichlich, wenn ich abends, schon um neun Uhr, den Tag zu verkürzen mit den Kindern zur Ruhe mich lege; wenn alles still ist und niemand mich sehen kann. Wie! dachte ich dann oft, soll künftig diese geliebte reine Liebe wie Rauch verfliegen und sich auflösen, nirgends eine bleibende Spur zurücklassen? – Da kam der Wunsch in mich, noch durch geschriebene Worte, für dich, ihr ein Monument zu errichten, das unauslöschlich die Zeit doch unverändert schonet. Wie mögte ich mit glühenden Farben bis auf ihre kleinsten Schattierungen sie malen und sie ergründen, die edle Liebe des Herzens, könnte ich nur Einsamkeit und Ruhe finden! So, beständig gestört, zerrissen, kann ich nur stückweise sie fühlen, suche sie beständig, und doch ist sie ganz in mir! –

Im offnen, freien Feld ist es mir noch am besten, und ich sehne mich beständig hinaus, wo ich den lieben Feldberg sehe, der dich Böser wie eine Wand sanft aufhält, dass du mir nicht weiter entfliehest! – Komm' ich aber wieder nach Hause, ist es nicht mehr wie sonst; sonst wurde es mir so wohl, wieder in deine Nähe zu kommen, jetzt ist's, als ginge ich in einen großen Kasten, mich da einsperren zu lassen, kamen sonst meine Kinder von dir zu mir herunter, wie stärkte es mein oft trauernd Wesen, wenn eine sanfte Röte, ein tieferer Ernst, eine Träne im Aug mir noch den Einfluss von dir verriet, jetzt haben sie nicht mehr diese Bedeutung für mich, und ich muss oft meine Gefühle für sie zurechtweisen. –

So weit hatte ich schon in den ersten acht Tagen deiner Entfernung geschrieben, und mein Herz kämpfte mit meiner Vernunft, ob ich wirklich diese Zeilen dir schicken sollte oder nicht. Mein Herz sagte, in dem Fall, dass alle andern Beziehungen mit dir mir abgeschnitten würden, Gelegenheit zu suchen, dir wenigstens Rechenschaft davon zu geben. Denn den Gedanken, nach solcher Innigkeit gar nichts voneinander zu hören und wissen zu wollen, konnte ich nicht fassen, es wäre mir unmöglich, diese Enthaltsamkeit mit der Zartheit des Gemüts zu reimen, und ich glaube fast, du musstest das von mir erwarten, und hättest, wenn ich schwiege, Ursache, mich des Gegenteils zu beschuldigen. Du konntest nicht zuerst schreiben, das fühlte ich wohl, weil ich immer dagegen war. Diese Gedanken bestimmen mich (verdenke es mir nicht), dass ich dir schrieb und dass ich dir klage. Wären diese Klagen nicht zugleich Beweise meiner Gefühle, gewiss, du würdest es nicht hören.

Jetzt bekam Henry deinen Brief, welcher mich sehr aufrichtete. Ich hatte immer nur deine neue Freiheit und Unabhängigkeit vor Augen, dein häusliches Leben, deine stillen Zimmer und grüne Bäume am Fenster. Deinen Brief, diesen lieben Trost, behielt ich aber kaum eine Viertelstunde, indem Henry ihn mir sehr gewissenhaft zurückforderte, um ihn zu zeigen, und so bekam ich ihn nicht wieder. Ich weiß nicht, was Henry bei dieser Gelegenheit alles verboten wurde, ich fand ihn aber nachher sehr verändert und er scheute sich, deinen Namen zu nennen. Du kamst nach Frankfurt und ich sah dich nicht einmal von weitem, das war mir sehr hart! Ich hatte immer auf den Sonnabend gerechnet, doch musste ich eine Ahnung von dir haben, denn ich öffnete, am

Abend wie du vorbeigingst, ungefähr um halb neun Uhr das Fenster und dachte, wenn ich dich doch im Schein der großen Laterne erblickte. Einige Zeit nachher, als ich Henry zum Hegel schicken wollte, antwortete er, es sei ihm nicht mehr erlaubt. Ich sagte ihm sehr ernsthaft, dass er ein undankbares Herz hätte, wenn er gegen dieses Verbot gar keine Einwendungen gemacht und wenn es ihm nicht sehr leid wäre. Es half aber nichts, er sagte, er müsse doch gehorsam sein.

Jetzt, wo denn alle Wege der Mitteilung uns abgeschnitten sind und ich dadurch sehr empört bin, hoffe ich auf den Mann, den du aus dem Gasthof uns schicktest.

Du kannst mir, wenn du es gut findest und Sinclair einmal hierher kommt, ihn bitten (wenn es angeht und du dich nicht gegen ihn in ein falsches Licht setzt), mich zu besuchen und mir durch ihn den Hyperion schicken, wenn du ihn schon bekommen, wie sehr wird es mich freuen! Wenn es dir gut geht! ... Man begegnet mir, wie ich vorher sah, sehr höflich, bietet mir alle Tage neue Geschenke, Gefälligkeiten und Lustpartien an; allein, von dem, der das Herz meines Herzens nicht schonte, muss die kleinste Gefälligkeit anzunehmen mir wie Gift sein, solange die Empfindlichkeit dieses Herzens dauert. Denn wer könnte wohl auf den Sturz seines Freundes sich so genannte gute Tage machen wollen, noch Selbstgefühl und Zartheit behaupten? Aus diesem Gefühl lebe ich also gerne einfacher wie sonst, schränke aus Neigung meine Bedürfnisse ein. Dieser Stolz und dies Gefühl sind mir lieber als alle Güter der Erde. Gott! Meine Liebe! Bewahre mich darin. Ich bin so fast immer allein mit den Kindern. Suche ihnen so nützlich wie möglich zu werden, wie ich kann.

Schon oft habe ich es bereut, dass ich dir beim Abschied den Rat gab, auf der Stelle dich zu entfernen. Noch habe ich nicht begriffen, aus welchem Gefühl ich so dringend dich bitten musste. Ich glaube aber, es war die Furcht vor der ganzen Empfindung unserer Liebe, die zu laut in mir bei diesem gewaltigen Riss, und die Gewalt, welche ich fühlte, machte mich gleich zu nachgiebig. Wie manches, dachte ich nachher, hätten wir noch für die Zukunft ausmachen können, hätte nur unser Auseinandergehen nicht diese feindselige Farbe angenommen, niemand hätte dir den Zutritt in unser Haus wehren können. Aber jetzt, o sage mir, du Guter, wie geht es wohl an, dass wir uns wiedersehen? Sei es auch noch so entfernt? – Dem ganz entsagen kann ich nicht! Es bleibt immer meine liebste Hoffnung! – Sinne darauf. Oft werde ich dir nicht schreiben können, dieser Gelegenheit traue ich höchstens nur einmal. Du wirst durch Sinclair ein paar Zeilen zurückbekommen. Auch glaube ich, dass es künftig mit der Komödie nicht mehr so oft angeht, man würde es bald merken, weil man nicht gewohnt ist, dass ich bei schlechten Stücken hingehe, und wir wollen doch keine Zuschauer. Auch würde es mir zu leid tun, dich bei schlechtem Wetter unterwegs zu wissen. Wir wollen also, wenn du es gut findest, diese Einrichtung machen: du kommst alle Monat den ersten Donnerstag, und wenn es schlecht Wetter ist, den ersten darauf folgenden schönen Komödientag, und ich richte mich danach.

Da habe ich dir viel Worte machen müssen und hätte dir doch gerne so viel gesagt. Das Rechte kann ich aber nicht ausdrücken, es bleibt tief in meinem Herzen begraben. Nur Tränen der Wehmut können das sagen und wieder stillen. Du siehst wohl, ich kann die Worte nicht finden! – Ich bin so verändert, dieser gewaltige Schlag des Schicksals hat mich ganz in mich selbst gekehrt, ein tiefer heiliger Ernst herrscht durch mein ganzes Wesen.

Nur oft ist's mir so dumpf, und ich habe keine Besinnung; will ich dann lesen, stehen meine Gedanken still und wollen nicht weiter, ich kann nur das Nötigste tun und bin zum Verwundern geduldig. Meine Gesundheit ist übrigens gut, nur fehlt es mir an Mut und Tätigkeit, ich bin ein wenig gelähmt und mögte nur immer so hinsitzen. Träumen mögte ich auch! Aber meine Phantasie will mir oft nicht dienen. Oh, es wird gewiss besser, wenn ich nur erst weiß, dass die Nachrichten von dir mir nicht fehlen können und ich immer einen Gesichtspunkt, einen Tag der Hoffnung vor mir habe. Denn die Hoffnung hält uns allein im Leben. – Das bleibt gewiss, dass ich mich nie ändere. –

So weit schrieb ich am Mittwoch

Freitagmorgen, ¹/₂ 10 Uhr

Seit ich dich gestern sah, ist nichts als der Wunsch in mir lebendig, dich zu sprechen. Willst du es wagen, bindet dich kein Versprechen, so komm heute Nachmittag ein Viertel nach drei Uhr, gehe unverstohlen der hintern Tür, welche immer offen ist, herein, laufe leicht und schnell die Treppe herauf wie sonst, die Tür zu meinem Zimmer an der Treppe wird dir schon geöffnet sein, die Kinder lernen zu der Zeit im hintern blauen Zimmer und können dich nicht sehen, wenn du an der Mauer her gehst. Wilhelmine bleibt bei der M. im Wohnzimmer, und wir können hoffen, uns eine Stunde ruhig zu sprechen. Findest du es aber unbesonnen oder hast sonst Gründe, verspreche ich, sie zu ehren und mich gewiss in nichts zu ändern. Es bleibt dann bei der alten Einrichtung, du kannst es immer noch so machen. Mich wirst du immer finden. Sollte dich sonst auch jemand sehen, tut das gar nichts. Es kann nicht auffallend sein, wenn Personen, welche drei Jahre unter einem Dache lebten, eine halbe Stunde zusammen zubringen. Das Gegenteil vielmehr.

(Mitte Oktober 1798)

Es ist mir ein Beweis deiner Liebe, dass du doch kommst, mein Teurer, um ein paar Worte von mir zu holen. Doch wie schmerzt es mich jetzt, dass ich dich so nahe weiß und darauf Verzicht tun muss, etwas aus deinen Händen zu erhalten. Hinaus in den Garten hätte ich auf keine Weise kommen können, weil zum Unglück gerade die Äpfel gebrochen werden und ich auch wegen dem Wetter keine Ausrede hätte. Unten in dem Zimmer konnte ich ohne Anstoß zu geben auch nur das letzte Mal (weil wir gerade den Tag darauf Gesellschaft hatten) kommen. Das geht aber nur sehr selten. Verzeih mir diese kalte Sprache und denke um Himmels willen nicht, dass es Kälte von mir ist. Ich denke nur, dass ich, um mir eine Freude zu gönnen, es aus Klugheit und Pflicht nicht wagen soll, jemand Anstoß zu geben.

Sollte es aber dringende Notwendigkeit sein, dass ich deine Papiere in die Hände bekäme, so schicke sie mir morgen zwischen zehn und elf. Lasse nach mir fragen und sie mir selbst abgeben, ich will dann schon entgegenkommen (aber nur nicht die Tür verfehlt). Sollte meine bange Ahnung aber noch bis jetzt unbegründet sein, so erscheine du um zehn Uhr an der Ecke, und es ist mir ein Zeichen, dass ich weiter nichts zu erwarten brauche. Deinen lieben Hyperion, der jetzt wohl da ist, will ich schon, so bald ich ihn mit Muße lesen kann, mir mit Klugheit verschaffen.

Mein Bruder hat bei den großen Revolutionen in der Hamburger handelnden Welt nicht verloren, und vielleicht ist er dadurch seinem Ziel näher gerückt, einmal mit uns zu bleiben.

Ich bin vollkommen gesund und freue mich auf den ruhigen Winter. Meine einsamen Abende werde ich dann zubringen, deine lieben Schriften, Gedichte und Briefe zu durchlesen. Sie werden viel stärkende liebevolle Tränen in mir hervorlocken, die aus dem Schatz der treuen edlen Liebe allein nur quillen und Segen über das trockne Alltagsleben bringen. So will ich fortgehen meinen stillen Gang und immer besser werden.

Handele auch du für dich und lass nicht die tägliche Sorge für künftige Existenz deine besten Kräfte vor der Zeit lähmen und ersticken, ich billige dich gewiss. – Es bleibt ewig beim Alten. Leb wohl! Leb wohl!

Im November kannst du wiederkommen, dann nach der Abrede oder Umständen.

Tausend süße Namen und Worte! –

(Anfang November 1798)

Morgen nach zehn Uhr erwarte ich dich. Bitte mit mir den Genius unserer Liebe um eine ruhige Stunde. Sollte es nicht möglich sein, kennst du das Zeichen; dann nach drei Uhr. Mit Sehnsucht erwarte ich die Stunde! – Schlafe sanft und lass mein Bild dich umschweben. Habe Mut, ich bin auf alles vorbereitet, und es wird gewiss alles gutgehen. Morgen bekommst du auch einen langen Brief von mir, und du bringst mir gewiss auch etwas Liebes mit, wie freue ich mich schon! –

Nur wenig Worte lassen sich machen, mein Teurer, von dem einen, das, seit ich dein liebes Bild gesehen, im Wachen und im Träumen gleich einer leisen lieblichen Melodie in mir nachtönt. – An dem Abend, wo meine liebenden Worte in deine Seele übergingen und ich mir das holde Feuer, das sie in deinen Engels Augen entzündeten, so lebhaft vormalen konnte, wie wurde mir da so wohl und leicht ums Herz. Meine lange dem Gesange verschlossnen Lippen lispelten unwillkürlich ihre alten Lieblingslieder wieder, und es hatte lange schon gedauert, bis ich es lächelnd bemerkte. – Oh, ihr glücklichen! glücklichen! Vögel, dachte ich da! – Und mir war so unbeschreiblich wohl dabei, dass ich die Stimme der Natur in mir vernahm, und ich dankte ihr mit gerührtem Herzen. –

Donnerstag, 6. Dezember 1798 – 11 Uhr

Oh, mein Herz! Wie danke ich dir. Du bist da! – Schon war mir so bange, du mögest krank sein. Denn das wusste ich wohl, das schlechteste Wetter würde dich heute nicht abhalten, mir die Freude zu machen heute, etwas von dir zu hören! Wie bitte ich den Himmel um eine günstige Minute, was ich hören werde, wird gut sein. Du sahst heiter aus, könntest du meine Rührung sehen und an meinem klopfenden Herzen es fühlen, wie sehr diese Ahnung mich freut! – Aber du Guter, werden auch meine Nachrichten dich nicht kümmern? – Oh, lass es nicht! – Wer weiß, wie es kommen kann, wozu es gut ist, wenn ich meinen Schmerz, so fern und doch so nahe dir zu leben, ganz, mit Wahrheit, vor einem sichern Freund enthülle! –

Denke auch mit Gewissheit, dass ich immer nach deinem Sinn nur das Nötigste sagen werde und dass unsere liebste Liebe immer nur uns bekannt und ein heiliges Geheimnis bleiben wird. Auf die größte Zartheit kannst du bei mir rechnen. Darum lass dich nichts kümmern. Sieh! Ich würde gewiss dir nicht so viel sagen, weil mir immer ist, als beleidigte ich die Liebe, wenn ich dich nicht kennte und nicht wüsste, wie du so leicht durch deine Phantasie irregeleitet dir die Sachen anders vorstellst, als sie sind. Darum spreche ich dir davon, lege es aber nicht anders aus.

Du hattest ein Buch in der Hand! Wie freut' es mich schon. Von unserer künftigen Einrichtung, voneinander zu hören, kann ich jetzt nichts sagen, als dass es beim Alten bleibt, wenn deine Nachrichten es nicht ändern. Mich wirst du immer finden! – Und immer dein, so lange ich lebe, unvergesslich Lieber! – Ich kann nicht mehr schreiben, denn meine Augen nehmen die Rührung zu sehr an. Vielleicht heute Nachmittag noch ein paar Worte. –

Ach! Es war doch nicht das letzte Mal, dass ich dich sah! – Nein! Ich kann, ich mag es nicht denken! Oh, lass mich hoffen! – Lass mich diese Gedanken verbannen. Himmel! Welch ein Wetter, wie unruhig macht es mich, gehe nicht, wenn's so bleibt, du könntest krank werden. Oh, schone dich nur, mein Bestes! Wann werde ich künftig wieder von dir hören können? Wenn es doch nur schon Abend wäre und ich hätte, was mich so freuen wird, in sichern Händen. Was wir leiden müssen, ist unbeschreiblich, aber warum wir's leiden, ist auch unbeschreiblich.

Da dachte ich, ehe du kamst, ob du künftig (wenn es sein wird) nicht in den Wintertagen erst um elf Uhr statt um zehn Uhr an der Ecke erschienest, oder wenn es dir lieber wäre, erst um drei Uhr? Denn ich glaube, du hast dich heute recht geeilt, und ich mögte nicht, dass du im Dunkeln von Hause gingest. – Ich mögte dir so viel noch sagen, aber ich werde nur gleich so wehmütig und weiß mir nachher nicht zu helfen. Doch noch dies: dass ich völlig gesund bin. Lebe wohl! Lebe wohl! Ewig bleib' ich dir treu! –

Donnerstag, 3. Januar 1799

Du bist wirklich gekommen! – Ich hoffte es nicht. Du bist gar nicht fort gewesen? Hast doch nicht um meinetwillen dich einer Freude beraubt? Gute, beste Seele! Möchtest du doch Freude haben und ich sie dir noch geben können! – Ich weiß nicht, ich bin so ängstlich, ich meine immer, wir möchten verraten werden und die Hindernisse, die schon jetzt fast nicht zu zwingen sind, sich noch vermehren. Wenn du nur diesmal noch meine Worte hättest, dann wollte ich gerne entbehren. Ich weiß ja doch, du hast mich lieb wie ich dich, und das kann mir niemand nehmen.
Sahst du nicht blass aus? Du wirst doch nicht krank gewesen sein? Du erhältst dich, ich weiß es, um meinetwillen – und versagst dir auch keine Freude, die sich dir darbietet. Du suchst sie nicht? Aber du weist sie auch nicht unfreundlich von dir, nicht wahr, mein Teurer? –
Wenn du morgen kommst, kann ich ruhig sein! Ich bin es gewiss und habe Ursache genug, mich zu freuen.
Leb wohl! Leb wohl! Nahe oder ferne, doch immer bei mir. Und so mit mir verwebt bist du, dass nichts dich von mir trennen kann. Wir sind beisammen, wo wir auch sind, und bald hoffe ich dich wiederzusehen. –

Sage es mir ja recht deutlich, wie dir ist. – Und sorge auch um meinetwillen für dich.

Zeerleder ist immer noch in Hamburg, und ich weiß nicht, wann er wiederkommt und ob er sich hier aufhalten wird. Doch ich glaube wohl, wenn er kann, wird er ein wenig hier bleiben.

Deine lieben Gedichte habe ich alle mit unaussprechlicher Freude gelesen! Deine Briefe habe ich mir alle wie ein Buch zusammengelegt, und wenn ich einmal lange nichts von dir hören sollte, will ich darin lesen und denken: es ist noch so! Tue du das Nämliche und glaube, und im innersten Leben bleibt, solange wir bleiben, was aneinander uns kettet, und ich kann den Glauben nie aufgeben, dass wir uns wiederfinden in der Welt und noch Freude haben werden. Sei nur noch glücklich (wie wir es meinen) und glaube, dass, wie du es anfängst, wenn es nur gelingt, mir gewiss lieb ist. Nur wähle nicht, was dir nicht anpasst. Könntest du fühlen, wie dein schönstes Bild oft lebendig in mir aufblüht, dann würdest du auch fühlen, wie alles, alles, was mich umgibt, ihm weichen muss und wie jede leise Empfindung in mir die große einzige für dich nur weckt und mich ganz dir hingibt! – Darum scheue dein Herz nicht und glaube wie ich, dass wir ewig unser und nur unser sind! –

6. Februar 1799

Wir werden uns morgen nicht sehen, teuerstes Herz! Wir müssen uns gedulden und auf bessere Zeiten warten. Wir haben den lange gefürchteten Besuch ins Haus bekommen. Wie es mich schmerzt, dass ich dir nicht mündlich sagen kann, wie sehr ich dich liebe, ist unbeschreiblich. Liebe du mich auch immer, treu, wahr und warm, und lass das unerbittliche Schicksal mir nichts rauben! – Alle Ungewitter des Himmels zogen wieder über mich auf! Den Abend nach unserm Wiedersehen brach unser Wagen zusammen, ich bekam eine Contusion [Quetschung] am Arm, die mich lange zu Hause hielt. Morgens darauf erfuhr ich, dass mein Bruder auf der Jagd durch das Bein geschossen worden. Und beide Mal kam dein Brief in unrechte Hände, sie wurden mir aber sogleich übergeben und es hatte weiter keine Folgen, als dass ich acht Tage die gewohnte Begegnung dulden musste, welche mein leidender Zustand doch milderte.

Denke nur nicht, Lieber, dass das Schicksal unserer Liebe mich empören oder gänzlich niederdrücken mögte. Ich weine wohl oft bittre, bittre Tränen, aber eben diese Tränen sind es, die mich erhalten. Solange du lebst, mag ich nicht untergehen. Fühlte ich nicht mehr, wäre die Liebe aus mir verschwunden, und was wäre mir das Leben ohne Liebe, ich würde in Nacht und Tod hinabsinken. Solange du mich liebst, kann ich mich nicht verschlimmern, du hältst mich empor und führst mich den Weg zur Schönheit! Habe Glauben an mich, und baue fest auf mein Herz. So lebe denn wohl, bestes teuerstes Herz, und denke wie ich, dass unser liebstes innerstes Wesen unveränderlich sich gleich bleiben und sich angehören wird.

Nächsten Monat wirst du es wohl wieder wagen, du kannst dann vielleicht durch Hegel hören, ob ich wieder allein bin.

Lord Nelson an Lady Hamilton

San Josef, 8. Februar 1801

*M*eine teuere Lady! Mr. Davison bittet um die Bevorzugung, Ihnen eine Antwort auf Ihren liebenswürdigen Brief zu überbringen, und ich bin überzeugt, er wird sie pünktlich abliefern.

Ich befinde mich nicht in der besten Stimmung, und wenn nicht das Vaterland all unsere Dienste und Fähigkeiten in Anspruch nähme, um einen ehrenvollen Frieden zustande zu bringen, so würde mich nichts davon abhalten, selbst der Überbringer meines Briefes zu sein. Aber ich weiß, meine teuere Freundin, Sie sind eine so wahrhafte und loyale Engländerin, dass Sie diejenigen hassen würden, die nicht an der Verteidigung unseres Königs, unserer Gesetze, unserer Religion und alles dessen, was uns teuer ist, teilnehmen wollten.

Ihr Geschlecht ist es, das uns zum Vorwärtsgehen begeistert; es scheint uns zu sagen: »Nur dem Tapferen gebührt die Schönheit!«, und wenn wir alle fallen, werden wir in den Herzen jener Frauen weiterleben. Sie sind uns teuer: Ihr Geschlecht ist es, das uns belohnt; Ihr Geschlecht ist es, das unser Gedächtnis in Ehren hält, und Sie, meine teuere, verehrte Freundin, Sie sind, glauben Sie mir, die erste, die beste Ihres Geschlechts.

Ich bin in der ganzen Welt herumgekommen und in jedem Erdenwinkel, aber nirgends habe ich eine Frau gesehen, die Ihnen gleichkäme oder auch nur einen Vergleich mit Ihnen auszuhalten vermöchte.

Sie wissen, wie Tugend, Ehre und Tapferkeit zu belohnen sind, und fragen nie, ob diese Eigenschaften einen

Prinzen, einen Herzog, einen Lord oder einen Bauer zieren … Sagen Sie mir das Einzige, wie ich Ihnen und Sir William nützlich sein kann, und glauben Sie mir, nichts könnte mir mehr Vergnügen bereiten, der ich mit der größten Aufrichtigkeit bin, teuere Lady, Ihr dankbarster und ergebenster Freund

Nelson & Bronte

(März 1801, unmittelbar vor der Seeschlacht bei Kopenhagen)

Sie fragen, meine teuerste Freundin, warum ich den Oberbefehlshaber der Flotte nicht vorwärts treibe. Er hat mich in die vorderste Schlachtreihe gestellt, und Nelson wird der erste sein. Ich könnte mehr sagen, aber ich will Sie nicht unruhig machen, da ich die innige Freundschaft kenne, die Sie für mich empfinden.
Der »St. George« wird Englands Ruhmeskranz ein neues Lorbeerblatt hinzufügen, wenn Nelson am Leben bleibt, und die allmächtige Vorsehung, die mich bis jetzt in allen Gefahren beschirmt und mein Haupt am Tage der Schlacht beschützt hat, wird, wenn es ihr Wille fügt, mir auch diesmal Beistand und Hilfe leisten.
Bewahren Sie und Sir William mir ein freundliches Andenken. Meine letzten Gedanken werden bei Ihnen beiden weilen, denn Sie lieben und achten mich. Ich glaube, Ihre Herzen gehören mir.
Möge der große Gott vom Himmel Sie und ihn schirmen und segnen!
Dies ist das glühende Gebet Ihres und Sir Williams bis in den Tod unwandelbaren Freundes.

Nelson & Bronte

Meine teuerste Emma! Hast du denn Donnerstag früh meinen Brief aus Sheerness nicht erhalten, in dem ich dir mitteilte, dass ich soeben nach Deal absegelte? Ich habe wenigstens gestern keinen von dir bekommen, nur die vom Mittwoch, die nach Sheerness gerichtet waren. Es war eine verdammte Bummelei von mir; dich trifft keine Schuld; ich bin verdientermaßen dadurch bestraft, dass einer deiner lieben Briefe mir nicht zugegangen ist. Sie sind mein Trost, meine Freude, meine Wonne.

Meine Zeit ist tatsächlich vollständig in Anspruch genommen, und meine Hand schmerzt mich, ehe der Abend hereinbricht.

Ich ging gestern Abend um halb zehn zu Bett; aber es war zu so ungewohnter Stunde, dass ich die Uhr eins schlagen hörte. Zu versichern, dass ich deiner gedachte, wäre Unsinn; denn du kommst mir nie aus dem Sinn.

In diesem Augenblick sehe ich keine Möglichkeit, nach London zu kommen; aber die Führung meines Kommandos wird bald so einfach sein, dass ein Kind sie übernehmen könnte.

Du brauchst vor keiner Frau in der ganzen Welt Furcht zu haben; denn alle sind sie, dich allein ausgenommen, für mich die reinste Pestilenz. Ich kenne nur eine; welche kann meiner Emma gleichen? Ich bin felsenfest davon überzeugt, dass du nichts tun wirst, was meine Gefühle verletzen könnte, und ich will eher den qualvollsten Tod erleiden, ehe ich etwas tue, was dich kränken könnte.

Gib meiner teuren Horatia zehntausend Küsse. Gestern kam das Gespräch auf Kuhpocken. Ein Herr erzählte, sein Kind sei mit den Kuhpocken geimpft worden; später habe es bei einer Familie gelebt, bei der ein Kind die schwarzen Pocken bekommen habe, und sei frei davon geblieben. Dieser Fall stellt also einen vollgültigen Versuch mit den Kuhpocken dar. Das Kind hat nur zwei Tage gefiebert, und es trat nur eine leichte Entzündung des Armes ein, anstatt dass es über und über mit Blattern bedeckt gewesen wäre. Aber tue, was du für richtig hältst ...

Immer, für immer der deine, nur der deine

Nelson & Bronte

Deal, 18. August 1801

Meine teuerste Emma! Deine teueren, guten, liebevollen und zärtlichen Briefe von Sonnabend bis gestern Abend sind angekommen; ich fühle alles nach, was du sagst, und möge der Himmel mich bald mit dem Anblick deines teuren, engelhaften Antlitzes begnaden! Du bist eine Frau, die nicht ihresgleichen findet. Nein, nicht eine einzige ist wert, dir die Schuhriemen zu lösen. Ich bin, bin stets gewesen und werde jederzeit sein dein treuester, zuverlässigster, unwandelbarster Freund ...

Mein Kommando kann nicht mehr lange dauern, und ich hoffe, wir werden Frieden bekommen; ich neige auch eher zu dieser Meinung. Dann soll mich aber selbst der Teufel nicht aus dem Königreich herausbringen, ehe ich ein paar Tage in deiner Gesellschaft zugebracht habe.

Ich hoffe, meine teuere Emma, du wirst ein Haus ausfindig machen können, in dem es sich recht behaglich leben lässt. Ich bin überzeugt, dass ich, wenn du die

Sache in die Hand nimmst, ein volles Glück genießen werde.

Du fragst mich, teuerste Emma, ob ich ein neues Unternehmen plane? Aber selbst wenn ich deine Freundschaft aufs Spiel setzen sollte, ich kann dir nichts sagen. Ich steche in See; wenn ich den Feind sehe und an ihn herankommen kann, so ist es meine Pflicht, und du würdest mich naturgemäß hassen, wenn ich auch nur einen Augenblick zögerte.

Ich brenne vor Verlangen, ihnen ihre neulichen Streiche heimzuzahlen, und ich werde ihnen wahrlich nicht das Geringste schuldig bleiben; aber wann, wo oder wie, ist, wie dir deine eigene Vernunft sagen muss, für mich oder sonst einen Sterblichen unmöglich vorauszusagen. Ich werde nicht auf rasche oder übereilte Art handeln; das muss dir genügen, und darauf gebe ich dir mein Ehrenwort.

Soeben steche ich in See. Immer, für immer dein getreuer

Nelson & Bronte

Sophie Bernhardi-Tieck an
August Wilhelm Schlegel

(Berlin, August 1801)

*I*ch war in den letzten Tagen in einem fieberhaften Zustand. Diese gewaltsame Spannung hat nun nachgelassen, und ich fühle mich recht herzlich krank und matt. Ich habe es selbst nicht geglaubt, dass ich so ganz dir angehöre, alle meine Gedanken sind unwillkürlich an dich gerichtet, mich verzehrt die heiße Sehnsucht, dich wiederzusehen …

Verzeih, dass dieser Brief so unglaublich töricht wird, ich weiß dir nichts zu schreiben, als dass du mir über allem Ausdruck teuer bist, alle andere Gedanken sind mir erloschen. Lieber Wilhelm, teurer Freund, vergiss mich nicht, darum beschwöre ich dich mit heißen Tränen, denke nie mit Kälte daran, wie ich mich dir so ganz ohne Rückhalt hingegeben hab', wie ich in deinen Armen Schutz suchte gegen manches Leiden, was ich noch empfinde, wie ich an deiner Brust Trost fand für so manche bitter verlebte Stunde.

Du darfst, du kannst mich nicht vergessen, die Leidenschaft in meinem Herzen muss dich gewaltsam zu mir ziehen. Du bist durch diese Zauberei der Liebe mein Eigen. Lieber, lieber Wilhelm, könntest du jemals vergessen, dass du der erste, der einzige Mann bist, dem sich mein ganzes Herz entgegenneigt, dem ich mich mit ganzer Seele ergebe. Ich bin nicht schön und reizend, dass ich dich könnte alle schöne Frauen vergessen machen, und wäre ich es, so könnte ich dein Vergessen nicht belohnen … Fasst dich wohl einmal so die heftige Sehnsucht wie mich, dass du die Arme nach dem

Winde ausstrecken möchtest! Ich kann mich selbst mit meinen Kindern nicht trösten. Ich beschwöre dich, habe mich nicht mit halbem Herzen lieb! O komm, geliebter Freund, dass ich alle meine Schmerzen an deinem Herzen vergesse! Eile in meine Arme, lass mich dich an meine Brust drücken, ach, und könnte ich dann mit dem ersten Kuss mein Leben hinweghauchen. Du Stern, der mein Schicksal und mein Leben beherrscht! Kannst du wohl jemals meinen Namen gleichgültig hören, sollte wohl einmal die Zeit kommen, dass dein Herz nicht von Freude erregt wird, wenn du an meine Liebe denkst, sollte dein Blut aufhören, schneller zu fließen, wenn meine Augen, meine Hände, meine Lippen dich berühren?

Oh, könnten dich meine zärtlichsten Wünsche erreichen. Ewig dein Eigen

S. B.

Sophie Mereau und Clemens Brentano

Weimar, 28. Oktober 1803

Clemens, ich werde dein Weib – und zwar so bald als möglich. Die Natur gebietet es, und so unwahrscheinlich es mir bis jetzt noch immer war, darf ich doch nun nicht mehr daran zweifeln. Meine Gesundheit, deine Jugend, meine jetzige Kränklichkeit – ist dir, Unbefangenem, denn nie etwas dabei eingefallen? – Und doch kann ich nicht länger schweigen. – Wärest du bei mir, so wollt' ich es dir sagen. Mit einem Kuss, doch will die Feder nicht zu schreiben wagen den Götterschluss. Geheimnisvollstes Wunder, so auf Erden die Götter tun, was nie enthüllt, nie kann verborgen werden – so rate nun! Denk Schmerz, Lust, Leben, Tod in einem Wesen verschlungen ruhn, denk, dass ein ahndungsvoller Sänger du gewesen – errätst du's nun?

Wärst du in deine vorigen Grausamkeiten zurückgefallen, so war ich fast entschlossen, eine Diebin zu werden und mit deinem Eigentum an einen Ort zu flüchten, den ich mir schon ersehen hatte, wo du mich nie, nie wiedergefunden hättest; so aber, da deine Briefe in schönem Zusammenhang sich wie eine Kette von goldnen Blumen um mich geschlungen und mich ununterbrochen immer näher zu dir geführt haben, will ich dir dein Eigentum zurückbringen und sorgsam bewahren. Mein Herz ist jetzt so frei, so leicht, so mutig, dass ich kaum noch weiß, ob ich eins habe – und meinen Kopf entführen mir Menschen, Geschäfte und Briefe. Ich habe diese Woche eine Menge Besuche gehabt – wie froh will ich sein, wenn ich nur einen Menschen sehen, nur ein Geschäft haben und gar keine Briefe mehr schreiben werde! – Ich habe deinetwegen schon wieder Streit gehabt. Es ist sonderbar, dass auch nicht ein Mensch ist, der nicht deine Talente bewundert und deinen Charakter fürchtet. – Nur ich, ich fürchte ihn nicht; es macht mich ganz fröhlich, mich einmal so ganz allein, keck der ganzen Welt entgegenzustellen. Ich werde mit dir glücklich sein, das weiß ich; ob ich es bleiben werde, das weiß ich nicht, aber was geht mich die Zukunft an? – Kann ich nicht sterben, ehe ich unglücklich werde? – Es müsste recht angenehm sein, in deinen Armen und von dir beweint zu sterben – besser aber doch ist's, zu leben und sich mit dir des goldnen Lichts zu freuen, und ich versichere dich im Vertrauen, ich habe den Glauben, den Mut, die Gewissheit, dass du mich gar nicht unglücklich machen kannst.

CLEMENS BRENTANO AN SOPHIE MEREAU

(November 1803)

Liebes Weib! Heute erhalte ich deinen Brief, der dich mir gibt und, was ich auf Erden vom Himmel begehrte, ein Kind. Diese Botschaft hat mich so wunderbar überrascht, dass ich nicht denken, nicht fühlen kann, wenn ein Geist neben mir steht, muss es so sein, und Verkündigung des Engels. Ave Maria. Ich habe nur wenige Minuten Zeit, bis die Post geht, die soeben gekommen, deswegen sage ich dir nur Folgendes: Mein letzter Brief erklärt dir bestimmt die Versendung, ich erwarte nun die bestimmte Anzeige deiner Abreise, und ob ich bis Eisenach oder Hersfeld entgegenkommen soll und auf welchen Tag, mit bestimmtem Datum, ich dich mit einer Kutsche wechselnd an diesem oder jenem Ort treffen soll; was die Kopulation angeht, will ich sorgen, alles zu haben, was ich bedarf, doch scheint mir die Sache, wie ich weiß, an andern Orten vielleicht mit Schwierigkeiten verbunden, sie könnte ebenso gut hier abgetan werden bei meinem Freund Bang auf dem Dorf, auf welches wir noch eher können als hierher; alles das ist zu verabreden, sobald wir uns treffen, wo und wann, das ist die Frage, auf die du mir bestimmt antworten musst. dein Clemens

Grüße mein Kind, ich bin glücklicher, als ich es verdiene, es ist glücklicher, als es verdient, von dir unterm Herzen getragen zu werden.

Clemens Brentano an
Karoline von Günderode

(1802)

Gute Nacht, du lieber Engel! Ach, bist du es, bist du es nicht, so öffne alle Adern deines weißen Leibes, dass das heiße schäumende Blut aus tausend wonnigen Springbrunnen spritze, so will ich dich sehen und aus den tausend Quellen trinken, bis ich berauscht bin und deinen Tod mit jauchzender Raserei beweinen kann, weinen wieder in dich all dein Blut und das meine in Tränen, bis sich dein Herz wieder hebt und du mir vertraust, weil das meinige in deinem Puls lebt. – Oh, wenn du mich kenntest, du würdest den Mut verlieren, mich zu lieben, den du nicht fassen kannst, da du mich nicht kennst. – Ich weiß so unendlich viel, dass es mir das Herz zersprengt, es zu sagen, aber sprechen ist ein langsames Totmartern, und lägst du nur eine Nacht in meinen Armen, so solltest du dir meine Liebe an deinen warmen Brüsten ausbrüten und du wüsstest alles, was ich weiß, und brauchtest nicht mehr zu erschrecken über alles, was ich sagen darf, weil ich will. Wahrhaftig, liebes Kind, die Tugend ist zart und man kann nicht mit ihr sprechen, die Jugend soll vom Leben lernen, o du liebe Jugend, warum darf ich dich nicht lehren, nicht wahr, du liebst mich nicht? Ja, das tun die Leute, tue du es auch, denn du glaubst wohl auch, was die Leute wissen ist bös und das Geheime gut. Es mag dir wohl wunderlich werden bei diesen Worten, denn du magst allerhand, was man nicht soll, o ihr armen lieben zweibeinigen Engel in der Hölle und du, Gunderödchen, im Fräuleinstift, was

habe ich euch so lieb, ihr Teufel und ihr Engel, mein Herz ist keine arme Seele: Alles das schreibe ich in einem süßen drehenden Rausch, die Mondnacht und der Frühling haben sich nicht gescheut, vor meinen Augen das süße heilige Lebenswerk zu vollbringen, und damit das Bewusstsein solcher Wollust nicht verloren gehe, haben sie das Seufzen ihrer Liebe an dem Echo meines Busens gebrochen, und wie sie sich umarmten, verwandelten sie sich in eine goldne, süße, bittre, wollüstige Schlange, die mich mit den lebendigen, drückenden, zuckenden Fesseln ihres Leibes umwand. So saß ich am Berge und sah ins weite Tal, das sich wie ein leichter Berg auf mein Herz warf, und da riss ich die Kleider von mir, dass die Umarmung keuscher sei, wie der Blitz schnell und elektrisch, biss mir die goldne Schlange ins Herz und ringelte wie in gewundener Lust an mir herauf, sie vergiftete mich mit göttlichem Leben und in mir war ein anderes Leben, es zieht mir mit ergebendem Widerstand durch Adern und Mark, und die Schlange zog durch die Wunde nach und ringelt sich jetzt freudig und liebend um mein Herz, es ist zu viel, was ich habe. Drum beiße ich mir die Adern auf und will dir es geben, aber du hättest es tun sollen und saugen müssen. Öffne deine Adern nicht, Gunderödchen, ich will dir sie aufbeißen. Oh, ich bin ein arabisches Ross, warum nicht, wenn ich dich hier hätte und du solche Hochzeiten feiern sähest neben mir, so sollte Mondnacht und Frühling uns das Echo sein, das ich ihnen war. (Wenn du mich nicht verstehst, so schreibe mir es, damit ich nicht mehr schreibe.)
Schreibe mir recht vernünftige Briefe, lieber Engel, und wenn du mich lieben kannst, so tue es, kein Tropfen solchen süßen Weins soll verloren gehen. Ich trinke deine Gesundheit mit jedem Blick, den ich in den Frühling

tue, und jeder meiner Gedanken an dich ist eine Gesundheit, die ich dem Frühling zutrinke. Wenn du lieb bist, muss ich dich ja lieben, das ist der Liebe Wesen, mein Wesen und dein Wesen. Lebe wohl und habe den Mut, nur darum zu weinen, dass du nicht bei mir bist im Fleische, sondern nur in Gedanken, denn beide sind eins, und nur im Abendmahl genießen wir den Gott, denn alles Wort muss Fleisch werden, auch dies Wort der Liebe.

Clemens Brentano

JOSEPHINE BEAUHARNAIS
1763–1814

Napoleon Bonaparte und
Josephine Beauharnais

NAPOLEON AN JOSEPHINE

Marmirolo, 29. Messidor, 9 Uhr abends
(17. Juli 1796)

ch erhalte deinen Brief, angebetete Freundin. Er hat meinem Herzen Freude gemacht. Ich danke dir, dass du dir die Mühe genommen hast, mir Nachricht von dir zu geben; um deine Gesundheit wird es jetzt besser stehen; ich bin sicher, dass du hergestellt bist. Ich rate dir dringend zu reiten; das kann dir nur guttun.

Seit ich von dir gegangen bin, bin ich stets traurig gewesen. Mein Glück finde ich, wenn ich bei dir bin. Fortwährend rufe ich mir deine Küsse, deine Tränen, deine liebenswürdige Eifersucht ins Gedächtnis zurück; und die Reize der unvergleichlichen Josephine entzünden in meinem Herzen und in meinen Sinnen immerzu eine lebhafte und brennende Flamme. Wann werde ich, frei von jeder Unruhe, von jedem Geschäft, all meine Augenblicke bei dir verbringen können, nichts zu tun haben, als dich zu lieben, nur an das Glück denken, es dir zu sagen und es dir zu beweisen? Ich werde dir dein Pferd schicken; doch hoffe ich, du wirst bald zu mir kommen können. Es sind nur wenige Tage her, da glaubte ich dich zu lieben; aber seit ich dich gesehen habe, fühle ich, dass ich dich noch tausend Mal mehr liebe. Seit ich dich kenne, bete ich dich täglich mehr an: das beweist, wie sehr falsch die Maxime La Bruyères ist, die Liebe entstünde plötzlich.

Alles in der Natur hat seinen Fortschritt und verschiedene Grade des Wachstums. Ach, ich möchte dich bitten, lass mich etliche deiner Fehler sehen; sei weniger anmutig, weniger zärtlich und vor allem weniger gütig; vor allem sei nie eifersüchtig, weine niemals; deine Tränen bringen mich um den Verstand und verbrennen mein Blut. Glaube mir, es steht nicht mehr in meiner Macht, einen einzigen Gedanken zu haben, der nicht dir gehört, und eine Idee, die nicht dir unterworfen wäre.

Erhole dich gut. Sorge, dass du schnell gesund wirst. Komm mir nach; und möchten wir, ehe wir sterben, wenigstens sagen können: wir sind so viele Tage glücklich gewesen! Millionen Küsse, auch an Fortuné [Josephines Hündchen], trotz seiner Bosheit.

Bonaparte

Verona, 17. September 1796

Ich schreibe dir sehr oft, meine liebe Freundin; du aber schreibst wenig. Du bist böse, hässlich und sehr hässlich, ebenso sehr, als du leichtsinnig bist. Das ist treulos, einen armen Ehemann, einen zärtlichen Liebhaber zu betrügen! Soll er denn seine Rechte verlieren, weil er fern ist und von Arbeit, Anstrengung und Kummer gebeugt wird? Was bleibt ihm auf der Erde ohne seine Josephine, ohne die Versicherung ihrer Liebe? Was sollte er da noch machen?

Wir haben gestern ein sehr blutiges Gefecht gehabt; der Feind hat viele Leute verloren und ist gänzlich geschlagen worden. Wir haben ihm die Vorstadt von Mantua abgenommen.

Leb wohl, angebetete Josephine; in einer dieser Nächte werden die Türen sich lärmend öffnen wie vor einem Eifersüchtigen, und ich werde in deinen Armen liegen. Tausend verliebte Küsse.

Berlin, 6. November 1806

Ich habe deinen Brief erhalten, worin du über das Böse, was ich von den Frauen sage, unwillig zu sein scheinst, und in der Tat, ich hasse die ränkesüchtigen Weiber mehr als alles. Ich bin an gute, sanfte, versöhnliche Frauen gewöhnt; die sind es, welche ich liebe. Wenn sie mich verdorben haben, so ist es nicht mein Fehler, sondern der deinige.

Übrigens wirst du sehen, dass ich gegen eine, die sich gefühlvoll und gut gezeigt hat, auch sehr gut gewesen bin, nämlich gegen Frau von Hatzfeld. Als ich ihr den Brief ihres Mannes zeigte, sprach sie schluchzend, mit einem tiefen Gefühl und sehr natürlich: »Ach ja, das ist seine Hand!« Als sie las, drang ihr Ton mir in die Seele; sie dauerte mich. Ich sagte zu ihr: »Nun, Madame, werfen Sie diesen Brief ins Feuer; ich werde nicht mehr mächtig genug sein, um Ihren Mann bestrafen zu lassen.« Sie verbrannte den Brief und schien sehr glücklich zu sein. Ihr Mann ist seitdem ganz ruhig; zwei Stunden später, und er war verloren. Du siehst also, dass ich die guten, natürlichen und sanften Frauen liebe; das kommt aber daher, dass nur diese dir gleichen.

Leb wohl, meine Freundin, ich bin gesund.

Napoleon

Ich erhalte deinen Brief. Ich verstehe nicht, was du von den Damen sagst, die mit mir ein Einverständnis haben sollen. Ich liebe nur meine kleine, gute, trotzköpfige, launenhafte Josephine, welche in alles, was sie tut, eine gewisse Anmut legt; denn sie ist immer liebenswürdig; ausgenommen, wenn sie eifersüchtig ist; denn alsdann wird sie ein wahrer Teufel. Kommen wir aber auf die Damen zurück! Wenn ich mich mit einer von ihnen beschäftigen sollte, so versichere ich dich, dass sie wenigstens hübsche Rosenknospen sein müssten. Sind nun wohl die, von denen du redest, in diesem Falle?

Ich wünsche, dass du nie mit anderen Personen speist als denen, die bereits mit mir gespeist haben; dieselbe Regel wende auch für deine Zirkel an und empfange nie Gesandte und Fremde vertraulich zu Malmaison.

Wenn du anders handeltest, würdest du mir sehr missfallen. Kurz, lass dich nicht zu sehr von Personen einnehmen, welche ich nicht kenne und welche nicht zu dir kommen würden, wenn ich zu Hause wäre.

Leb wohl, meine Freundin
Ganz der deinige

Meine Freundin, die Königin von Preußen hat gestern bei mir gespeist. Ich musste mich wehren, denn sie wollte mich nötigen, ihrem Gemahl noch einige Zugeständnisse zu machen; aber ich war galant und hielt mich an meine Politik. Sie ist sehr liebenswürdig. Ich werde dir Einzelheiten zu berichten haben, die jetzt zu schreiben zu lange aufhielten. Wenn du diesen Brief liest, ist der Friede mit Preußen und Russland abge-

schlossen und Jérôme als König von Westfalen mit einer
Bevölkerung von drei Millionen anerkannt. Diese Nachrichten sind für dich allein.

Leb wohl, meine Freundin; ich liebe dich und will dich
froh und zufrieden wissen.

Napoleon

NAPOLEON AN DIE KAISERIN IN MALMAISON
(nach der Lösung der Ehe)

Trianon, 17. Dezember 1809,
8 Uhr abends

Meine Freundin, ich fand dich heute schwächer, als
du sein solltest. Du hast Mut gezeigt; du brauchst
ihn fernerhin, um dich aufrechtzuerhalten; du darfst
dich nicht einer gefährlichen Schwermut überlassen;
du musst für deine Zufriedenheit sorgen und vor allem
deine Gesundheit pflegen, die mir so teuer ist. Wenn
du an mir hängst und mich liebst, dann musst du dich
stark zeigen und sorgen, dass du glücklich bist. Du
kannst an meiner treuen und zärtlichen Freundschaft
keinen Zweifel hegen, und du würdest die Gefühle, die
in mir für dich leben, sehr schlecht kennen, wenn du
glaubtest, ich könnte glücklich sein, wenn du nicht
glücklich bist, und zufrieden, wenn du dich nicht be-
ruhigst. Leb wohl, meine Freundin, schlafe gut; denke
daran, dass ich es will.

Napoleon

NAPOLEON I. BONAPARTE
1769–1821

Schloss von Navarre, April 1810

Tausend, tausend zärtliche Danksagungen, dass du mich nicht vergessen hast. Mein Sohn bringt mir soeben deinen Brief. Mit welchem Eifer habe ich ihn gelesen, und doch habe ich viel Zeit dazu gebraucht; denn jedes Wort darin hat mich Tränen gekostet, aber diese Tränen waren sehr süß. Ich habe mein Herz ganz wiedergefunden, und so, wie es immer sein wird; es bewahrt Gefühle, die das Leben selbst sind und nur mit diesem enden können.

Ich wäre verzweifelt, wenn mein Brief vom 19. dir missfallen hätte; ich erinnere mich nicht ganz aller Ausdrücke darin, aber ich weiß, welches schmerzliche Gefühl ihn diktiert hat; es war der Gram, keine Nachrichten mehr von dir zu bekommen. Ich hatte dir von meiner Abreise von Malmaison geschrieben. Ach, wie oft hätte ich dir seitdem schreiben mögen! Aber ich fühlte die Gründe deines Schweigens und glaubte, durch einen Brief lästig zu werden. Der deinige war ein Balsam für mich. Sei glücklich, so glücklich, wie du es verdienst; mein ganzes Herz sagt mir das. Du hast mir auch deinen Anteil am Glück gegeben, den ich sehr lebhaft empfinde; nichts hat für mich solchen Wert wie ein Beweis deines Andenkens.

Leb wohl, mein Freund, ich danke dir ebenso zärtlich, als ich dich immer lieben werde.

Josephine

Napoleon an Gräfin Marie Walewska

(Warschau, Januar 1807)

Es gibt Augenblicke im Leben, wo eine zu hohe Stellung zentnerschwer auf einem lastet. Und diese empfinde ich jetzt bitter. Wie kann ein liebendes Herz, das sich Ihnen zu Füßen werfen möchte, aber von höheren lähmenden Umständen in seinen heißesten Wünschen zurückgehalten wird, Befriedigung finden?

Oh, wenn Sie wollten! ...

Nur Sie allein vermögen die Hindernisse zu überwinden, die uns trennen. Mein Freund Duroc wird dazu beitragen, es Ihnen zu erleichtern.

Oh, kommen Sie! Kommen Sie! Alle Ihre Wünsche sollen erfüllt werden. Ihr Vaterland wird noch teurer sein, wenn Sie Mitleid mit meinem armen Herzen haben!

N.

(Warschau, Januar 1807)

Marie, meine süße Marie, mein erster Gedanke gehört dir! Mein erster Wunsch ist, dich wiederzusehen. Nicht wahr, du kommst wieder? Du hast es mir versprochen. Wenn nicht, dann fliegt der Adler zu dir. Ich werde dich zum Diner sehen. Der Freund sagt es. Nimm, ich bitte dich flehentlich, diesen Strauß an: er soll ein geheimer Vermittler unserer Gefühle inmitten der uns umgebenden Menge sein. Den Blicken der Menschen ausgesetzt, werden wir uns doch verständigen können. Wenn ich meine Hand auf mein Herz lege, dann weißt du, dass es ganz mit dir beschäftigt ist, und als Antwort drückst du deinen Blumenstrauß an dich. Ach, liebe mich, meine reizende Marie; möchte deine Hand niemals das Bukett verlassen!

N.

Napoleon an die Erzherzogin Marie Louise

(Rambouillet, Februar 1810)

*G*nädige Frau Schwester, die Gewährung meiner Bitte, mich mit Ihnen durch die Ehe zu verbinden, ist ein sehr kostbarer Beweis von Achtung und Wertschätzung, den mir Seine Majestät, der Kaiser, Ihr Vater [Franz II., Kaiser von Österreich], gegeben hat. Ihre eigene Einwilligung in eine Verbindung, die mich mit der aufrichtigen Freude erfüllt und mein ganzes Leben verschönern wird, weiß ich unendlich zu würdigen. Mit Ungeduld erwarte ich den Augenblick, der sie schließen soll. Es ist mein höchstes Bestreben, Sie in Ihrer Ehe glücklich zu machen, und in dieser Hinsicht sind meine Wünsche umso aufrichtiger, als auch mein eigenes Glück fest mit dem Ihrigen verknüpft sein wird. Ich habe den Prinzen von Neuchâtel, meinen außerordentlichen Gesandten, beauftragt, Ihnen mein Bild zu übergeben, und bitte Sie, es als Beweis der Gefühle entgegenzunehmen, die tief und unauslöschlich in mein Herz eingegraben sind.

Napoleon

Rahel Levin an
Karl August Varnhagen von Ense

Berlin, 26. September 1808

D u Lieber, teile mir alles mit; du kannst mir alles sagen, und wie stolz, wie zufrieden macht es mich! Du gabst mir Festigkeit! Kurz, wir tun uns gut. (Wie sonderbar, wie schneidend und schmerzend war unser Umgang im Anfang!) Wie verlassen, ja wie ausgelacht komme ich mir ohne dich vor. Mit dir, neben dir, hatte ich zu allem Mut; du lehrtest mich ausführen, was ich für gut halte; du lehrtest mich, was ich wohl in der Welt hätte haben können: du bist der Einzige in der Welt, der mich je lieb hatte, der mich behandelt wie ich andere. Ja, ich bekenne es dir gerne mit dem ganzen Drang der Erkenntlichkeit: von dir lernte ich geliebt sein, und du hast Neues in mir geschaffen …

Ich liebe dich überaus zärtlich wieder, du hast es hundert Mal gesehen; ich könnte mein Leben mit dir zubringen; es ist mein sehnlicher, ernster, jetzt einziger Wunsch; ich weihte es dir in Freude und der größten Befriedigung, ich erkenne deinen ganzen Wert, und nicht ein Pünktchen deines Seins und deiner Liebenswürdigkeit entgeht mir. Ich bin dir treu aus Lust, Liebe und der gelassensten Wahl. Ich habe keine Forderung über dich. Ich bin dein Freund, wie es ein Mann sein könnte. Du bist durch mich in nichts gebunden, ich möchte dir mit meinem Blute dienen. Und ist es nicht natürlich, dass ich endlich – und es geschieht deutlich nur durch dich – erkannt sein will: ich würde ja in dir lieben, jedes Erkennen, und tue es auch. Ich habe genug

allein, und Schatten von meinem Feuer koloriert, geliebt: endlich umfang' ich dich, du lebst und bist du!
Denke aber nicht, dass ich dich ganz ohne Unruhe liebe.
Dein Besitz ist mir nötig in jedem Sinne. Aber wo Befriedigung war, da würde sie mir ewig Nahrung bleiben. »Ich habe es besessen, das Lebensglück.« Kindische
Menschen chauffieren sich noch nach diesem Besitze.
Hat der Himmel eine Zeit ausgesetzt? Ein Schmachten
nach diesem Glück trage ich im Herzen; aber so lang ich
lebe, bleiben Pfeile, Leiden und Schmerzen nur die Antwort, die Nahrung, und soll ich nie mehr etwas haben,
so denk' ich an unseren Sommer und dich ...

Benjamin Constant an Madame Recamier

3. September 1814

uf morgen Abend! Auf morgen Abend? Was ist dieser Abend? Für mich wird er um 5 Uhr morgens beginnen! Morgen, das ist heute. Das Gestern ist – gottlob! – vorüber. Ich werde also um 9 Uhr bei Ihnen ankommen, und man wird mir mitteilen, dass Sie nicht zu Hause sind.

Ich werde zwischen 10 und 1 wieder da sein; werde ich nochmals hören, dass Sie nicht zugegen sind?

Ich leide bereits jetzt darunter, was ich leiden werde. Ich wette, dass Sie mir dies nicht glauben. Das ist, weil Sie mich nicht kennen. In mir gibt es einen geheimnisvollen Punkt. Solange dieser nicht berührt ist, bleibt meine Seele unbeweglich. Wenn man ihn angreift, ist alles entschieden. Vielleicht ist es noch Zeit.

Ich denke zwar nur an Sie, aber vielleicht kann ich mich noch schlagen. Seit zwei Tagen habe ich nichts als Sie gesehen. Die ganze Vergangenheit, Ihr ganzer Reiz, den ich immer fürchtete, ist in mein Herz eingezogen. Ich kann wahrhaftig kaum atmen, während ich an Sie schreibe. Hüten Sie sich; Sie können mich allzu unglücklich machen, um es nicht selbst mit mir zu werden. Sie haben es gewollt. Dieser Gedanke, Sie sind's. Politik, Gesellschaft, alles ist verschwunden. Ich scheine Ihnen vielleicht verrückt; aber ich sehe Ihren Blick vor mir, ich wiederhole mir Ihre Worte, ich sehe dieses Äußere eines Pensionsmädchens mit so viel Anmut und so viel Feinheit verbunden. Und ich bin mit Recht verrückt. Ich wäre verrückt, wenn ich es nicht wäre.

Auf heute Abend also! Mein Gott, wenn Sie nicht die allerkühlste Frau sind, was werden Sie mich noch in meinem Leben leiden lassen! Lieben heißt leiden. Allein es ist auch Leben, seit so langer Zeit lebte ich nicht. Nochmals auf heute Abend! Vielleicht habe ich niemals so lebendig gelebt!

Ludwig van Beethoven an die
»Unsterbliche Geliebte«

*M*ein Engel, mein Alles, mein Ich. – Nur einige Worte heute, und zwar mit Bleistift – (mit deinem), erst bis morgen ist meine Wohnung sicher bestimmt, welcher nichtswürdige Zeitverderb in dgl. – warum dieser tiefe Gram, wo die Notwendigkeit spricht? – Kann unsre Liebe anders bestehn als durch Aufopferungen, durch nicht alles verlangen? Kannst du es ändern, dass du nicht ganz mein, ich nicht ganz dein bin? – Ach Gott, blick in die schöne Natur und beruhige dein Gemüt über das Müssende – die Liebe fordert alles und ganz mit Recht, so ist es mir mit dir, dir mit mir –, nur vergisst du so leicht, dass ich für mich und für dich leben muss – wären wir ganz vereinigt, du würdest dies Schmerzliche ebenso wenig als dich empfinden. – Meine Reise war schrecklich – ich kam erst morgens 4 Uhr gestern hier an; da es an Pferden mangelte, wählte die Post eine andere Reiseroute, aber welch schrecklicher Weg, auf der vorletzten Station warnte man mich, bei Nacht zu fahren, machte mich einen Wald fürchten, aber das reizte mich nur – und ich hatte Unrecht, der Wagen musste bei dem schrecklichen Wege brechen, grundlos, bloßer Landweg, ohne solche Postillione, wie ich hatte, wäre ich liegen geblieben unterwegs – Esterhazy hatte auf dem anderen gewöhnlichen Wege hierhin dasselbe Schicksal mit acht Pferden, was ich mit vier – jedoch hatte ich zum Teil wieder Vergnügen; wie immer, wenn ich was glücklich überstehe. – Nun geschwind vom Innern zum Äußern; wir werden uns wohl bald sehn, auch heute kann ich dir meine Bemerkungen nicht mitteilen, welche ich während dieser einigen Tage über mein Leben machte – wären unsre Herzen immer dicht aneinander, ich machte wohl dgl. Die Brust ist voll, dir viel zu sagen – ach – es gibt Momente, wo ich finde, dass die Sprache noch gar nichts ist – erheitere dich – bleibe mein treuer, einziger Schatz, mein Alles, wie ich dir, das Übrige müssen die Götter schicken, was für uns sein muss und sein soll. – dein treuer Ludwig

Abends montags am 6. Juli

Du leidest, mein teuerstes Wesen – eben jetzt nehme ich wahr, dass die Briefe in aller Frühe aufgegeben werden müssen. Montags – donnerstags – die einzigen Tage, wo die Post von hier nach K. geht – du leidest – ach, wo ich bin, bist auch du mit mir, mit mir und dir werde ich machen, dass ich mit dir leben kann, welches Leben!!!! So!!!! ohne dich – verfolgt von der Güte der Menschen hier und da, die ich meine – ebenso wenig verdienen zu wollen, als sie zu verdienen – Demut des Menschen gegen den Menschen – sie schmerzt mich – und wenn ich mich im Zusammenhang des Universums betrachte, was bin ich und was ist der – den man den Größten nennt – und doch – ist wieder hierin das Göttliche im Menschen – ich weine, wenn ich denke, dass du erst wahrscheinlich sonnabends die erste Nachricht von mir erhältst – wie du mich auch liebst – stärker liebe ich dich doch – doch nie verberge dich vor mir – gute Nacht – als Badender muss ich schlafen gehen … [folgen zwei ausgestrichene Worte]. Ach Gott – so nah! so weit!, ist es nicht ein wahres Himmelsgebäude, unsre Liebe – aber auch so fest, wie die Feste des Himmels. –

Schon im Bette drängen sich die Ideen zu dir, meine Unsterbliche Geliebte, hier und da freudig, dann wieder traurig, vom Schicksale abwartend, ob es uns erhört – leben kann ich entweder nur ganz mit dir oder gar nicht, ja ich habe beschlossen, in der Ferne so lange herumzuirren, bis ich in deine Arme fliegen kann und mich ganz heimatlich bei dir nennen kann, meine Seele von dir umgeben ins Reich der Geister schicken kann – ja leider muss es sein – du wirst dich fassen, umso mehr, da du meine Treue gegen dich kennst, nie eine andre kann mein Herz besitzen, nie – nie – o Gott, warum sich entfernen müssen, was man so liebt, und doch ist mein Leben in V. so wie jetzt ein kümmerliches Leben – deine Liebe machte mich zum Glücklichsten und zum Unglücklichsten zugleich – in meinen Jahren jetzt bedürfte ich einiger Einförmigkeit, Gleichheit des Lebens – kann diese bei unserm Verhältnis bestehn? – Engel, eben erfahre ich, dass die Post alle Tage abgeht – und ich muss daher schließen, damit du den Brief gleich erhältst – sei ruhig, nur durch ruhiges Beschauen unsres Daseins können wir unsern Zweck zusammenzuleben erreichen – sei ruhig – liebe mich – heute – gestern – welche Sehnsucht mit Tränen nach dir – dir – dir – mein Leben – mein Alles – leb wohl – o liebe mich fort – verkenne nie das treuste Herz deines Geliebten L.

ewig dein
ewig mein
ewig uns

HEINRICH VON KLEIST
1777–1811

Heinrich von Kleist an
Adolfine Henriette Vogel

(Berlin, nach Michaelis 1810)

Mein Jettchen, mein Herzchen, mein Liebes, mein Täubchen, mein Leben, mein liebes, süßes Leben, mein Lebenslicht, mein Alles, mein Hab und Gut, meine Schlösser, Äcker, Wiesen und Weinberge, o Sonne meines Lebens, Sonne, Mond und Sterne, Himmel und Erde, meine Vergangenheit und Zukunft, meine Braut, mein Mädchen, meine liebe Freundin, mein Innerstes, mein Herzblut, meine Eingeweide, mein Augenstern, o Liebste, wie nenn' ich dich? Mein Goldkind, meine Perle, mein Edelstein, meine Krone, meine Königin und Kaiserin. Du Liebling meines Herzens, mein Höchstes und Teuerstes, mein Alles und Jedes, mein Weib, meine Hochzeit, die Taufe meiner Kinder, mein Trauerspiel, mein Nachruhm. Ach, du bist mein zweites besseres Ich, meine Tugenden, meine Verdienste, meine Hoffnung, die Vergebung meiner Sünden, meine Zukunft und Seligkeit, oh, Himmelstöchterchen, mein Gotteskind, meine Fürsprecherin und Fürbitterin, mein Schutzengel, mein Cherubim und Seraph, wie lieb' ich dich! –

Karoline an Friedrich Perthes

*H*eute vor achtzehn Jahren schrieb ich dir den letzten Brief vor unserer Hochzeit und tat die erste Bitte um das kleine schwarze Kreuz. Seitdem habe ich viel gebeten in den achtzehn Jahren, mein lieber Perthes! Um was soll ich dich heute bitten? Du weißt es, denn du kennst mich ganz und kein unwahres Wort habe ich dir gesagt. Nur mein unbeschreibliches Liebhaben kannst du nicht ganz kennen, weil es keine Grenzen hat. Perthes, mir ist das Herz so voll Freude und Wehmut, hätte ich dich doch hier! Ich habe mich heute vor 18 Jahren nicht lebendiger und inniger nach dir gesehnt als jetzt. Gott sei Dank und abermals Dank für alles! Ich bin und bleibe dein in Zeit und auch, obschon ich nicht weiß wie, in Ewigkeit. Sei auch ein bisschen vergnügt, wenn du morgen kommst. Das Liebhaben ist gewiss das größte Wunder im Himmel und auf Erden und das einzige, von dem ich mir vorstellen kann, dass ich es in Ewigkeit nicht satt bekommen werde.

Lord Byron an August Leigh

Venedig, 17. Mai 1819

Mein Liebstes! Es war nachlässig von mir, nicht zu schreiben, doch was kann ich schon sagen? Drei Jahre Abwesenheit – und der völlige Wechsel von Umgebung und Gewohnheiten machen einen solchen Unterschied, dass wir jetzt nichts mehr gemeinsam haben als unsere Zuneigung und unsere Verwandtschaft. Doch habe ich niemals auch nur einen Augenblick lang aufgehört noch kann ich aufhören, diese vollkommene und grenzenlose Verzückung zu empfinden, die mich an dich band und bindet – die mich wirklicher Liebe für irgendein anderes menschliches Wesen gänzlich unfähig macht, denn was könnte sie mir nach dir bedeuten? Meine einzige … [kurzes Wort gestrichen], wir haben vielleicht sehr unrecht gehandelt, aber ich bereue nichts außer dieser verfluchten Heirat – und deiner Weigerung, mich weiterhin so zu lieben, wie du mich geliebt hattest. Ich kann dir diese kostbare Bekehrung weder vergessen noch ganz vergeben, doch ich kann nie ein anderer sein, als ich gewesen bin – und wann immer ich etwas liebe, ist es, weil es mich auf die eine oder andere Weise an dich erinnert; zum Beispiel war ich vor nicht langer Zeit einer Venezianerin zugetan aus keinem begreiflichen Grund (obgleich eine hübsche Frau), außer dass sie … [kurzes Wort gestrichen] genannt wurde, und sie bemerkte oft (ohne den Grund zu kennen), wie sehr ich den Namen liebte. Es ist herzzerreißend, an unsere lange Trennung zu denken – und sicher ist es Strafe mehr als genug

LORD BYRON
1788–1824

für alle unsere Sünden. Dante ist in seinem »Inferno« menschlicher, denn seine unglücklichen Liebenden (Francesca da Rimini und Paolo, deren Fall dem unseren ein gut Teil nachsteht – obschon immer noch schlimm genug) lässt er beisammen, und obgleich sie beide leiden – ist es doch gemeinsam. Wenn ich jemals nach England zurückkehre, wird es sein, um dich zu sehen und mich daran zu erinnern, dass ich zu jeder Zeit und an jedem Ort und mit allen meinen Gefühlen niemals aufgehört habe, im Herzen immer derselbe für dich zu sein; die Umstände haben meine Manieren vielleicht rauh werden lassen und meinen Geist verhärtet – du magst mich barsch gesehen haben und aufgebracht um alles um mich herum; betrübt und gequält durch deinen neuen Entschluss und kurz nach der Verfolgung durch diesen stinkenden Teufel, der mich aus meinem Land trieb und sich gegen mein Leben verschwor, indem er versuchte, mich all dessen zu berauben, was es mir kostbar machte – aber erinnerst du dich, dass sogar dann du der einzige Mensch warst, der mich zu Tränen rührte? Und was für Tränen!

Erinnerst du dich an unseren Abschied? Ich habe jetzt nicht die Kraft, dir von anderen Dingen zu schreiben; ich bin bei guter Gesundheit und habe keinen Grund zum Kummer außer der Überlegung, dass wir nicht beisammen sind. Wenn du mir schreibst, sprich mir von dir selbst und sag, dass du mich liebst; sag nichts von den alltäglichen Menschen und Dingen, die in keiner Weise interessant sein können – für mich, der ich in England nur das Land sehe, das dich umschließt – und rings um uns herum nur das Meer, das uns trennt. Man sagt, Abwesenheit vernichte alle schwachen Leidenschaften und schüre die starken – Ach! Meine für dich ist die Vereinigung aller Leidenschaften und Zu-

neigung; sie hat sich gestärkt, aber sie wird mich vernichten. Ich spreche nicht von physischer Vernichtung,
denn ich habe viel ertragen und kann viel ertragen,
sondern von der Zersetzung aller Gedanken, Gefühle
oder Hoffnung – die sich nicht mehr oder minder auf
dich beziehen und auf unsere Erinnerungen... Immer,
Liebste

Jane (Clara) Clairmont an Lord Byron

(1816)

*E*ine Ihnen gänzlich Fremde nimmt sich die Freiheit, sich an Sie zu wenden. Ich bitte Sie inständigst, verzeihen Sie für einen Augenblick die Belästigung, lassen Sie jede Erwägung, wer und was Sie sind, beiseite und hören Sie mich gütig an. Einen Augenblick der Leidenschaft oder eine Anwandlung von Stolz zerstört oft unser eigenes Glück und das anderer. Wenn Sie in diesem Falle durch eine Zurückweisung auch nicht selbst berührt werden, so wissen Sie doch nicht, wie sehr sie den anderen Teil kränken dürfte. Nicht Mitleid suche ich, denn dessen bedarf ich nicht; meine Bitte geht nur dahin, Sie möchten diesen Brief milde und gütig aufnehmen; sollte ich Ihnen aufdringlich erscheinen, so mögen Sie mir eine kurze Weile verzeihen; nur das wünsche ich, Sie möchten mit Geduld warten, bis ich durch Sie ermutigt werde, mich Ihnen zu entdecken.

Ich zittere vor Furcht über das Schicksal dieses Briefes. Ich kann es Ihnen nicht übel nehmen, wenn Sie ihn als schamlosen Betrug auffassen. Es gibt Fälle, in denen die Tugend sich dazu hergeben muss, das Gewand der Torheit überzustreifen; es ist Sache des durchdringenden Auges des Genies, ihre Verkleidung zu durchschauen; glauben Sie mir daher, ich bin besser, als dieser Brief mich erscheinen lassen könnte. Meine Lage ist heikel; meine Füße berühren den Rand eines Abgrunds; die Hoffnung schwebt mit leicht beflügelten Schwingen vor mir her und heißt mich ihr folgen, und eher wag' ich den Sprung, sei es auch mit Gefahr meines Lebens, als ihr, diesem geliebten Wesen, die Gefolgschaft zu versagen. Die Behauptung mag seltsam erscheinen, und doch ist es darum nicht weniger wahr, dass ich mein Glück in Ihre Hände lege. Ich möchte Ihnen nur unbestimmte Andeutungen machen, ehe ich mich Ihnen eröffne; denn die Bürde, die ich so schon auf mich nehmen muss, würde allzu grausam erschwert, müsste ich für Sie zum Gegenstand der Verachtung, für die andern zur Zielscheibe ihres Spottes werden.

Fühlen Sie Empörung in sich aufsteigen, fühlen Sie sich versucht, nicht weiterzulesen oder den Brief unbedenklich ins Feuer zu werfen, den ich in so fürchterlicher Unruhe geschrieben habe, so halten Sie Ihre Hand zurück! Meine Torheit mag groß sein, doch sollte der Schöpfer sein Geschöpf nicht vernichten. Wenn Sie nicht verschmähen, auf folgende Frage zu antworten, so ist Ihnen als Belohnung wenigstens die Dankbarkeit gewiss, die ich Ihnen dafür entgegenbringe. Wenn eine Frau, deren Ruf makellos geblieben ist, wenn sie, von keinem Beschützer oder Gatten bevormundet, sich Ihnen auf Gnade und Ungnade ergibt, wenn sie klopfenden Herzens die Liebe beichtet, die sie seit vielen Jahren für Sie hegt, wenn sie Ihnen Schweigen und Sicherheit verbürgt, wenn sie Ihre Güte mit zärtlichster Neigung und unbegrenzter Hingabe vergelten will, wären Sie fähig, sie zu verraten, oder würden Sie Grabesschweigen bewahren?

Nicht auf viele Worte kommt es mir an. Entweder Sie wollen oder Sie wollen nicht. Entscheiden Sie sich nicht übereilt, und doch muss ich Ihre Antwort ohne Verzug erbitten, nicht nur, weil ich verabscheue, auf die Folter des Wartens gespannt zu sein, sondern weil ich unumgänglich nach einem Ort unweit der Stadt reisen muss

und ich Ihren Bescheid erfahren möchte, ehe ich aufbre-
che. Schreiben Sie bitte an E. Trefusis, 21 Noley Place,
Mary le Bonne.

Sie fordern mich auf, kurz an Sie zu schreiben, und ich
habe so viel zu sagen. Sie erklärten auch, es sei leere
Einbildung, die mir ein näheres Verhältnis zu Ihnen als
begehrenswert erscheinen lässt. Es kann keine leere
Einbildung sein, denn Sie sind das letzte Jahr hindurch
derjenige gewesen, bei dem meine Gedanken in jedem
einsamen Augenblick geweilt haben.
Ich erwarte nicht, dass Sie mich lieben; ich bin Ihrer
Liebe nicht würdig. Ich fühle Ihre Überlegenheit, sehr
zu meiner Verwunderung, mehr zu meinem Glücke, Sie
zeigten Leidenschaften, deren ich Sie nicht mehr für
fähig hielt. Soll auch ich den Mangel an Glück zu meinen traurigen Erfahrungen zählen? Soll auch ich es zu-
rückweisen, wenn es sich mir darbietet? Ich mag Ihnen
unklug, lasterhaft vorkommen, meine Ansichten mögen
Ihnen verwerflich, meine Lebensauffassung verderbt erscheinen, eins jedoch soll die Zeit Sie lehren, dass ich Sie
zärtlich und leidenschaftlich liebe, dass ich zu allem unfähig bin, was Ähnlichkeit mit Rachsucht oder Bosheit
hat. Ich versichere Sie, in Zukunft soll Ihr Wille der meinige sein, und alles, was Sie tun oder sagen werden, soll
meinen Beifall finden.
… Tun Sie, was Sie wollen, gehen Sie, wohin Sie wollen,
lehnen Sie es ab, mich zu sehen, behandeln Sie mich
unfreundlich – trotzdem werde ich Sie nie vergessen.
Ich werde mich immer der Vornehmheit Ihrer Um-
gangsformen und der wilden Eigenart Ihrer Gesichtszüge erinnern. Wer Sie einmal gesehen hat, vergisst
Sie nie wieder. Vielleicht ist dies das letzte Mal, dass ich
mich an Sie wende. Lassen Sie mich Ihnen daher noch

einmal sagen, dass ich nicht undankbar bin. Sie haben in allen Stücken höchst ehrenwert gehandelt, und ich bin überzeugt, nur mein linkisches und scheues Benehmen hat mich bis jetzt daran verhindert, es Ihnen persönlich zu sagen.

Clara Clairmont

Ich habe mein Geschick in die eigene Hand genommen. Setzen Sie unsere Zusammenkunft nicht später als Sonnabend fest – ich kann den Aufschub nicht länger ertragen. Wenn ich gegangen bin, mag meine Farbe lebhaft sein und ich mag gesund aussehen, wie Sie sagen. Wenn ich aber allein bin und mich meinen Gedanken überlasse, so bin ich das elendste und nervöseste Geschöpf von der Welt. Guter Gott! wie widerspruchsvoll muss ich Ihnen erscheinen! Am Sonnabend werden Ihnen einige Augenblicke des Zusammenseins mehr sagen, als Sie bisher wissen. Bis dahin will ich es mir gefallen lassen, dass Sie mich für lasterhaft und verderbt halten. Wissen Sie, dass ich mit Ihnen nicht sprechen kann, wenn ich Sie sehe? Ich bin so linkisch und fühle nur die Neigung, einen kleinen Stuhl zu nehmen und mich zu Ihren Füßen niederzusetzen. So empfinde ich stets dem gegenüber, den ich liebe. Wenn ich den Mann meiner Liebe betrachte, so gewährt mir nichts halb so viel Vergnügen, als zu seinen Füßen zu sitzen, meinen Kopf in den Händen zu verbergen und an den Geliebten zu denken …

Ihre Clara Clairmont

John Keats an Fanny Brawne

M ein süßes Mädchen!
Hoffentlich wirst du mir nicht allzu sehr zürnen, dass ich deine Bitte um einen Brief am Sonnabend nicht erfüllte. Wir hatten in unserem kleinen Zimmer vier Gäste, die von morgens bis abends Karten spielten und mir nicht einen ungestörten Augenblick zum Schreiben ließen. Jetzt sind Rice und Martin gegangen, und ich kann frei aufatmen. Brown bestätigt mir zu meiner Betrübnis die Nachricht, die du mir von deinem schlechten Gesundheitszustand gibst. Du kannst dir nicht vorstellen, welch schmerzliche Sehnsucht ich empfinde, bei dir zu sein, wie gern ich für eine Stunde Beisammenseins den Tod erleiden möchte – welchen Zweck hat die Welt? Ich sage, du kannst es nicht begreifen, es ist unmöglich, dass du mich mit denselben Augen betrachtest wie ich dich; das kann nicht der Fall sein. Vergib mir, wenn ich heut Abend etwas fasele; ich habe aber den ganzen Tag an einem sehr abstrakten Gedicht gearbeitet und empfinde eine heiße Liebe zu dir – zwei Umstände, die mich entschuldigen müssen. Es hat, glaube mir, nicht eines Jahrtausends bedurft, um mich dir zu Eigen zu geben; gleich in der allerersten Woche, da ich dich kennen lernte, nannte ich mich deinen Vasallen; ich verbrannte aber die Bestätigungsurkunde, als ich in der nächsten Woche zu bemerken glaubte, du bezeigtest mir dein Missfallen. Wenn du je beim ersten Anblick für einen Mann das empfinden solltest, was ich für dich emp-

fand, so bin ich verloren. Doch ich würde nicht mit dir hadern, sondern mich selber mit meinem Hass verfolgen, wenn sich so etwas ereignen sollte – nur würde ich vor Zorn vergehen, wenn der betreffende als Mann nicht ebenso schön wäre wie du als Frau. Vielleicht bin ich zu heftig, dann stelle dir vor, wie ich auf meinen Knien vor dir liege, namentlich wenn ich eine Stelle deines Briefes berühre, die mir wehgetan hat. Du schreibst von Mr. Severa: »Du musst dich aber zufrieden geben, wenn ich dich versichere, dass ich dich weit mehr bewundere als deinen Freund.« Mein teures Lieb, ich glaube nicht, dass ich je etwas Bewundernswertes an mir hatte oder haben werde, namentlich was meine äußere Erscheinung betrifft – ich kann nicht bewundert werden, ich bin kein Gegenstand der Bewunderung. Du bist es, ich liebe dich; alles, was ich dir darbringen kann, ist eine ohnmächtige Bewunderung deiner Schönheit. Ich nehme unter Männern denselben Platz ein wie stumpfnasige Brünette mit zusammengewachsenen Augenbrauen unter den Frauen – für mich sind sie Luft – ausgenommen, ich fände unter ihnen eine, in deren Herzen dieselbe Glut brennt wie in meinem. Du saugst mich trotz meines Widerstrebens völlig in dich auf – du allein; denn ich blicke nicht mit Freuden auf das, was man in der Welt »versorgt« nennt; ich zittere vor Haushaltssorgen; doch deinetwegen will ich sie auf mich nehmen, obgleich ich eher sterben wollte, wenn dich mein Tod glücklicher machen könnte. Zwei Kleinodien besitze ich, über die ich auf meinen Spaziergängen reiflich nachdenke: deine Lieblichkeit und meine Todesstunde. O könnte ich von beiden in derselben Minute Besitz ergreifen! Ich hasse die Welt; sie lähmt zu sehr die Schwingen meines selbständigen Willens, und ich wollte, ich könnte von deinen Lippen ein süßes Gift

schlürfen, das mich von ihr erlöst. Von niemand anderem würde ich es nehmen. Ich bin in der Tat erstaunt, dass ich für alle körperlichen Reize – die deinen ausgenommen – so unempfänglich bin, namentlich wenn ich mich der Zeit erinnere, da jedes Schürzenband mein Interesse erregte. Was für süßere Worte kann ich nach alledem noch für dich finden – ich will das Geschriebene nicht nachlesen – auch nichts mehr hinzufügen, sondern in einer Nachschrift alles andere beantworten, was du in deinem Brief so ausführlich dargelegt hast – denn ich bin von tausend Gedanken abgelenkt. Ich will mir dich heut Abend als Venus vorstellen und beten, beten, beten zu deinem Stern wie ein Heide.
Dein für immer, schöner Stern

John Keats

Shanklin, Donnerstagabend, 8. August 1819

Mein teures Mädchen!

Du schreibst mir, du möchtest nicht mehr solche Briefe wie den letzten erhalten, ich werde dafür sorgen, indem ich jetzt hartnäckig einen anderen Weg einschlage. In der Tat treibe ich kein ehrliches Spiel – ich habe nicht genug Muße für richtige, offenkundige Liebesbriefe – soeben bin ich mit einem Auftritt in unserem Trauerspiel fertig geworden und erblicke dich (halte es nicht für Lästerung) durch den Nebel von Verschwörungen, Reden, Gegenverschwörungen, Gegenreden. Der Liebende ist wahnsinniger als ich – ich bin nichts im Vergleich zu ihm –, seine Gestalt gleicht der Statue des Meleagros, und doppeltes Feuer durchströmt sein Herz. Ich danke Gott für meinen Fleiß, ohne ihn wäre ich elend. Ich ermuntere ihn und versuche nicht an dich zu denken – doch wenn mir dies den ganzen Tag über und bis Mitternacht gelungen ist, dann kehrst du zurück, sobald die künstliche Erregung geschwunden ist, und stehst mir infolge des Fiebers, das mich noch durchglüht, umso deutlicher vor meinen Sinnen. Ich schwöre dir bei meiner Seelen Seligkeit, ich kann es nicht herausfinden, weshalb du mich lieb hast. Ich halte mich nicht für eine ärgere Vogelscheuche als Herrn A., Herrn B. und Herrn C. –, aber ich könnte, wenn ich eine Frau wäre, keinen von ihnen lieben. Indes genug davon. Du hast also die Absicht, mich bei meinem Versprechen, dich bald zu besuchen, festzuhalten? Ich werde es mit ebenso viel Schmerz wie Freude erfüllen; denn ich gehöre nicht zu jenen Paladinen der alten guten Zeit, die jahrelang von Seegras und Lächeln lebten. Welchen Gedanken würde ich nicht einzig und allein dafür hingeben, dass ich heut Abend meinen Augen einen Genuss bereiten könnte! Heut über acht Tage werden wir nach Winchester aufbrechen; denn ich fühle das Bedürfnis nach einer Bibliothek. In Winchester werde ich auch deine Briefe eher erhalten, und da es eine Stadt mit einer Kathedrale ist, so werde ich einen großen Genuss haben, den ich immer in der Nähe einer Kathedrale empfinde, nämlich den, deine Briefe während des Gottesdienstes zu lesen. Du würdest über die Spaziergänge hier herum ganz entzückt sein, über die Klippen, Wälder, Hügel, Sandufer, Felsen usw. Doch sind sie nicht so schön, dass ich ihnen nicht ein herzliches Lebewohl zuriefe, um sie gegen meine Kathedrale einzutauschen. – Doch bin ich andererseits von Landschaftsschönheiten nicht so übersättigt, um eine Abneigung gegen die Schweiz zu empfinden. Wir könnten ein herrliches Jahr in Bern oder Zürich zubringen, wenn es Venus beliebte,

meinem Gebet: »Ich flehe dich an, uns zu erhören, o Gottheit« Gewährung zuzuwinken. Und wenn sie uns erhören sollte, so verhüte Gott, dass wir das tun, was die Menschen »solid werden« nennen – in einen Teich geraten, eine stillstehende Lethe, einen elenden halben Mond, eine Straße oder Häuser. Besser unklug, aber beweglich, als klug und festgebannt zu sein: meinen Mund an der Haustür aufzusperren; damit man wie in den Löwenkopf in Venedig widerwärtige Karten, Briefe, Einladungen hineinwirft, auszugehen und bei Teegesellschaften vor Langeweile umzukommen, bei Diners zu frieren, auf Bällen zu braten, bei Abendgesellschaften zu schmoren. Nein, mein Lieb, vertraue dich mir an, und ich will dir, wenn das Glück uns günstig ist, edlere Unterhaltungen ausfindig machen. Ich fürchte, du wirst diese Zeilen nicht vor Sonntag oder Montag erhalten; ein Ire würde sagen: »Wirf inzwischen keinen Hass auf mich.« Ich sehne mich fort von hier nach Winchester, denn ich fange hier schon an, die Türschilder, die Namen, die Kieselsteine unausstehlich zu finden. Du erkundigst dich nach dem Stande meiner Gesundheit, ohne mir dabei zu schreiben, ob es dir bessergeht. Ich bin ganz wohl. Dass du ausgehst, beweist nicht, dass du es ebenfalls bist: Wie steht es? Späte Stunden werden dir sehr schaden. Ich war jetzt ein paar Tage allein, während Brown mit seinem alten Mantelsack in der Umgegend umherstreifte. Nun, mir ist seine Gesellschaft so angenehm wie die jedes anderen, trotzdem bedauerte ich seine Rückkehr – sie traf mich wie ein Donnerkeil. Ich hatte mich in einen Traum zwischen meinen Büchern eingesponnen und schwelgte in Einsamkeit und Stille, die du allein hättest stören sollen.
dein dich ewig liebender

John Keats

Mein teuerstes Mädchen!

Soeben habe ich mich hingesetzt, um einige Verse ins
Reine zu schreiben. Es will mir nicht recht von der
Hand gehen. Ich muss dir ein paar Zeilen schreiben;
vielleicht gelingt es mir auf diese Weise, dich, wenn
auch auf noch so kurze Zeit, aus meinem Gedanken-
kreise zu verbannen. Bei meiner Seelen Seligkeit, ich
kann an nichts anderes denken. Die Zeit ist vorüber, da
ich die Kraft besaß, dir guten Rat zu geben und dich vor
dem aussichtslosen Morgen meines Lebens zu warnen.
Meine Liebe hat mich selbstsüchtig gemacht. Ich kann
ohne dich nicht existieren. Ich vergesse alles, nur nicht
das Wiedersehen mit dir – mein Leben scheint hier still-
zustehen – mein Blick reicht nicht weiter. Du hast mich
völlig in dich eingesogen. Gegenwärtig habe ich eine
Empfindung, als löse ich mich auf – ich würde namenlos unglücklich sein ohne die Hoffnung, dich bald zu
sehen. Ich würde mich ängstigen, wenn ich mich weit
von dir entfernte. Meine süße Fanny, wird dein Herz nie
einen Wandel erleiden? Mein Lieb, wird das nie geschehen? Meine Liebe kennt jetzt keine Grenzen ... Dein
Briefchen kam gerade zur rechten Zeit. Ich kann fern
von dir nicht glücklicher sein. Es ist reicher als eine Perlenschnur. Drohe mir nicht einmal im Scherz. Früher
habe ich mich gewundert, dass die Menschen als Mär-
tyrer für ihre Religion sterben können – ich schauderte
davor. Jetzt erfasst mich kein Schauer mehr – ich könnte
für meine Religion den Märtyrertod erleiden – die Liebe
ist meine Religion –, ich könnte für sie sterben. Ich
könnte für dich sterben. Mein Glaube ist Liebe, und du

bist mein einziges Dogma. Du hast mich mit einer Kraft
an dich gerissen, der ich nicht widerstehen kann, und
doch vermochte ich zu widerstehen, bis ich dich sah,
und selbst seit ich dich gesehen habe, habe ich oft versucht, »den Gründen meiner Liebe mit Gegengründen
zu begegnen«. Jetzt kann ich dies nicht mehr tun – die
Pein würde zu groß werden. Meine Liebe ist selbstsüchtig. Ich kann ohne dich nicht atmen.
Für immer dein

John Keats

Alexander Puschkin an Frau U. P. Kern

*B*eiliegend ein Brief an Ihre Tante; wenn sie nicht mehr in Riga ist, können Sie ihn behalten. Und nun sagen Sie mal – wie kann man so leichtfertig sein? Wie konnte ein an Sie adressierter Brief in fremde Hände gelangen? – Aber was geschehen ist, ist geschehen – reden wir nun von dem, was uns noch zu tun übrig bleibt.

Wenn Ihr verehrter Gatte Ihnen gar zu langweilig geworden ist, lassen Sie ihn sitzen – und wissen Sie was? Lassen Sie Ihre ganze Familie im Stich, nehmen Sie Postpferde und kommen Sie ...

Sie meinen, nach Trigorskoje? – Keineswegs! – nach Michailowskoje. Dieser schöne Plan geht mir seit einer ganzen Stunde im Kopf herum ... Begreifen Sie, wie groß mein Glück sein würde – Sie werden wirklich sagen: und das Gerede, der Skandal? – Hol's der Teufel! den Gatten verlassen ist schon Skandal genug – das Weitere kommt nicht mehr in Betracht. Sie müssen aber zugeben, dass mein Plan höchst romantisch ist ... die Ähnlichkeit der Charaktere, Kampf gegen allerlei Hindernisse, höchste Entwicklung des Organs für Diebstahl usw. usw. – Denken Sie sich nur das Erstaunen Ihrer Tante! – Da muss es gleich zum Bruch kommen. Sie werden Ihre Kusine nur heimlich sehen können, wodurch die Freundschaft nur angenehmer wird – und stirbt Kern einmal, so sind Sie frei wie die Luft ... Nun, was meinen Sie? Sagte ich es Ihnen nicht, dass ich imstande bin, einen kühnen und wichtigen Rat zu geben?

Aber reden wir ernst, d. h. kaltblütig! Sehe ich Sie wieder? Der Gedanke, es könnte nicht geschehen, macht mich schaudern. Sie werden mir sagen: Trösten Sie sich. Sehr gerne – aber wie? Soll ich mich verlieben? – Das ist unmöglich: dazu müsste ich zuerst Ihre Krämpfe vergessen ... Aus Russland fliehen? Mich aufhängen? Heiraten? – Alles das bietet große Schwierigkeiten – die mag ich nicht. Ach, apropos! – wie gelange ich in den Besitz Ihrer Briefe? Ihre Tante ist gegen unseren Briefwechsel, der doch so keusch, so unschuldig ist. (Wie sollte er auch anders sein? ... Bei einer Entfernung von 400 Werft.) Es ist sehr leicht möglich, dass man unsere Briefe aufgreifen wird, sie lesen, kommentieren und zum Schluss feierlich verbrennen. Versuchen Sie, Ihre Handschrift zu verstellen, für das Weitere will ich sorgen. Aber schreiben Sie mir nur, schreiben Sie nur viel, lang und breit und diagonal (ein geometrischer Ausdruck!) ...Vor allem aber nehmen Sie mir nicht die Hoffnung auf ein Wiedersehen; sonst werde ich mir ernstlich Mühe geben müssen, mich in jemand anders zu verlieben ... Ach ja, ich hatte ganz vergessen, Ihnen zu sagen, dass ich an Netty einen sehr zarten, demütigen Brief geschrieben habe. Ich bin ganz hin von Netty. Sie ist naiv, Sie sind es nicht. Warum sind Sie nicht naiv? Nicht wahr, ich bin in meinen Briefen viel liebenswürdiger als im Gespräch? Aber kommen Sie nur hierher, und ich verspreche Ihnen, dass ich ungewöhnlich liebenswürdig sein werde. Ich will am Montag lustig sein, am Dienstag exaltiert, am Mittwoch zärtlich, am Donnerstag gewandt, und diensteifrig am Freitag, Sonnabend und Sonntag – alles, was Sie befehlen; die ganze Woche will ich zu Ihren Füßen liegen. Leben Sie wohl!

Friedrich von Gentz an Fanny Elßler

Mittwoch, den 9. Juni 1830
Um Mitternacht

D as Glück, welches dein Umgang mir gewährt, schien schon längst keiner Zunahme mehr fähig zu sein; und doch überzeugt mich jeder Tag von meinem Irrtum. Mit welchen Farben könnte ich den heutigen Abend schildern? Ich bin berauscht von der Seligkeit, die du, himmlisches Mädchen, mich in deinen Augen und an deiner Brust in vollen Zügen trinken ließest. Ich fühle in allen meinen Adern die Wahrheit der süßen Worte:

Das Schönste der Natur, bei deren Anblick wir
Wie Kinder an der Brust nun unser Leben saugen,
Von allem um uns her nichts sehen außer ihr,
Selbst in Elysiums goldnen Auen
Nichts sehen würden, als sie ewig anzuschauen.

Diese Verse sind für mich geschrieben, und du bist das Urbild dieses Gemäldes! Dass solche Wonne mir auf Erden noch beschieden war – wie kann ich dir dies danken, meine Fanny; mein! In dieser einzigen Silbe liegt mehr als der Himmel, und du hast es geschrieben, und dein Mund mit deinen Augen haben es bekräftigt. Ich bin zu schwach, dich zu belohnen; aber das, was du an mir getan hast, wird und muss dir reichlich vergolten werden.
Ich konnte diesen Tag nicht endigen, ohne dir zu sagen, mit welchen Empfindungen ich ihn beschließe. Es ist

mehr noch als Liebe, was mich beseelt: es ist eine Er-
hebung des Gemüts, die der Andacht gleicht, und in
der Tat hat sich mein Herz seit langer Zeit nicht inniger
zu Gott gewendet, als indem ich ihn jetzt bitte, seinen
besten Segen über dich auszugießen.
Gute Nacht, Fanny!

G.

Eduard Mörike
1804–1875

Eduard Mörike an Luise Rau

Owen, 18. Februar 1830. Abends

Für dich allein.

Die Liebe ist gleich unersättlich im Austeilen und Hinnehmen immer neuer Schwüre, und so wird es uns stets ein glückliches Bedürfnis bleiben, das alte »Wie lieb ich dich!«, welches dein letzter Brief, doppelt unterstrichen wiederholt, wechselseitig zu hören und hören zu lassen. Es ist derselbe einfache Akkord, der, so oft du ihn anschlagen magst, jedes Mal wieder neu und mit nie erhörtem Zauber in mir nachklingt. Diese süße Wiederholung, worin man sich selber nie ein Genüge tut, gleicht fast einem lieblichen Spiele, das etwa darin bestände, dass du ein goldenes Gefäß mit köstlichem Wein in ein anderes gössest, damit ich den immer frischen Perlschaum schnell vom Rande sauge, um sodann dir wieder einzufüllen, dass du das Gleiche tust, und so fort – ohne unsern Durst löschen und den Wundertrank zur Neige bringen zu können. Ist das ein Spiel, so ist's ein solches, wie die Engel es treiben, und wir schämen uns seiner nicht. Glaubst du, es könnte eine Zeit kommen, wo wir dessen satt werden? Ich kann's nicht denken; mich schauert, wenn ich's denke. Wie lieb ich dich! So rufe ich dir heute zu und werde es noch, wenn jene Tage kommen, welche so manches andere an mir abstreifen mögen, was jetzt noch Hand in Hand mit meiner Liebe geht.

Wenn ich manchmal in Gedanken dem Ursprung unserer Liebe nachgehe, wie man dem Gange und allen sanftesten Krümmungen eines Flusses folgt, so verschwimmt das Ganze vor meinem Blick wie ein einzig unermessliches Meer, auf dem ich staunend all mein Sinnen zerfließen lasse. Mir ist, als hätten wir uns gehört seit Ewigkeiten und doch – der sonderbare Gegensatz – mir ist, als muss ich's heute erst erfahren und begreifen lernen. Dies Gefühl des höchsten Glückes wird dann so überwältigend und groß, dass es keinen Ausweg findet als in brünstigem Danke gegen den, der alles so wunderbar gefügt. Ich bewundere mit Tränen die Liebe des Höchsten und seine Majestät, wenn mir einfällt: Ich, der Einzelne, an dem sich das Füllhorn überschwenglicher Wonne erschöpft zu haben scheint, bin ich doch der kleinste Teil nur in einer ganzen unendlichen Schöpfung, auf welche sich Ströme der Liebe stürzen. Es flutet eine Welt von Seligkeit in mir auf und nieder; sie ist ein Tropfen, der im All verschwindet, und doch so mächtig fühl' ich mich in ihr, dass ich mir nichts gleich mehr glaube von allem, was außer mir und außer uns beiden lebt; ja, wenn der Lobgesang aus tausend glücklichen Kehlen sich in einem breiten Strome himmelan schwänge, ich könnte zweifeln, ob er der Empfindung meines einzelnen Glücks gleichkäme, und doch fühlte von den Tausenden ein jeder vielleicht dasselbe, was ich und was du. Sich aber gerade dies recht klar und innig bewusst zu bleiben und deswegen in andern sich doppelt zu freuen, das mag ein charakteristisches Merkmal jener Seligkeit sein, wie sie im Himmel zu Hause ist, wo alle Selbstsucht wegfällt. Aber auch hier auf Erden lässt sich eine Ahnung davon haben in Augenblicken, die gewiss zu unsern reinsten und herrlichsten gehören. Nur leider, dass man sie nicht festhalten kann!

Liebes, teures Kind, ich habe hier mit vielen Worten und

ohne recht zu wissen, wie sie aufs Papier kamen, ungefähr das gesagt, was du mir viel besser und einfacher
mit wenigen Zeilen sagst: aber nimm es hin als den
wahrhaften Ausdruck meines Innersten, den vielleicht
jedermann, nur du nicht, der Übertreibung beschuldigen würde! Du bist das einzige Wesen, das mich hierin
ganz zu würdigen versteht; ich bin der Einzige, der das
schöne Geheimnis deiner Seele, deines ganzen Denkens,
Seins und Ausdrucks entschleierte, der den leisesten
Laut deines Gemüts auffängt, dass er zum vollschwel-
lenden Gesange in mir aufgeht. Liebes Herz, könnt' ich
jetzt, an deinem Halse liegend, alles das zusammen-
fassen mit einem Blick in dein getreues Auge! ...

Owen, 30. März 1831

Teuerste einzige Luise!

Es werden bald zwei Jahre, seitdem ich von Nürtingen
aus in einer stillen Nachtstunde jenen Brief an dich
schrieb, worin ich, von der Angst deines Verlusts ge-
peinigt, um deine Liebe, um deinen Besitz flehte. Zwei
Jahre bald, seitdem du mein Glück entschieden hast,
und nichts hat indessen diese Entscheidung mehr
wankend gemacht. Aber aufs Neue wird die Waage
unruhig, und – wer hätte es glauben sollen? – ich muss
es sein, der sie diesmal in Bewegung setzt. Doch nur
von dir, von deinem reinen Willen hängt es ab, wie sie
aufs Neue und dann auf ewig zum Stillstand kommen
soll.
Lass dich diese Worte nicht erschrecken! Was damals das höchste Ziel meiner Wünsche, mein heißestes

Gebet gewesen war, das ist es noch in diesem Augenblick. Ich schwöre dir's im Angesichte Gottes: du bist die Ruhe meines Lebens; das Schönste, Heiligste, was die Erde für mich hat, bist du. Die Bande, die mein Leben an das deine schlingen, haben sich in dieser Zeit eher tausendfach verstärkt, als dass sie auch nur eine Linie nachgelassen hätten. Ach, weißt du wohl, das sagt dir jeder meiner Briefe, dir sagt's dein eigenes Herz. Mich fasst ein Schauder bei dem unerhörten Gedanken, dass wir, Luise, wir uns jemals wieder fremd werden könnten. Und wenn ein Gott vom Himmel mir's geweissagt hätte, ich würde vor wenigen Wochen noch keinen Sinn darin gefunden haben, ich hätt' ihm nicht geglaubt, oder dieser Gedanke würde mich in Verzweiflung gebracht haben. In diesen neuesten Tagen des Unglücks und des Jammers vollends glaubte ich mit feurigen Armen des Geistes dich umklammern zu müssen; denn dies sind die Zeiten, von denen man sagt, dass, um sie zu tragen, man zu zweien sein muss. Bald aber kamen auch Stunden ruhiger Überlegung, wo ich mehr deiner als meiner gedachte. Auf Augenblicke gewann ich die Stimmung, wo der selbstsüchtige Wunsch des einen sich dem Wohl des andern opfern lernt, wo die Liebe Hand in Hand geht mit der Entsagung. O Kind, missdeute mir nichts! Nur um eine Frage ist es zu tun, die ich an dein Herz richte; ich habe keine Absicht, und kein Falsch lauert hinter meinen Worten. Der Himmel ist mein Zeuge, dass ich ehrlich, offen und gut mit meiner Luise handle; ich habe im Gebet mein Herz ausgeschüttet vor Ihm und nicht ohne Ihn zu fragen, den Entschluss zu diesem Briefe gefasst. Keine Seele, auch meine Mutter nicht, weiß darum. Am allerwenigsten lass dir den Gedanken beigehen, als leite mich hiebei irgendeine phantastische Grille, ein Kitzel überspannter, selbstgeschaffener Schmerzen, oder meine Eitelkeit wolle sich einen voraussichtlichen Triumph unserer Liebe bereiten oder wolle dich prüfen. Nichts von dem allen, bei Gott! Ich möchte diese Sünde nicht verantworten, so grausam mit dem Herzen eines Engels zu spielen. Nein, sondern meine ernste Liebe zu dir, mein Gewissen und mein Verstand verlangen, was ich wahrlich ungern tue ...

25. März 1832

Es war eine dunkelsüße Glut unbestimmt ineinander fließender Gedanken, auf welcher dein Bildnis in aller Anmut der Gebärde, in allen Lagen der Vergangenheit, zuletzt auch gar der süßen hoffnungsreichen Zukunft, tausendgestaltig sich vor mir bewegte. Du könntest mich phantastisch nennen und an der Einfalt meiner Liebe zweifeln, wenn ich mit all den bunten Farben dir beschreiben wollte, in was für Zaubergärten ich mit dir, von seliger Wehmut wie mit berauschendem Blütenduft überschüttet, mich hin und wider ziehen ließ. – Es gibt für mich kaum einen reizenden Genuss in der Liebe als eben dies Gemisch von Wohl und Weh. Wo die dämmernde Wolke so eines Abschieds den vollen Glanz des himmlischen Bewusstseins überschleiert, wie ganz, wie eigen man einander habe!
Ich schließe nun und drücke dich ans Herz: du könntest fühlen, wie!
Ewig und ganz dein   *Eduard*

Ach, liebstes, einziges Herz, wenn es bald wahr und wirklich werden sollte, was ich seit einiger Zeit oft stundenlang wachend träume; ich mit dir im häuslichen Eigentum wohnen, mit dir jede Stunde teilen zu dürfen! Was für ein neues Leben, wovon ich jetzt nur eine leise, fast ängstliche, selige Ahnung habe, wird sich uns entfalten! Oft ist mir, ich müsse mich vor dieser überglücklichen Vorstellung hüten, damit mir nicht die zwischenliegende Zeit zu schal und matt und unleidig erscheine. Schreib mir, mein süßes Kind, in deinem Nächsten auch ein wenig von dieser lieblichen Materie! Leb wohl, mein Bestes, und gesund! Und denke, jeden Augenblick sei ich im Geiste um dich! Du musst's fast fühlen!

Ewig dein treuer

E.

Thomas Carlyle an Miss Jane Welsh

ein allerliebster Schatz! Was für ein Segen sind doch diese Frankobriefe! Ich kann mich jeden Augenblick hinsetzen und an dich etwas zusammenkritzeln, und wäre es auch weiter nichts als Klagen und tausend Mal wiederholte Zärtlichkeitsausdrücke. Auf diese Weise wird eine Art persönlicher Verbindung zwischen uns aufrechtgehalten; wir sind in der Trennung weniger einsam; ich trage alles leichter, freue mich über alles doppelt, wenn ich daran denke, dass ich es dir mitteilen kann.

Aber warum, meine Jeannie, machst du es nicht ebenso wie ich? Ach, jetzt ist fast eine ganze Woche lang kein Brief angekommen. Ich rannte heute nach der Post, um einen Brief von dir abzuholen, aber ach, es war »nichts für Sie da, Carlyle!« Sicherlich trifft dich kein Vorwurf, das weiß ich; der Bote, der den Brief von dir mitnehmen sollte, wird sich verspätet haben, nichts weiter; und doch kann ich dir nicht sagen, wie schmerzlich ich die Verzögerung empfinde, was für närrische, hypochondrische Gedanken sie heraufbeschwört. Oh, was sollte ich tun, wenn mein einziges Lieb irgendein Unfall betroffen hätte! Schreibe mir, Liebste; lass dich durch nichts außer durch die absolute Unmöglichkeit abhalten; zwei Mal in der Woche, so hatten wir es verabredet, die ganze Zeit über, bis wir wieder beisammen sind.

Mein Manuskript ist mir zurückgesandt worden, wie ich es erwartet hatte … Keine sehr erfreuliche Nachricht; indessen sei nicht bange, mein Lieb! Ich habe das Bangen von mir geworfen; ich fühle hier eine Aufgabe für mich, und auf die eine oder andere Weise werde ich die Kraft finden, sie zu lösen. Stehe mir zur Seite, meine einzige Jane, wie die Nachfahrin von John Knox, die Tochter von John Welsh und das Weib von Thomas Carlyle: Was kann mich da schrecken? Wenn ich mich mit diesen Leuten hier vergleiche, so habe ich die Empfindung, als könnte ich sie in den unendlichen Raum hinausschleudern samt ihren Irrtümern und ihren Niedrigkeiten und Platz für mich selbst schaffen, etwas Besseres zu tun. Aber mit dir, mit dir, oh, nicht ohne dich!

Ach Gott! Einen ganzen Monat von meinem einzigen Lieb getrennt! Und ergeht es dir in deiner Einsamkeit besser? Schlechter womöglich. Oh, meine einzig geliebte Jeannie, mein teures Weib, Gott sei mit dir und erhalte dich mir! Ich habe bis jetzt nie gewusst, wie sehr ich dich liebe. Ja, eines Tages werde ich es dir sagen: Du hast mich durch alles hindurchgetragen und hast mir immer zur Seite gestanden wie eine wahrhafte Lebensgefährtin und Helferin in dieser sonst so verächtlichen Welt! Aber ich bin ein Narr und schwatze aus, was ich nur fühlen und wonach ich handeln sollte. Ich sage dir aber die Wahrheit: Du bist mir teurer als sonst etwas, auf ewig teurer als das Licht meiner Augen. Und sei stolz darauf, wie es das Weib eines »Genies« sein sollte, wenn es in Wahrheit sein Weib ist. Zum letzten Mal: Schreibe, schreibe, ach schreibe recht viel, und wäre es auch das reine Geschwätz, es ist mir mehr wert als alle Beredsamkeit der Welt. Und so sei Gott mit dir! Nimm meinen Kuss und mein Lebewohl und erwarte weitere Nachrichten von mir am Mittwoch. Denke jede Stunde und jeden Augenblick deines Lebens an mich; sei ein gutes Mädchen; ich will dir gut und ganz dein Eigen sein, dann werden wir, wo nicht glücklich, doch gesegnet leben, und das ist besser. Amen! ... Lebe wohl, meine einzige Jeannie. Für immer dein Gatte.

Carlyle

Georg Büchner an seine Braut
Wilhelmine Jaegle

(Gießen, Februar 1834)

*I*ch dürste nach einem Briefe. Ich bin allein, wie im Grabe; wann erweckt mich deine Hand? Meine Freunde verlassen mich, wir schreien uns wie Taube einander in die Ohren; ich wollte, wir wären stumm, dann könnten wir uns doch nur ansehen, und in neuen Zeiten kann ich kaum jemand starr anblicken, ohne dass mir die Tränen kämen. Es ist dies eine Augenwassersucht, die auch beim Starrsehen oft vorkommt. Sie sagen, ich sei verrückt, weil ich gesagt habe, in sechs Wochen würde ich auferstehen, zuerst aber Himmelfahrt halten, in der Diligence [Eilpostkutsche] nämlich. Lebe wohl, liebe Seele, und verlass mich nicht. Der Gram macht mich dir streitig, ich lieg' ihm den ganzen Tag im Schoß; armes Herz, ich glaube, du vergiltst mit Gleichem ...

(Gießen, Anfang März 1834)

... Der erste helle Augenblick seit acht Tagen. Unaufhörliches Kopfweh und Fieber, die Nacht kaum einige Stunden dürftiger Ruhe. Vor zwei Uhr komme ich in kein Bett, und dann ein beständiges Auffahren aus dem Schlaf und ein Meer von Gedanken, in denen mir die Sinne vergehen. Mein Schweigen quält dich wie mich, doch vermochte ich nichts über mich. Liebe, liebe Seele, vergibst du? Eben komme ich von draußen herein. Ein einziger, forthallender Ton aus tausend Lerchenkehlen schlägt durch die brütende Sommerluft, ein schweres Gewölk wandelt über die Erde, der tiefbrausende Wind klingt wie sein melodischer Schritt. Die Frühlingsluft löste mich aus meinem Starrkrampf. Ich erschrak vor mir selbst. Das Gefühl des Gestorbenseins war immer über mir. Alle Menschen machten mir das hippokratische Gesicht, die Augen verglast, die Wangen wie von Wachs, und wenn dann die ganze Maschinerie zu leiern anfing, die Gelenke zuckten, die Stimme herausknarrte und ich das ewige Orgellied herumtrillern hörte und die Wälzchen und Stiftchen im Orgelkasten hüpfen und drehen sah – ich verfluchte das Konzert, den Kasten, die Melodie und – ach, wir armen schreienden Musikanten, das Stöhnen auf unserer Folter, wäre es nur da, damit es durch die Wolkenritzen dringend und weiter, weiter klingend, wie ein melodischer Hauch in himmlischen Ohren stirbt? Wären wir das Opfer im glühenden Bauch des Peryllus-Stiers, dessen Todesschrei wie das Aufjauchzen des in den Flammen sich aufzehrenden Gottstiers klingt? Ich lästre nicht. Aber die Menschen lästern. Und doch bin ich gestraft, ich fürchte mich vor meiner Stimme und – vor meinem Spiegel. Ich hätte Herrn Callot-Hoffmann [E. T. A. Hoffmann] sitzen können, nicht wahr, meine Liebe? Für das Modellieren hätte ich Reisegeld bekommen. Ich spüre, ich fange an, interessant zu werden. –

Die Ferien fangen morgen in vierzehn Tagen an; verweigert man die Erlaubnis, so gehe ich heimlich, ich bin mir selbst schuldig, einem unerträglichen Zustande ein Ende zu machen. Meine geistigen Kräfte sind gänzlich zerrüttet. Arbeiten ist mir unmöglich, ein dumpfes Brüten hat sich meiner bemeistert, in dem mir kaum ein Gedanke noch hell wird. Alles verzehrt sich in mir selbst; hätte ich einen Weg für mein Inneres, aber ich habe keinen Schrei für den Schmerz, kein Jauchzen für die Freude, keine Harmonie für die Seligkeit. Dies Stummsein ist meine Verdammnis. Ich hab's dir schon tausend Mal gesagt ....

(Zürich) 13. Januar 1837

Mein lieb Kind! ... Ich zähle die Wochen bis zu Ostern an den Fingern. Es wird immer öder. So im Anfange ging's: neue Umgebungen, Menschen, Verhältnisse, Beschäftigungen – aber jetzt, da ich an alles gewöhnt bin, alles mit Regelmäßigkeit vor sich geht, man vergisst sich nicht mehr. Das Beste ist, meine Phantasie ist tätig, und die mechanische Beschäftigung des Präparierens lässt ihr Raum. Ich sehe dich immer so halb durch zwischen Fischschwänzen, Froschzehen etc: Ist das nicht rührender als die Geschichte von Abaelard, wie sich ihm Heloise immer zwischen die Lippen und das Gebet drängt? Oh, ich werde jeden Tag poetischer, alle meine Gedanken schwimmen in Spiritus. Gott sei Dank, ich träume wieder viel nachts, mein Schlaf ist nicht mehr so schwer ...

(Zürich) 20. Januar 1837

... Ich habe mich verkältet und im Bett gelegen. Aber jetzt ist's besser. Wenn man so ein wenig unwohl ist, hat man ein so groß Gelüsten nach Faulheit; aber das Mühlrad dreht sich als fort ohne Rast und Ruh ... Heute und gestern gönne ich mir jedoch ein wenig Ruhe und lese nicht, morgen geht's wieder im alten Trab, du glaubst nicht, wie regelmäßig und ordentlich. Ich gehe

fast so richtig wie eine Schwarzwälder Uhr. Doch ist's
gut: auf all das aufgeregte, geistige Leben Ruhe und
dabei die Freude am Schaffen meiner poetischen Pro-
dukte. Der arme Shakespeare war Schreiber den Tag
über und musste nachts dichten, und ich, der ich nicht
wert bin, ihm die Schuhriemen zu lösen, hab's weit besser ... Lernst du bis Ostern die Volkslieder singen,
wenn's dich nicht angreift? Man hört hier keine Stimme;
das Volk singt nicht, und du weißt, wie ich die Frauen-
zimmer lieb habe, die in einer Soiree oder einem Kon-
zerte einige Töne totschreien oder winseln. Ich komme
dem Volk und dem Mittelalter immer näher, jeden Tag
wird mir's heller – und gelt, du singst die Lieder? Ich
bekomme halb das Heimweh, wenn ich mir eine Melodie summe ... Jeden Abend sitz' ich eine oder zwei
Stunden im Kasino; du kennst meine Vorliebe für
schöne Säle, Lichter und Menschen um mich ...

Gräfin Marie d'Agoult
1805–1876

Gräfin Marie d'Agoult und Franz Liszt

Croissy, 26. Mai 1833

ulliver trifft auf seinen Reisen einen Mann, der ihm auseinandersetzt, einer der Hauptgründe für das Traurige und das Unglück in diesem Leben sei, dass die Sonne während eines großen Teils des Jahres verschwinde (daher Winter, Kälte, dunkle Tage, Missernten), aber er hat ein wunderbares Heilmittel gefunden: eine Kristallphiole, die ich mit allen Strahlen gefüllt habe, die Ihre Seele entsendet. Meine Tage waren dunkel geworden, weil mir Ihr Blick, Ihr Lächeln fehlte, um sie zu beleben; jetzt sind Sie da, ganz tief in meinem Herzen, rings um mich her, in allem, was ich sehe, in allem, was ich atme …

FRANZ LISZT AN MARIE D'AGOULT

Also habe ich Sie gestern nicht sehen können und kann Sie heute nicht sehen. Heute, wo es allen Leuten gutgeht und alle Leute Bonbons essen, huste ich und trinke Gerstenwasser. Was hat das für eine Vorbedeutung für das Jahr 1834? Schreiben Sie mir doch eine Zeile. Nur Sie auf der Welt sind für mich das Leben, und ich bin verzweifelt, Sie nicht sehen zu können. Schreiben Sie mir. Erzählen Sie mir von gestern, von heut Nacht. Wie trugen Sie das Haar? Haben Sie gehustet? Haben Sie getanzt?

Franz Liszt
1811–1886

Sagen Sie mir alles. Lassen Sie meine Krankheit wie eine Reise sein, wie zwei Tage fern von Ihnen, damit ich etwas von Ihnen zu lesen habe. Heut Morgen geht es mir besser. Ich möchte gern morgen ins Theatre des Italiens. Mit andern Worten, ich möchte, dass es mir möglich ist, Sie zu sehen. Wann werde ich Sie sehen? Verfluchter Husten. Wenn nicht mein Bruder an der Schwindsucht gestorben wäre. Es gab eine Zeit, da ich begeistert gewesen wäre, wenn eine kleine Erkältung mich vom Leben befreit hätte. Jetzt würde ich verzweifelt sein, wenn ich sterben müsste. Warum? Ich liebe Sie. Ich will noch Ihre blonden Haare und Ihre blauen Augen sehen, Sie noch sprechen hören und Ihre Briefe noch lesen. Ich will leben. Ich liebe Sie. Und sehen Sie, ich werde leben, weil ich Sie liebe. Man soll eine Krankheit nur fürchten, wenn sie einen im Augenblick überfällt, wo das Herz leer von Liebe ist. Wenn man hundert Jahre liebte, würde man hundert Jahre leben. Also, wenn Sie krank sein sollten, bin ich zur Stelle. Sie, die Sie nicht lieben, schreiben Sie mir, um es zu beweisen. Zwei, drei Worte, rasch, ganz rasch. Sind Sie nicht für mich in Croissy, da ich Sie nicht sehe. Lassen Sie mich sehen, ob Ihr Briefpapier dasselbe ist wie im Jahr 1833. Wollen Sie immer noch, dass roter Siegellack Mode bleibt? Wollen Sie immer noch, dass ich es bleibe? Nun leben Sie wohl, ein Hustenanfall lässt den Mann der Mode nicht weiterschreiben. Leben Sie wohl und schreiben Sie mir zwei Worte.

Sie waren es, nicht wahr, die diese Worte unterstrichen hat: »Die Liebe ist nicht nur eine Wiedergeburt, sondern auch eine gebieterische, unabweisliche Pflicht; den Menschen, die sie nicht gekannt haben, fehlt immer etwas.« In derselben Zeitschrift stehen auch zwei Fragmente von W. …, die mir Eindruck gemacht haben. Ich bitte Sie, als Zitat die englischen Verse zu nehmen: There are souls in sympathy with sounds.

Seit gestern leide ich und schmachte ich. Die heilende, belebende Kraft hat meine Brust verlassen; wann werde ich Sie wiedersehen?

Ramonon wird Sie heut Vormittag gegen $1/2$2 besuchen. Ich möchte, dass Sie gut zu ihr sind; sie hat mich so oft schwach und mit dem Tode ringend gesehen! Legen Sie auch Ihr schönes Buch auf Ihren Tisch.

Ich werde den ganzen Tag viel schreiben, obgleich ich nicht mehr an ein mit meinem Namen gezeichnetes Meisterwerk glaube. Sie können sich nicht vorstellen, wie viel Traurigkeit und Bitternis die dummen Träume von Ruhm und Ehrgeiz, die mich fast bis Ende letzten Jahres aufrechterhielten, in meiner Seele zurückgelassen haben. Ich werde nur noch arbeiten, um zu arbeiten; das ist beinahe christlich. Soll ich mich darüber beklagen oder mich dazu beglückwünschen? Sie werden mir doch immer bleiben – Lebe wohl. Ich freue mich schon auf den schönen Artikel, den Sie mir schreiben werden. Machen Sie ihn jetzt nicht zu gut, denn dann würde ich Sie unaufhörlich quälen.

Montagmorgen

Ach! Endlich zwei Worte, wie Sie sie mir früher sagten!…

Danke… Ich fühle sie, ich verstehe sie, ich bewahre sie! Sagen Sie mir nicht mehr: glücklich diejenigen, die nichts zu verbergen haben! Ganz falsch! Die nichts zu verbergen haben wissen nichts, sie bleiben Kinder und Dummköpfe. Haben Sie nicht bis jetzt alles verborgen, alles vergraben? Alles, alles, was Ihnen heilig, rein, unaussprechlich war? ...Und was soll man sagen, mein Gott, was kann man sagen! Alles hienieden wandelt einem geheimnisvollen Ende zu! ... Lernen wir warten! ... In meinem Brief sind mehrere Ausdrücke des Unwillens gegen Thoug ... Ich nehme sie zurück.

Sie werden wahrscheinlich schon mit der Post meinen Brief von heut Morgen bekommen haben. – Adolphe Nourrit kann unmöglich. Bei Rubini fürchte ich, dass dieselben Gründe ihn gleichfalls hindern – bleiben also die Mittelmäßigkeiten, aber ich denke, dass Sie sich darum keine Sorgen machen. Ich habe gestern einige Bruchstücke aus Ahasverus (der Dichter – und die Auftritte mit Rahel) wieder gelesen, ich fühle auch ein wenig von diesem tiefen Glanz in mir strahlen und sage mir, dass ich noch mehr als fröhlich sein würde, wenn ein bisschen weniger Kleinmut in meinem Herzen wäre, aber das wäre zu viel – dann könnte ich nicht mehr leben.
Wäre es Ihnen möglich, mir Ihr Schubertheft zu schicken – ich behalte es nicht länger als 8 Tage.
Der kleine Kuhn sitzt hier am Klavier; er hat mir viel von der Schlossherrin von Croissy erzählt. Bisher hatte keine so feste und bestimmte Entschließung vor einem einzigen Ihrer Blicke standgehalten ... lassen sie mich also Sie noch einmal wiedersehen, und wenn es geht, nochmals mit Ihnen sprechen.
Was Sie mir sagen, ist im Allgemeinen durchaus richtig und verständig, aber gewisse persönliche Behauptungen kann ich nicht hinnehmen. Wenn ich nicht irre, steht in diesem Augenblick Ihr ganzes Leben auf dem Spiel. Es lohnt also, reiflich zu überlegen und lange nachzudenken.
Trachten Sie herzukommen, heute oder morgen, um welche Stunde Sie wollen.

Marie! Marie!

Ach, lassen Sie mich diesen Namen hundert Mal, tausend Mal wiederholen; jetzt sind es drei Tage, dass er in mir lebt, mich bedrängt und in mir brennt. Ich schreibe Ihnen nicht, nein, ich bin bei Ihnen. Ich sehe Sie, ich höre Sie ... Die Ewigkeit in Ihren Armen ... Himmel, Hölle, alles, alles in Ihnen und abermals in Ihnen ... Ach, lassen Sie mich verrückt, wahnsinnig sein ... Die kleinliche, vernünftige enge Wirklichkeit genügt mir nicht mehr, wir müssen unser ganzes Leben, unsere ganze Liebe, unser ganzes Unglück erleben! ... Ach, nicht wahr, Sie trauen mir Opfermut, Tugend, Mäßigung, Religion zu? Also reden wir nicht mehr davon ... Ihre Sache ist es, zu fragen, zu erraten, zu retten. Lassen Sie mich verrückt und wahnsinnig sein, da Sie nichts, nichts für mich tun können. Meine Sache war es wohl, Ihnen das jetzt zu sagen. This is to be! to be!!!

Marie!

An dem Tage, an dem Sie mir aus voller Überlegung, aus vollem Herzen, aus voller Brust und voller Seele sagen können: »Franz, wir wollen alles, was vielleicht Unvollkommenes, Betrübendes, Kleinliches in der Vergangenheit war, auslöschen, vergessen, für immer verzeihen; wir wollen einander alles sein, denn in dieser Stunde verstehe ich Sie und verzeihe Ihnen ebenso, weil ich Sie liebe.« An jenem Tage (möge er bald kommen) werden wir weit weg sein von der Welt und allein leben, lieben und sterben!

Von 6 bis 8 Uhr führt mich Herr Knopp aufs Land.
Before or after-wards.

MARIE D'AGOULT AN FRANZ LISZT

Basel, 2. Juni 1835

Lassen Sie mich gleich den Namen Ihres Gasthofs und
Ihre Zimmernummer wissen. Gehen Sie nicht aus dem
Zimmer. Meine Mutter ist hier; mein Schwager nicht
mehr. Wenn Sie das lesen, werde ich gesprochen
haben, bis jetzt habe ich noch nichts zu sagen gewagt.
Es ist eine letzte und harte Probe, aber meine Liebe
ist mein Glaube, und ich dürste nach dem Märtyrer-
tum …

FRANZ LISZT AN MARIE D'AGOULT

(Basel, Juni 1835)

Hier bin ich, da Sie mich gerufen haben.
I shall not go out till I see you. – My room is at the Hotel
de la Cigogne number twenty at the first etage – go at
the right side.
Yours.

Genua, 25. Juni 1838

Ich liebe Sie unermesslich und um Ihretwillen. Ich glaube, dass Sie noch lieben können und infolgedessen auch lieben müssen. Ein Teil Ihres Herzens bleibt bei mir unbefriedigt. Meine Liebe zehrt Sie auf. Sie könnten, glaube ich, glücklich lieben; mich haben Sie stark geliebt.

Jetzt dauert es schon fünf Jahre, und vielleicht ist das genug. Lassen Sie mich meiner Wege gehen. Wenn Sie mich rufen, werde ich zurückkommen. Ich selber würde niemand mehr lieben können, aber warum sollte ich Sie einer Liebe berauben, die eine neue Lebensquelle für Sie sein könnte. Augenblicklich unterliegen Sie einem Zwang, und ich fürchte, dass dieses erstickte Bedürfnis schlimmere Spuren hinterlässt, indem es bei Ihnen eine seelische Erkrankung hervorruft. Man darf nichts aufhalten, was eine vollkommenere Entwicklung unserer Fähigkeiten herbeiführt. Wenn ich Sie nicht so andächtig liebte und nicht so hoch stellte, könnte ich nicht so zu Ihnen sprechen, aber ich habe eine tiefe Achtung vor Ihrer Freiheit.

FRANZ LISZT AN MARIE D'AGOULT

Mailand, 1. September 1838

Ich kann und darf nur mit Ihnen leben, meine gute Marie. Alles, was gut, erhaben und lebensfähig in mir ist, siecht ohne Sie dahin. Ich gehe inmitten dieser

Menge umher, das Herz schwer voll Unruhe, den Kopf leer, ich weiß wirklich nicht, weshalb ich hierher gekommen bin. Alles kränkt mich, verwundet mich, reizt mich. Selbst der Gedanke an Sie ist mir keine Besänftigung. Warum es so ist, weiß ich nicht. Einstmals waren Sie meine Zukunft, mein Trost, mein stets sprudelnder Quell in dieser dürren Wüste, jetzt ist der Himmel ehern, die Nacht dunkel und kalt, bittere Tränen benetzen meine müden Lider. Marie, werden Sie mir bleiben? Sind Sie mir geblieben? Marie, Marie, hat die Zauberkraft, die in diesem Namen lag, sich verflüchtigt? Bin ich es, der unser Leben so zerbrochen hat? Weinen Sie nicht, meine liebe Schwester. Ich bin todtraurig. Ganz ohne Grund, wie man so sagt … Hören Sie, schreiben Sie mir, das wird mir wohltun.

Ich tue nichts als Klavierspielen und werfe Karten bei aller Welt ab. Gestern große Abendgesellschaft bei der Samoyloff. Alle Welt war da. Ich blieb eine Stunde, um Pescio, den ich vorgestellt hatte, die Räume zu zeigen. Am frühen Abend Empfang bei Herrn von Hartig, dem Baron und der Baronin Denois begegnet: Alle beide reizend. Heute Morgen Einzug Seiner Majestät in seine gute Stadt Mailand. Ich hatte mit Pescio zusammen ein Fenster für 20 Zwanziger gemietet. Zum Sterben langweilig. Heute Nachmittag werde ich meine Schweizer Lieder fertig machen, um mich ein wenig zu erholen.

Sie taten gut daran, nicht hierher zu kommen, meine gute Marie, ich kann Sie mir in diesem Augenblick nicht in Mailand vorstellen. Es ist dümmer als jemals. Das ist viel gesagt, aber es stimmt. Ich möchte lieber vierzehn Tage im Gefängnis sitzen als so leben. In wenigen Tagen besuche ich Sie in Como. Ich kann es sehr leicht einrichten, und es ist besser, als wenn Sie sich die

Mühe machen. Ihr Barègeswasser war erst heute zu bekommen. Ich hoffe, dass Sie es kurz nach diesem Brief erhalten.

Ach, sagen Sie niemals, dass ich etwas anderes gebraucht hätte als Sie! Reißen Sie nicht jede Blüte und jede Wurzel aus meinem Herzen. Was haben uns unsere angeblichen Entdeckungen, unsere gewonnenen Überzeugungen, unser Argwohn, unser Schwanken und dieser ganze schreckliche Ballast, den wir mit uns schleppen, genützt? Warum sind wir nicht mehr jung und töricht, wenn das töricht war?

Leben Sie wohl, liebe Geliebte. Lieben Sie mich, und behalten Sie meine ganze Seele.

(Februar 1840)

Es ist also wirklich noch möglich, Liebste, dass Sie über eine Zeile, ein Wort von mir glücklich sind! Heute Morgen, als ich Ihren Brief bekam, in dem Sie mir so zärtlich vorwerfen, dass ich Ihnen nicht aus Preßburg mehr geschrieben habe, musste ich vor Freude und Schmerz weinen.

Ich schwöre es Ihnen, liebe Marie, mich beherrscht nur eine Vorstellung, ein Gedanke, ein Gefühl, und das sind Sie, immer wieder Sie! Jeder Mensch weiß es, denn ich habe es jedem Menschen gesagt. Sie allein wissen es nicht genügend. Meine Seele lebt nur in Ihnen und durch Sie.

Verzeihen Sie mir, wenn Sie durch mich leiden, und bedauern Sie mich, aber klagen Sie mich nicht an.

Liebe vergötterte Marie, mein ganzes Wesen ist nur Schweigen und Gebet vor Ihnen. Sie haben mir alles geschenkt, und ich habe alles in der tiefsten Tiefe meines

Herzens bewahrt. Ich werde erst leben, wenn ich Sie wiedersehe, wo und wie es auch sei. Ich kann Ihnen heute Morgen unmöglich mehr schreiben. Sie können sich keinen Begriff machen von der Unruhe meines hiesigen Lebens. Ich bin inmitten dieser ganzen Menge tief einsam.

Leben Sie wohl. Leben Sie wohl.

MARIE D'AGOULT AN FRANZ LISZT

Dienstagmorgen, 25. Februar 1840

Und auch ich, lieber Franz, habe vor Freude und Schmerz geweint, als ich Ihr letztes Wörtchen aus Wien las! Und auch ich kann Ihnen sagen: Sie wissen nicht genügend, was Sie für mich sind! Sie wissen nicht, was alles ein Wort, eine Betonung in der tiefsten Tiefe meiner Seele aufrühren kann, dass mein Leben und Tod in Ihrer Hand liegt und dass durch Sie und von Ihnen unsagbare Freuden wie unaussprechliche Leiden für mich kommen. Ach, ich schwöre es Ihnen und kann es Ihnen sogar heute, nach dieser langen Abwesenheit, nach so viel Traurigem, das sich zwischen uns angehäuft hat, nach Ihren Fehlern und meinen noch tausend Mal größeren sagen, niemals ist ein Mann so geliebt worden!

Ich kann mir den Augenblick nicht vorstellen, wo ich Sie sehen werde ... Die ersten Akkorde, die ich von Ihrer so machtvollen Hand hören werde! Ich fühle, dass ich Ihnen wie vor fünf Jahren sagen werde: Lass uns in die Einöde gehen und nur füreinander leben!

Ich muss versuchen, Ihnen, um es mir zu merken (denn ich schreibe kein Tagebuch), meine letzten Gespräche mit Potocki zu erzählen, es wird Sie kaum interessieren, aber ich selber möchte sie gern in der Erinnerung behalten.

Vor etwa fünf oder sechs Tagen, als ich allein mit ihm war, verlor er so den Kopf, dass er mir die glühendste Liebeserklärung machte (immer den Anstand wahrend). Wir wurden unterbrochen, und am Tag darauf schrieb ich ihm folgende wenigen Worte: »Ich bin heute etwas leidend und werde Sie nicht sehen können, tausend Grüße.«

Daraufhin ein außerordentlich korrekter Entschuldigungsbrief von Potocki. Am übernächsten Tag und den folgenden Tagen besuchte er mich wieder. Ich hatte immer Gäste. Er kann mich nur auf Deutsch um Entschuldigung bitten, mir sagen, dass ich ihn blödsinnig gefunden haben muss, usw. usw.... Kurz, gestern sind wir wieder allein. Er: »Wissen Sie, dass Sie mich seit acht Tagen um fünfzehn Meilen zurückgebracht haben!« Ich: »Durchaus nicht, wir waren zu einer Stelle am Wege gekommen, wo es mehrere Abzweigungen gab; Sie wollten die eine einschlagen, ich habe Ihnen die andere angewiesen. Deswegen gehen wir nicht rückwärts, wir gehen immer vorwärts.« Er (nach nachdenklichem und beifälligem Schweigen): »Aber glauben Sie, dass Sie mir diese Abzweigung nur zu zeigen brauchten, damit ich sie auch einschlage?« – »Allerdings.« – »Sie haben großes Vertrauen zu Ihrer Macht über andere.« – »In diesem Falle habe ich keinerlei Zweifel, weil ich gewiss bin, dass Sie im Grunde über unsere Lage zueinander und unsere möglichen Beziehungen genauso denken und fühlen wie ich, nur vergessen wir alle manchmal. Was wir dennoch mit unserm Verstand sehr klar sehen ... ich erinnere Sie nur an das, was Sie selbst denken.« – Er (mit starrem Blick und so, als ob er einen Entschluss fasste): »Soll ich Ihnen meinen Gedanken offen sagen?« – »Ja, ich bitte darum.« – Er (nach langem Zögern, Stammeln, Schweigen usw.): »Nun gut, Sie haben Recht. Ich betrachte Ihre Verbindung mit L. ... als heilig. Sie wissen, dass ich ihn nicht liebte, aber ich schwöre Ihnen, wenn das Unglück es wollte, dass wir ein Duell miteinander haben müssten, wäre es mir unmöglich, auf ihn zu schießen! Der Gedanke liegt mir fern, eine Wolke zwischen Sie zu schieben ... Ich fühle zu sehr, dass Sie niemals wieder jemand so lieben können wie ihn. Wissen Sie, ich habe viel darüber nachgedacht; meine Phantasie ging sehr weit, sehr weit ... Ich sah sehr viele Jahre voraus, Sie haben meinen Charakter ganz gewandelt. Ich hielt mich für vollkommen unfähig, von einem tieferen Gefühl ergriffen zu werden, nun, ich sage es Ihnen, ohne einen Schatten von Erregung, Sie haben auf mich einen tiefen und unauslöschlichen Eindruck gemacht. Ich habe zunächst über mich selber gelacht, habe mich über diesen Rückfall in die Jugend lustig gemacht, dann habe ich mich täglich stärker angezogen gefühlt ... Heute kommen mir alle anderen Frauen dumm vor. Sie haben eine Freimütigkeit, eine Geradheit des Charakters, einen geistigen Adel, die Sie für mich zur ersten Frau der Welt machen ... Ich rede nicht von Ihrem Charme. Kurz, ich wiederhole es Ihnen, ich wäre verzweifelt, etwas zu zerstören, aber wenn Sie sich eines Tages trennen sollten ... Nun, dann würde ich eben versuchen, die Nachfolge anzutreten. Ich weiß, dass Sie mich sehr eingebildet finden werden, daran zu denken, ihn zu ersetzen. Sie haben mir einmal erzählt, dass er Ihnen gesagt habe, Ihre Liebe sei schwer zu tragen. Ich glaube es gern, so muss Ihre Liebe für ihn gewesen sein, den Sie mit Leidenschaft,

wahrscheinlich mit Eifersucht, vielleicht mit Reue geliebt haben, aber ich möchte Ihre Ruhe sein. Vielleicht
würde es mir gelingen, Ihnen Gefühle einzuflößen, die
Ihnen angenehm wären, weil sie nichts mehr aufrühren
würden. Mein ganzes Leben würde dazu da sein, um
Ihnen vielleicht zwar nicht das Glück zu geben, aber
um einigen Kummer auszulöschen, um Sie manchmal
zum Lächeln zu bringen, wie ich Sie habe lächeln
sehen. Sie wissen wohl, dass mir an nichts anderem
liegt als an Ihnen.«
Was sagen Sie zu einem solchen Heiratsantrag? Er sagte
mir mehrmals, dass ich viel Ähnlichkeit mit seiner Frau
habe. Sie können sich die Zartheit und Anmut nicht
vorstellen, mit der er seine beständige Beschäftigung
mit mir zum Ausdruck bringt, seine Besorgnis, wenn
ich leide, seine Heiterkeit, wenn ich heiter bin, seine
gemütvollen Worte, seine Aufmerksamkeiten. (Ich bin
nach dem König der erste Mensch in Paris, der dieses
Jahr schon Erdbeeren gegessen hat; mein Zimmer ist
voll exotischer Pflanzen von größter Schönheit; jetzt
plant er, im Roche de Cancale ein Diner zu geben, dessen Teilnehmer ich bestimmen soll; ich glaube, damit
ich eine seiner Tanten kennen lerne.)
Aber Schluss mit Potocki. Gestern haben Ronchaud,
Lehmann, Potocki und ich uns Arnal angesehen. Victor
Hugo war auf einem Orchesterplatz gerade unter meiner Loge. Arnal kam nicht zu seinem Recht; ich habe
immer nur den großen Mann betrachtet. Welch schöne
Stirn! Welch himmlisches Lächeln! Woher kommt es,
dass dieser Mann allein mir die heilige Ehrfurcht vor
dem Dichter einflößt? Ich weiß, dass er eitel, kleinlich,
neidisch, egoistisch ist, und dennoch empfinde ich ihn
als groß und gut.
In der Politik ist man immer noch erregt. Die Debats

geben Alarmschüsse ab. Thiers soll ins Kabinett kommen. Broglie will es nicht. Mole zögert, man prägt eine Münze mit Cormenins Bild. Le Chateau weint und sagt, dass man ihn beleidigt.

Bulwer ist krank und weiter sehr geistreich verliebt. Ein Ausspruch von ihm, deshalb interessant, weil er einen Begriff von der Vorstellung eines Diplomaten gibt: Warum hat Herr Liszt nicht eine andere Laufbahn gewählt?

Lehmann hatte ein Abenteuer auf dem Maskenball, aber er will heldenhaft treu bleiben, wem? Fräulein Caroline Ungher!! Ich billige es in höchstem Maße.

Leben Sie wohl, die Mouches gedeihen. Nummer 1 ist weiter wunderbar schön. Nummer 2 unübertrefflich frech und nett. Das sind zwei wohlgeborene Kinder, ben fabricati.

CLARA WIECK
1819–1896

Clara Wieck und Robert Schumann

Leipzig, 15. August 1837

*N*ur ein einfaches »Ja« verlangen Sie? So ein kleines Wörtchen – so wichtig! Doch – sollte nicht ein Herz so voll unaussprechlicher Liebe, wie das meine, dies kleine Wörtchen von ganzer Seele aussprechen können? Ich tue es und mein Innerstes flüstert Ihnen ewig zu.

Die Schmerzen meines Herzens, die vielen Tränen, konnt' ich das schildern – o nein! – Vielleicht will es das Schicksal, dass wir uns bald einmal sprechen und dann – Ihr Vorhaben scheint mir riskiert, doch ein liebend Herz achtet der Gefahren nicht viel. Also abermals sage ich »Ja!« Sollte Gott meinen achtzehnten Geburtstag zu einem Kummertag machen? O nein, das wäre doch zu grausam. Auch ich fühlte längst, »es muss werden«, nichts in der Welt soll mich irremachen, und dem Vater werd' ich zeigen, dass ein jugendliches Herz auch standhaft sein kann.

Sehr eilig   *Ihre Clara*

Leipzig, 18. September 1837

Die Unterhaltung mit Ihrem Vater war fürchterlich. Diese Kälte, dieser böse Wille, diese Verworrenheit, diese Widersprüche – er hat eine neue Art zu vernichten, er stößt einem das Messer mit dem Griff in das Herz.

Was denn nun, meine liebe Clara? Ich weiß nicht, was ich anfangen soll. Gar nicht. Mein Verstand geht hier zunichte, und mit dem Gefühl ist ja vollends nichts anzufangen bei Ihrem Vater. Was denn nun? Was denn nun? Vor allem wappnen Sie sich und lassen Sie sich nicht einmal verkaufen. Ich traue Ihnen, ach, von ganzem Herzen, und das erhält mich auch aufrecht – aber Sie werden sehr stark sein müssen, mehr als Sie ahnen. Hat Ihr Vater doch selbst die fürchterlichen Worte zu mir gesagt, ihn erschüttere nichts! Fürchten Sie alles von ihm; er wird Sie zwingen durch Gewalt; kann er es nicht, durch List. Fürchten Sie alles!

Ich bin heute so tot, so erniedrigt, dass ich kaum einen schönen, guten Gedanken fassen kann; kleinmütig, dass ich Sie aufgebe, bin ich nicht geworden; aber so verbittert, so gekränkt, in meinen heiligsten Gefühlen, so über einen Leisten geschlagen von dem Gewöhnlichsten. Hätte ich nur ein Wort von Ihnen. Sie müssen mir sagen, was ich tun soll. Es wird sonst alles Spott und Hohn in mir, und ich gehe auf und davon. Sie nicht einmal sehen zu dürfen! Wir könnten es, sagte er, aber an einem dritten Ort, in aller Gegenwart, recht zum Spektakel für alle. Wie das alles so erkältend ist, so nagend! Auch schreiben dürften wir uns, wenn Sie reisen! Das war alles, was er bewilligte.

Tröste mich, lieber Gott, dass er mich nicht in Verzweiflung untergehen lässt. Ich bin ausgerissen an der Wurzel meines Lebens.

CLARA WIECK AN ROBERT SCHUMANN

Leipzig, 26. September 1837

Zweifeln Sie noch an mir? Ich verzeih' es Ihnen, bin ich doch ein schwaches Mädchen! Ja, schwach: aber eine starke Seele hab' ich – ein Herz, das fest und unveränderlich ist. Dies sei Ihnen genug, um jeden Zweifel zu unterdrücken.
Bis jetzt war ich immer sehr unglücklich, doch schreiben Sie mir ein Wort der Beruhigung unter diese Zeilen, und ich werde sorglos in die weite Welt hinausgehen. Vater habe ich versprochen, heiter zu sein und noch einige Jahre der Kunst und der Welt zu leben. So manches werden Sie von mir hören, mancher Zweifel wird sich bei Ihnen regen, wenn Sie dies oder jenes erfahren, doch dann denken Sie – Alles das tut sie ja für mich! Können Sie jemals wanken? Nun – so hätten Sie ein Herz gebrochen, das nur einmal liebte.

Clara

(Auf dem Umschlag: »Öffnen Sie, dann aber schicken Sie mir diese Zeilen zurück. Tun Sie dies um meiner Ruhe willen.«)

(Leipzig, 1837)

So himmlische Worte gibt man nicht zurück. Bei mir ist es ja auch sicher. Und nun kein Wort mehr vom Vergangenen und das Auge ruhig und fest auf das eine Ziel unseres Lebens gerichtet! Mir aber vertraue, meine geliebte Clara, und diese tiefste Überzeugung meiner Stärke stärke auch dich in allen Prüfungen. Meine letzte Bitte, ehe du von mir gehst – wie du mich im Stillen wohl manchmal genannt, gib mir jetzt das inniger verknüpfende Du. Bist ja meine heiß geliebte Braut und später einmal – diesen Kuss noch – Adieu.

dein Robert

9. Oktober 1837

Dein »guten Abend« gestern, dein Blick, als wir uns vor der Türe sahen, ich will es nie vergessen. Also diese Clara, dachte ich, dieselbe ist dein – ist dein, und du kannst nicht zu ihr, ihr nicht einmal die Hand drücken. Ob im ganzen Saal jemand war, der sich meinen Seelenzustand nur denken konnte? Kaum du. Ich war tot und selig zugleich, müde zum Umsinken und fast jeder Tropfen Blutes eine Fieberwelle! Wie soll das werden? Vetter Pfund brachte mir noch einen »herzinnigen« Gruß von dir – darauf schlief ich sanfter als die vorigen Nächte. Aber glaub mir – ich bin recht krank, recht sehr krank, ein Schlag und ich falle um.
Was raubt mir auf einmal die Kraft zur Arbeit? Phan-

tasiere ich am Klavier, so werden's Choräle, schreibe ich, so geschieht's ohne Gedanken – nur einen möchte ich überall mit großen Akkorden und Buchstaben hinmalen: Clara.

11. Oktober 1837

Ich mag nicht weiter denken und schreiben; aber du weintest an meinem Herzen, da – Clara, Himmel und Hölle hast du mir gestern gezeigt. Ob ich dich denn liebe – und du mich? Verlass mich nicht, du einziges Mädchen. Ich klammere mich an dir fest; gibst du nach, so ist es um mich geschehen.

Silvesternacht 1837, nach 11 Uhr

Schon seit einer Stunde sitze ich da. Wollte dir erst den ganzen Abend schreiben, habe aber gar keine Worte. Nun setze dich zu mir, schlinge deinen Arm um mich, lass uns noch einmal in die Augen sehen – still – selig – zwei Menschen lieben sich auf der Welt ...
Eben schlägt es drei Viertel. Die Menschen singen von ferne einen Choral – kennst du die zwei, die sich lieben? Wie wir glücklich sind – Clara, lass uns niederknien! Komm, meine Clara, ich fühle dich – unser letztes Wort nebeneinander dem Höchsten –

Ich bin so ein ungeduldiger, unzufriedener, unausstehlicher Mensch manchmal, überhaupt hältst du mich für viel zu gut – dir gegenüber. Könnte ich nur wieder recht fromm sein, wie sonst als Kind – ein recht selig Kind war ich da, wenn ich mir Akkorde zusammensuchte auf dem Klavier oder draußen Blumen; die schönsten Gedichte und Gebete machte ich da – ich war selber eines. Nun wird man aber älter. Aber ich möchte mit dir spielen, wie Engel zusammentun, von Ewigkeit zu Ewigkeit …

Wie weit wir noch vom Ziele sind? Es wird dir noch manche schwere Stunde machen, manchen Kampf kosten – nun, ich habe ein gepanzertes starkes Mädchen, auf das man sich verlassen kann, das weiß ich. Deine Hand, Clara, an meine Lippen drücke ich sie.

CLARA WIECK AN ROBERT SCHUMANN

Prag, 12. November 1837. Abends

Lieber Robert, dein Brief hat mir eine unaussprechliche Freude gemacht, ich bekam das Zittern im ganzen Körper vor Freude, als mir ihn Nanny einhändigte. Doch nun erlaube mir erst ein wenig zu zanken und dir zu sagen, dass du ein ungenügsamer Mensch bist. Erst wolltest du in 8 Wochen einen Brief haben, dann in 4 Wochen, und nun schreib' ich dir in 3 Wochen und du beklagst dich! Ich glaube fast, du willst mich schon ein wenig im Voraus die Herrschaft des Mannes fühlen lassen – schon gut, ich denk', wir werden uns vertragen. –

Aber was schreibst du da von Hoffnungen sinken? Hast du den Sinn aus meinem Briefe gezogen? Ach, Robert, das schmerzt! Leb' ich ja doch nur in einer Hoffnung, nur ein Gedanke begeistert mich in meinem Tun und Treiben, und du kannst so etwas sagen, nein – schreiben? – Lass das nicht weitergehen! – Und nun, was das Verheiraten betrifft, das ist allerdings bedenklich. Wenn nun so ein Diamant käme, der mich so blendete, dass ich Eusebius, Florestan und wie sie sonst noch heißen, vergäße und du läsest am Ende in Zeitungen »Verlobung des Fräulein Clara Wieck mit dem Herrn von Perlenschnur oder Diamantenkrone«. – Im Ernst aber, bin ich ein kleines Kind, das sich zu dem Altar führen lässt wie zur Schule? Nein, Robert! Wenn du mich Kind nennst, das klingt so lieb, aber, aber, wenn du mich Kind denkst, dann trete ich auf und sage: »Du irrst!« Vertraue mir vollkommen. Hab' ich dir nicht einmal geschrieben »Not bricht Eisen«, hilft nichts mehr, so suche ich Ruhe in liebenden Armen. Nun doch – was wollt' ich doch gleich? Ich meine den Ring. Also du wolltest mir ihn wiedergeben? Hm, das wäre halt zu schauen, will man überlegen! – du lächelst? Ich auch – eben scheint der Mond herein, »schönen Gruß« – und nicht wahr, lieber Robert, wir lassen es beim Alten, und du nennst mich fortan deine treue Clara, nie anders … Nun träume recht viel Schönes von einem Mädchen, das so treu geliebt hat wie keines.

(Silvester 1839)

Den Neujahrskuss lass dir geben, mein geliebter Robert, mit welchen Gefühlen ich das neue Jahr betrete, kann ich dir nicht sagen, es sind freudige, aber auch ernste. Ich soll dir nun bald ganz angehören, das erregt mich freudig, mein ganzes Lebensglück liegt dann aber auch in deiner Hand. Ein unbegrenztes Vertrauen hab' ich zu dir, du wirst mich ganz beglücken. Aber auch ich will dir immer von ganzer Seele ergeben sein, mein ganzes Sinnen und Trachten ist ja dein Glück. Gib mir deine Hand, mein Robert, treu will ich mit dir durchs Leben gehen, alles mit dir teilen, und kann ich es, dir auch eine gute Hausfrau sein. Ach! Ich liebe dich ja so innig, so ganz unendlich! Bald dein glückliches Weib

deine Clara

ROBERT SCHUMANN AN CLARA WIECK

Leipzig, den 18. März 1840

Mit Liszt bin ich fast den ganzen Tag zusammen. Er sagte mir gestern, »mir ist's, als kennte ich Sie schon 20 Jahre« – mir geht es auch so. Wir sind schon recht grob gegeneinander und ich hab's oft Ursach, da er gar zu launenhaft und verzogen ist durch Wien. Wie er doch außerordentlich spielt und kühn und toll, und wieder zart und duftig – das hab' ich niemals gehört. Aber Clara, diese Welt ist meine nicht mehr. Die Kunst, wie du sie übst, wie ich auch oft am Klavier beim Komponieren, diese schöne Gemütlichkeit gäb' ich doch nicht hin für all seine Pracht; und auch etwas Flitterwesen ist dabei. Lass mich darüber heute schweigen. –

dein Robert

Johann Strauß an seine Frau Adele

*I*nnigst geliebte Adele!
Wie hast du deinen Jean außer Rand und Band gebracht! Da hast du's. Wie er übermütig wird – da hast du's. Scherzen, lachen, springen, sogar tanzen möchte er, obzwar ihm das Letztere sehr schwer fallen dürfte – war er doch nie ein Tänzer! Du hast mir heute so viel mich Beglückendes ins Ohr geflüstert – du darfst es mir nicht verdenken, wenn ich aus dem Becher der Freude, Lust, Glückseligkeit schlürfe nach Herzenslust.
Lass uns lustig sein, Adele – on ne vit qu'une fois.
Es sendet dir die herzlichsten Umarmungen in Unzahl dein wonnetrunkener

Jean

Meine heiß geliebte Adele!

Es geht ganz lustig zu in meinem Inneren, fröhliche Melodien summen mir im Kopf, das von Freude, Glückseligkeit übervolle Herz schlägt lustig den Takt dazu. Soll ich da ans Schlafengehen denken? Doch ein dir gegebenes Wort zu halten ist mir heilig – daher ich dem übermütigen Treiben ein Ziel setzen muss und es mir nur noch gestattet sein soll, derjenigen zu gedenken, welche die Macht besitzt, Seele und Herz in so rosige Stimmung zu versetzen. Hoch mein Engel Adele! Du bist die Herrin meines Glückes, meines Lebens! Dich umarmend dein ewig

dein Jean

Alexander Herzen und seine Braut
Natalie Sacharin

Wiatka, 14. Oktober 1835

Endlich habe ich Nachricht von Ogarew, aber wie traurig ist diese Nachricht! Oh, wie viel haben wir seit dem Juni 1834 gelitten! Doch seine Seele ist noch immer weit und tief. Auch von dir zwei Briefchen, du und er – verstehst du diese Zerteilung meines Wesens? In dir und in ihm lebt ein Teil meiner Seele. In euch beiden ist infolge der Berührung mit mir eine große Veränderung vorgegangen, und ihr steht mir daher umso näher. Hier reiche ich dir meine Hand zu ewiger Freundschaft, zu ewiger Sympathie.

Noch eins: ich befinde mich im Anfangsstadium des Wahnsinns; wenn ich allein bin, nichts zu tun habe und mir selbst das Denken verhasst ist, gebe ich meine Seele allen Leidenschaften preis. Meine Tollheit hat den höchsten Grad erreicht. Lieben – kann man mit meiner Seele, meiner Leidenschaftlichkeit leben, ohne zu lieben? Also lieben! Doch der Gedanke, mein Leben mit dem einer Frau zu verbinden, macht mich erstarren. Begreifst du die Torheit einer Liebe, die nicht nach dem vollen Besitze der geliebten Person strebt? Der Teufel mag wissen, was das ist. Hier zeigt sich eben die ganze Tollheit, bei der ich angelangt bin: Es gibt ein Gefühl, das in der Mitte liegt zwischen irdischer Liebe und Freundschaft. Ich trage mich schon lange mit diesem Gedanken, aber ich habe dir noch nichts darüber geschrieben. Warum tue ich dies jetzt? Warum – aber weiß ich denn, warum? Jetzt ist es niedergeschrieben, und ich maße mir nicht das Recht an, dir etwas zu entziehen, was ich dir schon geschrieben habe.

Nein, ich habe deine Seele nie geläutert, das ist Unsinn. Ich habe dir nur die Tür zu einer anderen Welt geöffnet, nicht in die, in der die Menge lebt – ich war nichts weiter als der Wegweiser, nichts weiter. Du siehst, dass du in dieser Welt – der Welt der Engel – zu Hause bist, während ich – der Gefallene – draußen stehen muss. Oh, dieser Abschied in Krutize! Wie ein Engel erschienst du mir damals.

Glaubst du an dieses in der Mitte zwischen Liebe und Freundschaft liegende Gefühl? Noch mehr, ich stelle eine furchtbare Frage – ich muss in diesem Augenblick wahnsinnig sein, sonst käme sie nicht über meine Lippen. Glaubst du, dass das Gefühl, das du für mich hegst, nur Freundschaft ist? Ich glaube es nicht.

dein Alexander Herzen

15. Oktober 1835

Um Gottes willen, deine Silhouette; aber sie muss sehr ähnlich sein, sonst mag ich sie nicht. Nein, als ich jenen Kometen sah, dachte ich, offen gestanden, nicht an dich, denn ich fuhr nachts halb betrunken von einer Gesellschaft nach Hause; plötzlich erblickte ich den Kometen und dachte dabei an die Karten, den Wein usw. Ein Tagebuch führe ich nicht, das wäre schlimmer als alle Gewissensbisse. Eine Silhouette kann hier niemand anfertigen. Lebe wohl!

Moskau, 27. Oktober 1835

Mein Freund!

Ich glaube, ich glaube unzweifelhaft, dass uns beide
Freundschaft vereinigt, die höchste Freundschaft, wie
sie nicht zum zweiten Mal vorkommt. Es gibt kein
Wesen auf Erden, das mir teurer wäre als du, ich liebe
dich inniger als alles andere auf der Welt. Wenn dieses
Gefühl mehr und höher ist als Freundschaft, so vermag ich es nicht zu benennen, aber ich glaube daran.
Nie, nie werde ich lieben, nie werde ich irgendeinem
Gefühl gestatten, sich in meiner Seele über das Gefühl
zu erheben, das ich für dich hege. Lieben bedeutet für
mich ein Wesen finden, das höher stände, würdiger
wäre als du, und das wird nie der Fall sein. In meiner
Seele steht nur ein Gefühl über meiner Liebe zu dir:
die Liebe zu Gott; diese beiden Gefühle sind jedoch
auf das engste miteinander verknüpft; ohne die Liebe
zu Gott kann ich dich nicht lieben, ohne die Liebe
zu dir kann ich Gott nicht lieben. Wenn Freundschaft
zwei Wesen einander nicht so nähert, so mag dies
immerhin ein Gefühl sein, das in der Mitte zwischen
irdischer Liebe und Freundschaft steht. Wenn ich nicht
das Gleiche denke wie du, so befinde ich mich im Irrtum. Aber du glaubst es?
Eine Liebe, die nicht nach dem vollen Besitz der geliebten Person strebt – ich verstehe dich, ich glaube, ich
verstehe dich. Doch warum nennst du alles, was du
geschrieben hast, Wahnsinn? Das verstehe ich nicht.
Früher schrecktest du mich mit dem Schicksal der
Taube, jetzt mit einem tiefen Abgrunde, aber mir flößt

das Schicksal der Taube kein Entsetzen ein, ihr Leiden ist süß für mich, gern will ich wie eine Rakete verlöschen, wenn ihr Untergang besiegelt ist. Ich fürchte keinen Sturm auf dem wogenden Meer der Leidenschaften; denn ich werde ja mit dir schwimmen, mein Freund, sage mir, mit wem? Wen, wen sollte ich mehr auf Erden lieben als dich, mein Bruder, wen? Mit niemand und niemand, nein, mit niemand und niemand!

25. November 1835

Nein, mein Freund, deine Frage hat mich nicht erschreckt, und was ist auch Schreckliches dabei? Du wolltest wissen, bis zu welchem Grade ich dich liebe; doch ich werde meine Seele nie völlig ausdrücken können, du wirst mich ohne Worte verstehen. Lange und viel müsste ich reden, um einen Begriff von dem zu geben, was ich empfinde; wozu aber? Was geht es die anderen an; ja, ich möchte gar nicht mit irgendjemand teilen; wer mich kennt, versteht auch, wenn er will, meine Seele, und du, du verstandest mich in Krutize, als ich schwieg! Mein Freund! Glaube mir, ich fürchte mich nicht vor dir, und deine Worte erschrecken mich nicht. »Es ist das edelste, heiligste Gefühl, Natascha«, sagtest du einst zu mir, und ich weiß es selber. Ich fühle, wie heilig es ist, wie rein, wie es zum Schönen, zur Tugend hinleitet. Diesem Gefühl habe ich mein Herz, meine Seele geweiht, ihm werde ich mein ganzes Leben, mein ganzes Sein opfern. Ich stelle die Freundschaft höher als die Liebe; ja, mein Alexander, die Freundschaft steht meiner Seele höher als die Liebe. Ich werde, ich kann nicht lieben. Das einzige Ziel eines

227

Mädchens, so denken viele, wenn nicht alle – ist heiraten – das heißt versorgt sein, sein Haus, seine Wirtschaft, seinen Willen haben. Namentlich gilt dies von denen, denen das Schicksal von Jugend auf übel mitgespielt hat, die keine Mittel haben, um im Überfluss zu leben – deren einzige Hoffnung auf eine Besserung ihrer Lebenslage soll die Heirat sein. Aber ich werde dies nie zugeben, nein, dies ist überhaupt nicht richtig. Ich kenne viele vom Schicksal Misshandelte, deren Seelen aber zu edel sind, als dass sie einen Mann suchten, der sie allein der Armut entheben soll. Wie furchtbar mir mein Schicksal auch früher erschien, dieser Gedanke kam mir nie in den Sinn, ich glaubte nicht, dass ihn überhaupt jemand hegen könne. Ein Wesen zu finden, das in allem den Stempel des Schöpfers trüge, einen unverkennbaren Stempel, den die Erde noch nicht verwischt hat, eine Seele, die würdig ist, ein vollkommener Tempel Gottes zu werden – mit einem Worte, ein Wesen zu finden, wie ich es noch nie erblickt hatte –, dies war der einzige Wunsch, den ich seit meinem vierzehnten Jahre hatte. Damals verstand ich dich noch nicht ganz. Ich kannte dich nur zum Teil, ahnte aber schon in dir die Verkörperung meines Ideals – und ich täuschte mich nicht ... Oh, Gott weiß, was aus mir geworden wäre, wenn ich mich getäuscht hätte. Als ich dies Wesen gefunden hatte, blieb in meiner Brust nur noch der Wunsch zurück, seine Freundschaft zu erringen, und als du mir die Hand entgegenstrecktest, mein Freund, gabst du mir mehr als das Leben. Als ich in dir alles gefunden hatte, was ich wünschte, mehr, als ich zu wünschen wagte, gab ich dir meine ganze Seele, und könnte ich da noch ein Stück von mir an einen anderen verschenken? Nein, zu tief hat die Freundschaft ihre Wurzeln in mein ganzes Wesen geschlagen; sie allein will ich pflegen, an ihr allein werde ich mich laben, den Garten meiner Seele werde ich nur mit ihren Blumen schmücken, keine andere Hand wird meine Lieblingsblumen pflücken dürfen, und meine Liebe zu Gott wird meinen Blumen Leben geben wie der Tau, wie die Strahlen der Sonne.

A LEXANDER H ERZEN AN N ATALIE S ACHARIN

Wiatka, 25. Dezember 1835

Natalie! In deinem Brief vom 2. Dezember findet sich eine Stelle, die Gott selbst dir diktiert hat. Diese Stelle enthüllte mir klar und deutlich, was du mir bist und was ich dir bin; ich habe sie hundert Mal gelesen und mit Tränen in den Augen geküsst: »Was gäbe ich nicht darum, dich zu sehen... Aber was kann ich geben? Ich habe nichts als dich.« Meine Freundin, ja, ich bin der deine; ja, du hast mich verstanden; jetzt ist es mir klar, warum jener Brief dich nicht verschreckt hat. Du hast dein Schicksal in meine Hände gelegt, und ich habe mich dir zu Eigen gegeben. Uns kann nun nichts mehr trennen. »Fürchte nichts von meiner Seite; ich werde verschwinden, wenn dies für dich nötig sein sollte.«
Weshalb hast du dies geschrieben? Hinter diesen Worten verbirgt sich ein unheimlicher Gedanke – doch ich schweige – was geht uns nicht zuweilen durch den Kopf?
Das Ereignis, von dem du schreibst, hat mich tief erschüttert. Ja, es ist furchtbar, das Unglück eines Unglücklichen noch vermehren zu müssen. Dass du dabei

nicht kalt bliebst, glaube ich dir; ich würde aufhören, dich zu lieben, wenn dir dies möglich gewesen wäre. Das Verhängnis ist etwas Furchtbares; wenn es jemand verfolgt, so verfolgt es ihn bis ans Ende. Bemühe dich aus allen Kräften, diese Leidenschaft bei ihm zu beruhigen, aber denke daran, dass jedes kalte Wort ein Dolchstoß ins Herz ist. Ich versetze mich an seine Stelle – nein, dies kann ich mir nicht denken, denn ich kann dich mir nicht ohne deine Liebe zu mir vorstellen. Diese Nachricht hat mich traurig gestimmt, umso mehr, als sie mir ganz unerwartet kam.

Ich habe dich in Krutize verstanden, als du geschwiegen hast, wie du schriebst – ja, ich habe damals vieles verstehen gelernt.

Mein Trübsinn, von dem du sprichst, ist im Schwinden begriffen; ich habe jetzt einen Gefährten um mich, der für jeden Seelenschwung Verständnis besitzt – das ist der unglückliche Dichter Witberg. Ich kann nicht in völliger Einsamkeit leben, so dass er mir wie ein Abgesandter des Himmels erschien. So versteht das Schicksal Wunden zu schlagen, aber auch sie zu heilen. Wie innig er seine Frau liebt und mit welcher Begeisterung er von ihr spricht! Warum sprichst du mit solcher Geringschätzung von der Ehe? Dir genügt die Freundschaft; aber was du, mein Engel, unter diesem Wort verstehst, ist gar nicht Freundschaft, sonst wären die Worte nicht aus deiner Seele geflossen: »Ich habe meine Seele vergeben, und könnte ich sie denn mit jemandem teilen?« Dann könntest du sie teilen.

Deine von dir gestickte Brieftasche habe ich erhalten; ich danke dir dafür … aber weißt du, es war eine Enttäuschung damit verbunden. Ich glaubte, du hättest mir dein Bild geschickt – anstelle dessen fand ich die Brieftasche vor mir. Mein Bild wirst du erhalten, Witberg

malt mich jetzt für meinen Vater (merke wohl, ein großer Künstler fertigt das erste Bild von mir an), aber ich
habe schon dafür gesorgt, dass du eine gute Kopie erhältst. Möge es dich während der Zeit unserer Trennung
trösten; unsere Trennung wird lange währen, Natascha;
sie wird nicht mit Wiatka enden. Aber schließlich, wenn
alles vorüber ist, wenn die Jahre des Umherirrens vergangen sind, wenn der Weg zu Ende ist, den ich gehen
kann – dann, dann gibt es keine Trennung mehr – dann
lehne ich mein Haupt an deine Brust (falls sie nicht vielleicht schon einem anderen gehört), dann beteuere ich
dir, dass es ein vollkommenes Glück gibt, dann ... aber
dieses »Dann« ist noch fern, fern, mein Engel.
Lebe wohl

dein Alexander

NATALIE SACHARIN AN ALEXANDER HERZEN

Moskau, 2. Januar 1836

Ja, Gott selbst hat mir die Hand geführt, als ich dir
schrieb, dass ich außer dir nichts besitze. Gott selbst,
mein Alexander! Er hat mir einzig in dir alles gegeben,
er hat mir eine Seele gegeben, die nur dich zu lieben
imstande ist. Wie gut bin ich jetzt, wie voller Glück ist
jetzt mein ganzes Wesen, welche Musik erfüllt meine
Seele! Ich bin jetzt eine Hymne der Liebe: lausche dieser
Musik; sie ist himmlisch, sie stammt von Gott, sie ist die
deine! Gott selbst hat unsere Seelen verlobt, er hat uns
füreinander geschaffen, und wenn uns hier auf Erden
Trennung beschieden ist, dort oben, mein Freund, war-
tet unsere ewige Vereinigung – dort oben, im Vaterland.

Wie weit, wie schön ist jetzt meine Seele, mein Alexander! Sie hat deine Seele umfasst und spiegelt sie wider. Jetzt ist mir auch jedes Bangen der Seele, jenes Erzittern des Herzens klar, als du in Krutize beim Abschied jenen Blick auf mich heftetest, jenen Blick, der mir damals völlig unverständlich und unenträtselbar war … Damals schon sagte ich dir: »Ich weiß, dass du mir von Gott gesandt bist, dass meine Seele ein Abglanz deiner Seele ist.« Und von jener Zeit an, mein Freund, blieb in meiner Seele kein Gedanke, der nicht dir seine Entstehung zu verdanken gehabt hätte, in meinem Leben kein Augenblick, der nicht dir geweiht gewesen wäre. Gott hat mich aus Liebe zu dir geschaffen. »Dann, dann wird keine Trennung mehr sein, dann lehne ich mein Haupt an deine Brust, falls sie nicht vielleicht schon einem anderen gehört.« Wenn Gott selbst dich in diese Brust gepflanzt hat, dich allein, allein dich, mein Alexander … so wirst du allein dein Haupt an meine Brust lehnen, du allein wirst mich an deine ziehen. Und wann wird jenes »Dann« kommen, und wann werde ich bei dir sein? Es ist fern, sagst du … Ich würde mein ganzes Leben für eine Glücksminute dahingeben, würde einen Augenblick bei dir mit tausend Leiden erkaufen. In dir, mein Freund, ist für mich die ganze Welt beschlossen, in dir bete ich zum Schöpfer, in dir verehre ich ihn, in dir vergöttere ich die Natur – mit einem Worte, ich lebe in dir. Habe ich nicht Recht, Sascha, ich bin nur für dich geschaffen, um dich zu lieben? Oh, wie viel fehlt es dieser Welt von Tönen noch daran, dass sich die Seele ganz in ihr ergieße, ihre ganze Seligkeit ausströme! Dann, mein Freund, wird auch die Trennung nicht mehr so schrecklich sein! Aber ich wage nicht den Gedanken zu hegen, ich fürchte mich davor, dass uns die Stunde des Wiedersehens nicht beschieden sein könnte; eher nimmt

Gott die Seele hinweg, als dass er ihr eine solche Qual auferlegt. Welches Begegnen, welches Wiedersehen! Allein bei diesem Gedanken sprengt mir das Pochen des Herzens die Brust.

Du erhältst viele Briefe von mir, mein Freund; vieles würde ich jetzt in ihnen ausstreichen, aber sie sind schon abgesandt; streiche selbst aus, was dir nicht gefällt.

Ich erinnere mich noch genau an den 6. Januar, ich erinnere mich an jedes deiner Worte. Oh, damals durchzuckte mich der Gedanke an dich wie ein aufflammender Blitz; bald leuchtet er mit hellem Glanz und schwindet im Augenblick, bald öffnet sich plötzlich der Himmel, und der Blitz strahlt in zitternd-weißem Schimmer und erlischt dann wiederum; ich fürchtete mich und erschrak vor jenem Blitze, aber jetzt, jetzt ... Möge jener Blitz mit seinem ganzen Glanz alle Wolken über deinem Haupt zerstreuen, möge meine Seele der Hafen der deinen auf deiner langen stürmischen Seefahrt sein! Jetzt sage ich nicht mehr, es könnte für dich vielleicht einst nötig werden, dass ich verschwinde – nein, ich denke nicht mehr daran und ebenso wenig, dass auch nur ein dünnes Wölkchen des Zweifels deinen Glanz verdunkeln könne.

Ich soll dein Bild bekommen? Mein lieber Freund, wie verstehst du meine Seele, wie ergründet dein Blick ihre Tiefe! Nimm mit meiner armen Brieftasche vorlieb; auch mein Bild sollst du ganz bestimmt erhalten, auch beinahe das erste, weil man mich schon mit Papa zusammen gemalt hat, als ich noch ein Säugling war.

Ich habe mich die ganze Nacht über nicht zu Bett gelegt, ich habe nicht geschlafen, ich liebe den Schlaf nicht, denn er trennt mich zeitweilig von dir. Lebe wohl, Geliebter, du mein einziger Freund.

deine Natascha

Mitternacht. Es ist jetzt schon sechs Stunden her, dass ich deinen Brief erhalten habe. Ich bin jetzt ganz gesund.

Alexander Herzen an Natalie Sacharin

Wiatka, 15. Januar 1836

Das Glück überwältigt mich; meine schwache, irdische Brust ist kaum imstande, alle Seligkeit, alle Wonnen des Paradieses, die du mir schenkst, zu tragen. Wir haben uns verstanden. Wir haben nicht nötig, anstelle eines Gefühls zwei zu hegen. Es ist nicht Freundschaft, sondern Liebe! Ich liebe dich, Natalie, ich liebe dich unaussprechlich, so heiß, so tief, wie meine Seele überhaupt lieben kann. Du hast mein Ideal verwirklicht, du bist den tiefsten Bedürfnissen meiner Seele entgegengekommen. Es ist unmöglich, dass wir uns nicht lieben. Ja, unsere Seelen sind verlobt, und auch unsere Lebensgeschicke werden sich vereinigen. Hier hast du meine Hand, sie gehört dir zu Eigen. Hier hast du meinen Schwur, weder Zeit noch Verhältnisse können ihn brechen. Alle meine Wünsche hielt ich in meinen traurigen Stunden für unerfüllbar; wo sollte ich das Wesen finden, nachdem sich meine Seele zuweilen sehnte? Solche Wesen sind Schöpfungen der Dichter und kommen nicht unter den Menschen vor. Und in meiner Nähe, ganz dicht bei mir, ist ein Wesen erblüht, das, ich spreche ohne Übertreibung, weit vollkommener ist als mein Traum selbst, und dieses Wesen liebt mich, und dieses Wesen bist du, mein Engel. Wenn alle meine Wünsche so in Erfüllung gehen, wo nehme ich dann ein Dankgebet zu Gott her, das würdig genug wäre?

Moskau, 16. Januar 1836

Als du mir erklärtest, Alexander, du hättest mir dein Dasein geweiht, fühlte ich, dass meine Seele rein und erhaben ist, dass mein ganzes Wesen schön sein muss. Mein Freund, ich war glücklich, weil ich dich bewundern, dich lieben konnte; ich wurde edelmütiger, wohltätiger infolge des Verlangens, mich deinem Ideal immer mehr zu nähern; es erschien mir so hoch wie ein Stern am Himmel. Ich lebte nur durch dich, ich atmete durch deine Freundschaft, und die ganze Welt ward mir schön durch dich. Ich fühlte, ich bin deine Schwester, und dankte Gott dafür, ich suchte, was mir noch zu wünschen übrig bliebe – ich schwöre es dir zu, ich fand nichts, so erfüllt war meine Seele von dir, solches Genügen gewährte ihr deine Freundschaft. Aber Gott wollte mir noch einen zweiten Himmel öffnen, er wollte mir zeigen, dass meine Seele noch ein größeres Maß von Glück tragen könne, dass für die, die ihn lieben, die Seligkeit keine Grenzen kennt, dass die Liebe noch höher steht als die Freundschaft … O mein Alexander, dir ist dieses Paradies der Seele bekannt, du hast den in ihm erklingenden Gesang vernommen, du hast ihn selbst angestimmt, aber mir erleuchtet sein Glanz zum ersten Male meine Seele – ich beuge mich in Ehrfurcht, ich bete, ich liebe.

Alexander, mein Freund, ich möchte ein vollkommener Engel werden, um deiner vollkommen würdig zu sein; ich wünschte, dass die Brust, an die du dereinst dich lehnen wirst, einen ganzen Himmel umfasse, in dem dir nichts mangelt, und dass sie reich wäre allein durch die Liebe, allein durch dich. Und zugleich mit dieser Liebe – welches Vertrauen zu dir! – und kann denn Liebe überhaupt ohne Vertrauen bestehen? Nein, mein Freund, nein, mein Engel, dein Ideal liegt in weiter Ferne, suche es dort, dort, in Gottes Nähe, aber hier auf Erden ist es nicht. Du kannst das Ideal vieler sein, aber das deinige zu sein … Mich befällt oft tiefe Traurigkeit, wenn ich meinen Blick in mein Inneres lenke und meine ganze Nichtigkeit im Verhältnis zu dir erkenne, mein unvergleichlicher Alexander; meine Brust ist zu eng, um alles in sich zu fassen, was den Gegenstand meiner Wünsche ausmacht, und vielleicht ist meine Seele auch noch zu weit von der deinen entfernt, um mit ihr eins zu werden? Nein, mein Engel, suche das Unvergleichliche, das Unerreichbare; meinesgleichen wirst du viele finden; lehne dein Haupt nicht an eine schwache Brust, die nicht die Kraft in sich fühlt, so viel Schönes, so viel Heiliges zu tragen. Ich bin traurig geworden … Lebe wohl.

Alexander Herzen an Natalie Sacharin

Wladimir, 27. April 1838, spät abends

Natalie, meine Lage ist schrecklich, alles schien bereit, der Gouverneur hatte unterschrieben, plötzlich von Seiten des Geistlichen eine plötzliche Absage; das Zeugnis über deine Volljährigkeit fehlt.

Nein, genug der Leiden! Ich kann nicht mehr; meine ganze eiserne Festigkeit ist dahin; ich gehe ohne dich zugrunde, zugrunde. Du sagtest mir: »Rette mich«, jetzt sage ich zu dir und zu Gott: »Rettet mich!« Grace, grace! Ich befand mich schon mit einem Fuß im Wagen, um nach Moskau zu fliegen, aber *tant va la cruche à l'eau qu'à la fin elle se casse* [der Krug geht so lange zum Wasser, bis er bricht] ... zu oft!

Ach, welcher Sturm in der Seele, und wie weh, wie weh tut es! Ich bekam eine Flasche Wein zu packen und stürzte sie hinunter; ich hatte dies lange nicht mehr getan.

Und gewiss, ich bin glücklich, sehr glücklich, sie liebt mich, sie ist heilig und unerreichbar – wie wäre es, wenn sie mich nicht liebte – ha, ha, ha! Als ob Natalie leben könnte, ohne mich zu lieben! Dies ist ja Nonsens, Blödsinn! Aber macht ein Ende, um Gottes willen, um Gottes willen, macht ein Ende!

Komm aufs Geratewohl, wir ordnen alles. Sonderbar, wahnwitzig – aber höre, wenn wir es nicht in Ordnung bringen, du bist stark, mein Engel, es gibt ein Mittel, das Gott den Menschen gab, die sich nach dem Himmel sehnen – acidum hydrocyanicum [Blausäure] – wir trinken es gemeinsam ... du bist schwächer, du brauchst weniger – und dann sind wir in einem Augenblick bei Gott dem Vater.

Sonnabendabends. Um Gottes willen, eine Bescheinigung von dem Geistlichen, der dich getauft hat, und dann mit Gott nach Wladimir! Alles ist bereit ... Mein Engel!

NATALIE SACHARIN AN ALEXANDER HERZEN

Moskau, 1. Mai 1838, Sonntag

Mein Bräutigam! Wenige Schritte in der Ferne ... und ich bin in meiner Heimat und in unserem Haus, und wir sind zusammen! Eine furchtbare, schreckliche Zeit!

Die Tore unseres heiligen, großen, göttlichen »Dann« tun sich auf, wir müssen es würdig betreten. Ich empfinde eine reine, aufrichtige Dankbarkeit gegen die Menschen, die mich von sich gestoßen haben, sie gewährten mir Zeit, mich vorzubereiten. Ich fühle deine Nähe – Herr, segne uns!

Dein Brief hat mich erschreckt, in furchtbare Aufregung gestürzt, er bereitete mir Leiden und raubte mir die Ruhe … Alexander – ein Brief, und welches war das Gefühl, das ihn schrieb!

Ich verzeihe dir diese Liebe nicht! Mein Engel, sieh dir deine Natascha an – stille, ruhige Seligkeit, Gebet und Erwartung. Ich schwebe hoch, hoch über allem; am Himmel, in meiner Seele lese ich die Worte, die Er dorthin geschrieben hat: »Binnen kurzem wirst du bei mir sein.« Wie heilig, wie rein und wie nahe müssen wir ihm sein, wenn wir so nahe vor unserem »Dann« stehen – und dein Kummer weicht nicht? Doch Friede sei mit dir – deine Hand! Umarme deine Braut würdig und bereue nicht, dass du sie umarmt hast. Ach, Alexander, ich konnte dich nicht fassen, als ich es las und …

2. morgens. Gestern wurde ich gestört. Heut Morgen um sieben erhielt ich deinen Brief und die Benachrichtigung. Alexander, ich verstehe nichts, du bist in der Nähe, in der Nähe, nur das verstehe ich.

Abends. Jetzt ist die Reihe an mir zu schweigen. Nicht mit Worten, nicht mit der Feder kann ich sprechen; alles sagt nur: Rasch! Rasch! Rasch, mein Alexander! … Ich weiß nicht, was vorgeht, und verstehe nicht, was man zu mir sagt. Papachen ist böse. Emilie besorgt deinen Anzug, die Freunde den Geburtsschein, ich … ich … du weißt, wie ich bin.

Ach, es ist schwer – Gott! Alexander … Wahrhaftig,

mein Engel, ich habe keine Lust zum Schreiben – lieber will ich mit dir sprechen.

O mein Alexander! – Und die Trauringe?

Moskau, 6. Mai 1838, Freitag

Möglicherweise ist dieses Blatt das Ende unseres Daseins in Briefen. Oh, vielleicht liest du diese Zeilen, wenn ich Wladimir schon näher bin als Moskau. All dies erregt meine Seele so stark, sie ist so voll, dass sie nur Wonne und Entzücken überströmt.

Was bist du? Alexander, mir fehlen nicht nur die Worte, nicht einmal begreifen kann ich, wie mir ums Herz ist, was ich bin. Wenn die Erwartung dieser nahen Seligkeit noch lange andauerte, stürbe ich.

Heut Morgen erfuhr ich, dass der Geburtsschein beschafft ist. Oh, es gibt keine Worte, keine, mein Engel, die meine Empfindungen auszudrücken vermöchten, ich kann nicht sprechen. Ich weiß nur eins: Bald bei dir – das ist alles. Alexander, Alexander, Alexander! Ich weiß nicht, was Matwiej treibt, was die anderen – glaubst du, dies sei Gleichgültigkeit? Kaltblütigkeit? Man spricht auf mich ein, man schreibt mir – alles wird von dem einen Gedanken verdrängt: bald zu ihm!

Wir werden in Wahnsinn verfallen oder sterben – der menschliche Organismus kann nicht so viel Seligkeit fassen. Alexander, Alexander, ich bin ja deine Natascha, deine, deine! Alexander – nichts weiter.

7. Sonnabend. Gestern schrieb mir Emilie, du kämst selbst, aber vielleicht hat dich irgendetwas davon abgehalten. So schicke ich denn dieses Blatt ab, damit du dich nicht meinetwegen beunruhigst, mein Engel. O Gott!

Nikolaus Lenau an Sophie von Löwenthal

Wien, Mehlmarkt (April 1836)

Heute warte ich umsonst auf meine Nachtigall. Vielleicht ist sie gestorben. Es ist nach Mitternacht; da schlug sie sonst am lautesten und goss mir ihr Lied in meine Wunde und rief alle meine Sehnsucht auf nach dir! Heut ist sie still, nur der Brunnen rauscht, und das Wasser zieht auch ohne ihr Lied, wie das Leben tut, wenn ein Dichter stirbt. Es gibt Augenblicke, wo du gegen mich erscheinst, als ob die Quelle deiner Freuden, die dir rauscht im frischen Leben deiner Kinder, ebenso fröhlich fortrauschen würde ohne mich, wie da unten der Brunnen ohne die Stimme der Nacht.

In solchen Augenblicken ist meine Liebe nicht schwächer, aber ich fühle sie als brennenden Schmerz, den ich dir, zumal in Gesellschaft, hinter dem verberge, was du Hohn nennst. Und es mag kommen, dass ich mich dann fortsehne von dir und der ganzen Welt, denn du bist mir so sehr das Äußerste meiner Wünsche und Empfindungen geworden, dass ich mich von dir nirgends hinsehnen kann als in den Tod.

Und selbst diese Sehnsucht, der ich in den letzten Tagen recht nachhing, ist mir durch den Wunsch und die Hoffnung erträglich, dass ich dich dort wiederfinde und dass du mich dort nicht mehr betrüben wirst. Oh, wärst du jetzt bei mir! O liebe, liebe Sophie!

Ich habe heute viel gearbeitet, aus mir heraus und in mich hinein. Einsam bin ich hier, ganz einsam. Aber ich vermisse in meiner Einsamkeit nur dich. Nur du bist mir unersetzlich durch die schöne Natur, durch den Verkehr mit großen Geistern, wie Platon, den ich fleißig lese, ja selbst durch die beglückendsten Stunden meines Kunstlebens. Denn du bist mir die wunderbare Vereinigung alles dessen und die lebendige Fülle alles Wahren und Schönen, das mich warm und unmittelbar anweht in deiner Nähe, o du geliebtes Weib! Ich verdanke dir auch mehr als meinem ganzen Leben ohne dich. Die Liebe hat die Welt erschaffen, und nur durch die Liebe lernen wir sie begreifen. Meine Schuld an dich ist unermesslich wie die Welt, die einst verlorene, die du meinem Herzen wieder geschenkt. Oh, könnte ich dir vergelten und dich auch ein wenig glücklich machen! Du!

Nikolaus Lenau

Theodor Storm an Bertha von Buchau

(Hamburg, 1841)

*I*ch glaubte einmal, die Versicherung deiner Liebe gehabt zu haben, dann aber wurde es dunkel zwischen uns. Ich sah dich nicht in langer, langer Zeit, ich hörte nichts von dir, da konnte ich's länger nicht ertragen, ich kam hierher. Es war mir todesbang zu Sinn, die Leute, mit denen ich verkehrte, waren mir fremd, was ich liebte, ging wie ein Traum an mir vorüber. Als ich dich in der Kirche sah, da war mir, als fühlte ich einen Strahl der Liebe von dir zu mir hinüberdringen. Missverständnisse, durch die so viel Elend anspinnt, dürfen uns nicht trennen. Wenn du mich liebst, so sei deine Liebe groß und gläubig – im andern Fall hab so viel Mitleiden mit dem Freunde deiner Kindheit, ihm ein letztes Wort zu schreiben, damit er mit seinem Leben abschließen kann. Lass mich diesmal nicht vergebens bitten. Einliegende Gedichte bewahre zur Erinnerung dir zum Unterpfand meiner Liebe – die Deutung liegt in deiner Hand.

Theodor Storm an Constanze Esmarch

Sonntag, April 1844; abends 10.30 Uhr

*I*ch möchte mein Glück in deinen Augen sehen, ich möchte ewig von dir hören: »Ich liebe dich!« Deine Liebe, meine Constanze, erscheint mir als ein so unerreichbares, so unbegreifliches Glück, dass ich jetzt, da ich an ihrem Vorhandensein nicht mehr zweifeln kann, noch immer fürchten muss, ich könne sie einmal verlieren, und doch weiß ich, wie rein und gut du bist und dass du, solange du lebst, nur mich allein lieben kannst; nicht, dass ich diese Liebe vorzugsweise verdiente, sondern nur, weil du selbst so rein bist. Oh, bleibe mir ewig so! Aber ein Totenwurm pickert mir unaufhörlich die Ohren voll; ich will dir für heute gute Nacht sagen! Hörst du mich? Gute Nacht!

Du schläfst wohl schon. Deinen Brief nehme ich mit ins Bett und will dein Papier, worauf deine liebe Hand geruht, zur guten Nacht küssen und in Gedanken dich, dich auf Mund und Auge! Gute Nacht!

Husum, 18. Juni 1846

Die Stunden des Mittagszaubers sind noch nicht vorüber; draußen ist es still und glühweiß; hier im Saal ist es lieblich; vor dem einen Fenster sind die Läden geschlossen, das andere ist verhängt; es ist dämmrig und schattig hier – komm, komm, Geliebte! Es ist eine

Stunde zum Nichtstun der Liebe; ich schmachte nach dir; es steht ein ganzes Glas mit Rosen auf dem Tisch. Du glaubst nicht, wie es zärtlich macht, in diese halb geöffneten duftenden Kelche zu sehen. Komm, du süße, reizende Frau! Wir sind allein, ganz allein. Wirf deinen biegsamen Leib in einer deiner orientalischen Stellungen aufs Sofa, wie du es liebst; lass mich zu deinen Füßen sitzen. Ich will dir die Strümpfe ausziehen, du sollst deine nackten kleinen Füße in die Samtschuhe stecken; oh, wie das kühl und frei ist! Ich bin sehr verliebt in dich, süße Frau, und ach, du weißt es, es gibt für mich nichts Gefährlicheres, als deinen kleinen nackten Fuß zu sehen; es hat mir ja sogar oft genug den Kopf verdreht, wenn noch der weiße Strumpf ihn verhüllte. Deshalb will ich jetzt mit deinem Fuß nichts mehr zu tun haben, er verführt mich. – Nein, ich will mich zu dir in die andere Ecke setzen und deine frischen, roten Lippen küssen – sie sind heiß, aber sie erquicken doch. Du musst aber nicht ganz einschlafen. – Du weißt, ich kann die Kleider eigentlich nicht leiden, streif sie ab, die braune Lüge, und lass mich an deiner braunen kühlen Brust liegen. – Bin ich nicht gar zu verliebt in dich! Zürnst du, oder darf ich's sein? – Meine süße, geliebte, reizende Frau, lass mich dich küssen, aber lange, ganz lange, bis dass auch dich, geliebtes Herz, der holde Wahnsinn sanft bezwingt und deines Lebens zarte Flut unhaltbar mir entgegendringt.

dein Theodor

Robert Browning und Elizabeth Barrett Moulton

ROBERT BROWNING AN ELIZABETH BARRETT

New Cross, Hatcham, Surrey.
10. Januar 1845

*I*ch liebe Ihre Verse von ganzem Herzen, verehrteste Miss Barrett, und dies ist nicht etwa ein flüchtig hingeschriebener, mit Komplimenten angefüllter Brief, den ich hier schreibe, was er auch immer sein möge, nicht eine rasche und selbstverständliche Anerkennung Ihres Genies und damit ein anmutiges und naturgemäßes Ende meines Annäherungsversuches. Seit dem Tage der vergangenen Woche, an dem ich Ihre Gedichte zum ersten Male las – ich lache laut, wenn ich daran denke, wie ich hin und her überlegte, was ich Ihnen über die Wirkung auf mich sagen könnte, denn in dem ersten Rausch des Entzückens wollte ich diesmal von meiner Gewohnheit rein passiven Genießens, wenn ich wirklich genießen soll, abweichen und meine Bewunderung nach allen Seiten hin rechtfertigen – vielleicht sogar, wie ein biederer Zunftgenosse dies tun soll, den Versuch wagen, Fehler zu entdecken und Ihnen damit einen ganz kleinen Dienst zu leisten, um mich hinterher brüsten zu können! – aber nichts von dem allen trat ein – so hat mich Ihre große lebende Poesie durchdrungen und ist ein Teil von mir selbst geworden – Ihre Poesie, von der ein jedes Blümchen Wurzel in meiner Seele schlug und fröhlich aufspross. Oh, wie ganz anders ist dies, als getrocknet und flach gepresst und bewundert und mit einer passenden Bezeichnung oben und einer

ELIZABETH BARRETT MOULTON
1806–1861

passenden Bezeichnung unten in ein Buch gelegt, zuge-
klappt und weggestellt zu werden – ein solches Buch
nennt man – nebenbei bemerkt – ein Herbarium. Schließlich brauche ich die Absicht, dies später einmal zu tun, ja
nicht aufzugeben; denn schon jetzt kann ich im Gespräch
mit jedem, der es wert ist, einen Grund für meinen Glauben' an diese oder jene Schönheit, an die belebende,
wundersame Musik, den Reichtum und die Fülle der
Sprache, an das prachtvolle Pathos und an die wahren,
neuen, treffenden Gedanken angeben; wenn ich mich
jetzt aber an Sie wende, an Ihr eigenes Selbst, und zwar
zum ersten Male, so strömt mein Gefühl gänzlich über.
Ich liebe, wie erwähnt, diese Bücher von ganzem Herzen,
und ich liebe auch Sie. Wissen Sie, dass ich einmal nahe
daran war, Sie kennen zu lernen – wirklich kennen zu
lernen? Mr. Kenyon sagte eines Vormittags zu mir:
»Würde es Ihnen Vergnügen machen, Miss Barrett vorgestellt zu werden?« Dann ging er hin, um mich anzumel-
den, und kam dann zurück – Sie waren zu krank; jetzt
sind Jahre darüber verflossen, und mir ist es, als sei mir
auf meinen Reisen etwas quer gegangen, als hätte ich
mich in der Nähe, der unmittelbaren Nähe irgendeines
Weltwunders in einer Kapelle oder Krypta befunden – es
war nur ein Vorhang zur Seite zu schieben gewesen, und
ich hätte eintreten können, aber da war ein kleines, so erscheint es mir jetzt, aber genügendes Hindernis, das mir
den Eintritt verwehrte; die halb geöffnete Tür schloss
sich, ich kehrte meine Tausende von Meilen nach Hause
zurück – sollte mir der Genuss des Anblicks nie zuteil
werden? Nun, der Genuss dieser Gedichte ist mir zuteil
geworden und damit diese aufrichtige, dankbare, stolze
Freude, mit der ich mich für immer fühle als Ihren
ergebensten

Robert Browning

50 Wimpole Street, 11. Januar 1845

Ich danke Ihnen, verehrtester Mr. Browning, aus tiefstem Herzen. Sie glaubten mir mit Ihrem Briefe eine Freude zu bereiten, und selbst wenn dieser Zweck nicht erreicht worden wäre, müsste ich Ihnen danken. Aber er ist in vollstem Maße erreicht worden. Solch ein Brief von solch einer Hand! Sympathie ist wertvoll – sehr wertvoll für mich: aber die Sympathie eines Dichters und noch dazu eines solchen Dichters ist das höchste von Sympathie, was es für mich gibt! Wollen Sie als Gegengabe dafür meine Dankbarkeit entgegennehmen und mir zugeben, dass von allem Handel, der in der Welt getrieben wird, von Tyros bis hin nach Karthago, der Austausch von Sympathie gegen Dankbarkeit der fürstlichste ist?

Im Übrigen ist Ihre Güte wahrhaft bezaubernd. Es ist schwer, Leute loszuwerden, denen man einmal zu viel Freude gemacht hat – das ist eine Tatsache, und wir wollen uns nicht bei ihrer Nutzanwendung aufhalten. Was ich sagen wollte nach ein wenig natürlichem Zögern – ist, dass, wenn Sie je ohne übergroße Anstrengungen aus ihrem »passiven Zustande« auftauchen und mir solche ersichtlichen Fehler in meinen Gedichten, die Ihnen als wesentlich erscheinen (denn natürlich will ich Sie nicht mit der Bitte um Kritik über Einzelheiten behelligen), namhaft machen wollten, Sie mir einen großen, dauernden Dienst erweisen würden, und zwar einen solchen, den ich so hoch schätzte, dass ich aus der Ferne nach ihm Verlangen trage. Ich will nicht behaupten, dass ich eine besondere Nachgiebigkeit der Kritik gegenüber an den Tag lege, und es ist sehr leicht möglich, dass ich mich der Ihrigen nicht immer fügen werde. Aber bei meiner hohen Achtung vor Ihrer dichterischen Begabung und künstlerischen Erfahrung würde es für mich ganz unmöglich sein, eine allgemeine Bemerkung aus Ihrem Munde über die Punkte anzuhören, die Ihnen als meine Hauptfehler erscheinen, ohne sie zugleich in Zukunft auf irgendwelche Weise zu vermeiden. Ich bitte nur um eine oder zwei kurze Bemerkungen allgemeinen Inhalts – und selbst darum nicht, wenn ich Ihnen mit meiner Bitte lästig falle – und nur mit der demütigen, leisen Stimme, die ein so großer Vorzug bei Frauen ist – namentlich wenn sie einen Bittgang antreten. Am häufigsten richtet sich die Kritik allgemeiner Art, die ich zu hören bekomme, glaube ich, gegen meinen Stil – »wenn ich nur meinen Stil ändern könnte«. Aber dies ist, nicht wahr?, ein Einwand gegen die Persönlichkeit des Schriftstellers. Buffon sagt, und jeder Schriftsteller, der diese Bezeichnung mit Recht verdient, muss es ihm nachfühlen: »Le style c'est l'homme« – eine Tatsache, die jedoch kaum geeignet erscheint, den genannten Einwand bei gewissen Kritikern minder häufig zu machen.

Ist es wirklich wahr, dass mir das Vergnügen und die Ehre, Ihre Bekanntschaft zu machen, so nahe bevorstand? Und ist es möglich, dass Sie mit einigem Bedauern auf diese verlorene Gelegenheit zurückblicken? Aber Sie wissen, wenn Sie die Krypta betreten hätten, hätten Sie sich erkälten oder zu Tode langweilen und »tausend Meilen weg« wünschen können, und dies wäre noch schlimmer gewesen, als diese Entfernung auf der Reise zurückzulegen. Es liegt jedoch nicht in meinem Interesse, Sie auf solche Gedanken zu bringen, als ob uns alles zum Besten dienen müsse, und ich will lieber hoffen, wie ich es dann auch tue, dass, was ich bei der einen Gelegenheit verloren habe, mir in Zukunft bei einer anderen zuteil wird. Der Winter schließt mich ein, als wäre ich ein Murmeltier; im Frühling wollen wir sehen, was sich tun lässt. Ich befinde mich um so viel besser, dass es den Anschein hat, als wendete ich mich der Außenwelt wieder zu. Und in der Zwischenzeit habe ich Ihre Stimme kennen gelernt, und zwar nicht nur aus Ihren Gedichten, sondern aus der Herzensgüte, die sich in ihnen ausspricht. Mr. Kenyon spricht oft von Ihnen – der liebe Mr. Kenyon! – der, wie ich nicht mit Worten, sondern nur mit Tränen in den Augen dankbar anerkennen kann, mein Freund und Helfer gewesen ist, meines Buches Freund und Helfer, Kritiker und Mitfühlender, ein treuer Freund zu allen Stunden! Sie kennen ihn gut genug, glaube ich, um zu wissen, wie viel Dank ich ihm schulde.

Ich schreibe zu viel; trotzdem will ich noch einen Punkt berühren: Ich will sagen, dass ich Ihre Schuldnerin bin nicht allein wegen Ihres herzlichen Briefes und all der Freude, die er für mich im Gefolge hatte, sondern auch in Bezug auf andere Dinge, und zwar solche, die für mich die höchsten sind: Ich will sagen, dass, solange ich mich der göttlichen Kunst der Poesie widme im Verhältnis meiner Liebe zu ihr und meiner Hingabe an sie, ich stets Ihre andächtige Bewundrerin und lernbegierige Schülerin sein muss. Mein Herz drängt mich, Ihnen dies zu sagen, und so sage ich es.

Und im Übrigen bin ich stolz darauf, zu bleiben
Ihre zu Dank verpflichtete und ergebene

Elizabeth Barrett

Mittwoch früh – Frühling!
26. Februar 1845

Wirklicher, warmer Frühling, liebe Miss Barrett, und die
Vögel wissen es, und im Frühling werde ich Sie sehen,
ganz gewiss werde ich Sie sehen – denn wann habe ich
einmal nicht erlangt, worauf ich sehnlichst all meine
Gedanken gerichtet hatte? So frage ich mich mitunter –
mit einer seltsamen Angst im Herzen.
Ich griff zu diesem Bogen, um Ihnen recht viel zu
schreiben – nun glaube ich nicht, dass ich viel schreiben
werde – »Ich werde Sie sehen«, sage ich!

Freitagabend

Liebe Miss Barrett, ich danke Ihnen für die Erlaubnis,
die Sie mir geben. Ich will Donnerstag um zwei Uhr
vorsprechen – nicht früher, damit Sie Zeit haben, mir
zu schreiben, wenn Sie irgendeinen Behinderungsgrund
haben sollten. Ich will damit nicht sagen, dass Ihnen
mein Besuch nicht direkt ungelegen zu kommen
brauchte, weil … was ich Ihnen noch ganz besonders
für jetzt und alle Zukunft sagen möchte – mein Kommen darf Ihnen nicht den geringsten Zwang auferlegen,
sondern sollten Sie z. B. unwohl sein, so schicken Sie
mir nur ein Wort herunter oder lassen Sie es mir sagen,
und ich komme wieder und wieder – meine Zeit spielt
gar keine Rolle dabei, und ich habe in der Nachbarschaft Bekannte, so zahlreich wie der Sand am Meere …
Stets der Ihrige

Robert Browning

Freitag, 8. August 1845

Es ist sehr freundlich von Ihnen, mir diese Blumen zu schicken – allzu freundlich – warum haben Sie sie geschickt? und ohne ein einziges Wort? – was sicher nicht allzu freundlich ist. Ich habe in das Herz der Rosen hineingeblickt und die Nelken mit Gefahr für ihre Blätter um und um gewendet und alles vergebens! Nicht ein Wort verdiene ich heut, so scheint es. Und wenn ich das nicht verdiene, verdiene ich auch die Blumen nicht. Gleiche Gerechtigkeit hätte, o Zeus, auf der Waage meinen Vergehen zugewogen werden müssen! Dennoch danke ich Ihnen für diese Blumen; sie sind in der Tat sehr schön und kommen gerade zur rechten Zeit – das gestehe ich Ihnen voller Demut zu und danke Ihnen schließlich noch wärmer, als ich es nötig hätte. Nur dürften Sie nicht alle Blumen Ihres Gartens *mir* geben; auch Ihre Schwester ist zweifellos dieser Ansicht, wenn auch so stillschweigend, wie Sie mir die Blumen sandten. Nun schreibe ich nichts mehr, da Sie mir auch nichts geschrieben haben. Was die Blumen vom Mittwoch und die heutigen betrifft, so können Sie sich denken, wie verächtlich ich in diesem Zimmer auf die Gärten von Damaskus herabsehe, und die Blumen vom Mittwoch sind noch heute so frisch und schön, wie ich erklären muss, wie die neuen. Sie waren ganz überflüssig – die neuen, meine ich – in dem Sinne, als sie Blumen sind. Nun, der Sinn meines Geschreibsels erscheint fraglich, nicht wahr – wenigstens fraglicher als der Unsinn, der in ihm liegt. Nicht ein Wort, nicht einmal unter den kleinen blauen Blumen!!! –

Elizabeth Barrett

Ich habe nie daran gedacht, dass Sie mir zürnen könnten – nie ist etwas Derartiges über meine Lippen gekommen. Aber Sie konnten sich schon mit gutem Recht etwas verletzt fühlen, wenn Sie mich im Verdacht hatten, ich tadelte Sie wegen Ihres Verhaltens gegen mich. Dies war es auch, was ich fürchtete – oder vielmehr hoffte –, da ich am ehesten vermutete, Sie seien krank.

Und dennoch glaubten Sie – glauben Sie, dass ich Sie auf irgendeine Weise oder auf irgendeinen Augenblick getadelt, Ihnen nicht geglaubt, Ihnen misstraut hätte – wozu sonst dieser Brief? Was habe ich verschuldet, dass Sie mir einen solchen Brief schreiben? Kann ich es denn mir selbst verzeihen, Ihnen Veranlassung dazu gegeben zu haben? Und wollen Sie mir glauben, dass, wenn Sie ihn um der Vergangenheit halber geschickt haben, er überflüssig und hinsichtlich der Zukunft unerheblich ist?

Ich sage dies nicht aus Mangel an Empfänglichkeit für seinen Inhalt – Ihre Worte verfehlen ihren Eindruck nie –, sondern mit dem festen Entschluss, nicht zuzulassen, dass Sie sich an Worte halten, weil sie gesagt worden sind, noch sie zu sagen in der Meinung, sie machten Eindruck auf Sie. Und wenn Sie mir tausend solche Worte mehr sagten, wie könnten Sie die Zukunft oder die Gegenwart beeinflussen, wenn ich dabei bleibe, die mögliche Wandlung Ihrer Gefühle als eine Wahrscheinlichkeit Ihnen und mir vor Augen zu führen? Können Sie mir verwehren, bei offenen Türen zu sitzen, wenn ich es für richtig halte? Ich versichere Sie, während ich Ihnen, wie Sie sehen müssen, in Wort und Tat traue und während ich Ihnen beteuere, dass nie ein menschliches Wesen in den Augen eines anderen höher und reiner dagestanden hat als Sie in den meinigen – Sie werden in meinen Augen stets hoch dastehen und unverändert mein Freund bleiben, wenn die Wahrscheinlichkeit zur Wirklichkeit würde wie in diesem Augenblick.

Und dies muss ich sagen, da Sie andere Dinge gesagt haben, und das allein, was ich gesagt habe – ich erinnere Sie in allem Ernst daran – gilt auch für die Zukunft. –

Mein teurer Freund, Sie sind in Ihrer ganzen Handlungsweise mir gegenüber den edelsten Impulsen gefolgt, und ich habe jeden einzelnen in meinem Herzen anerkannt und das richtige Wort für ihn gefunden. Doch kann ich nicht umhin hinzuzufügen, dass von uns beiden Sie nicht die schwierigste Rolle durchzuführen haben ... ich meine für eine edelmütige Natur, wie die Ihrige ist, der jede Art Großmut leichtfällt. Die meinige ist schwerer gewesen, und ich bin immer und immer unter ihrer Last zusammengebrochen, und dieses Zusammenbrechen samt der Anstrengung, die verlorene Position wiederzugewinnen, mögen mir den Anschein des Schwankens und einer Leichtfertigkeit gegeben haben, die wenigstens Ihrer und vielleicht unser beider unwürdig ist.

Trotz dieses Anscheins war es recht und gerecht (nur gerecht) von Ihnen, wenn Sie an mich glaubten – an meine Wahrhaftigkeit –, weil ich es Ihnen gegenüber niemals an ihr habe fehlen lassen und eines solchen Verstoßes gegen Sie auch gar nicht fähig gewesen wäre. Das, was ich gesagt habe, habe ich auch stets gemeint, und bei dem, was ich nicht gesagt habe, hat das Schweigen seinen Grund anderswo gehabt, als wo Sie ihn suchten. Und dies veranlasst mich, mich darüber zu beklagen, dass Sie, der Sie an mich zu glauben beteuern, trotzdem offenbar glauben, ich hätte von Ihnen bei jeder Gelegenheit nichts als bloßes Schweigen gefordert, und wenn ich »Ihre Selbstbeherrschung« gekannt hätte, würde ich keinen Anstoß daran genommen haben … nein!

Mit anderen Worten, Sie glauben von mir, dass ich nur an meine eigene (welchen Ausdruck kann ich für ein so niedriges und kleinliches Motiv finden?) Bedenklichkeit … Scheu vor dem Gebundensein an mich in meinem geringsten Tun, sagen wir an das Knüpfen meiner Schuhbänder, dachte – an dies und an mehr nicht!

Das ist aber so verkehrt, dass es mich bisweilen ungeduldig macht, wenn ich bemerke, dass dies Ihr Eindruck ist – ich bat Sie zu schweigen, aber auch und hauptsächlich, nicht mehr an das zu denken, was … Sie wissen recht gut, worum ich Sie bat. Und dies war aufrichtig gehandelt, ich versichere Sie. Sie schrieben mir einst, oh, lange vor dem Mai und dem Tage, an dem wir uns persönlich kennen lernten, Sie »seien so glücklich gewesen, dass Sie jetzt jeden Schritt vor sich selber rechtfertigen könnten, selbst wenn Ihr ganzes Lebensglück dabei auf dem Spiele stände« – aber wenn Sie auch alles vor sich selber rechtfertigen könnten, könnte ich es auch vor mir rechtfertigen, wenn ich einen solchen Schritt begünstigte – einen Schritt, bei dem Sie in gewissem Sinne Ihre besten Gefühle verschwendeten, Ihre Wasserkrüge in den Sand entleerten? Wie ich damals dachte, so denke ich jetzt noch, wie jeder Dritte, der sie kennt, denken würde, so denke und fühle ich. Ich glaubte anfangs auch, das Gefühl, das Sie beseelte, sei nichts als eine großmütige Aufwallung, die sich vielleicht schon in einer Woche legen würde.

Es rührt mich und hat mich tief gerührt, tiefer, als ich es Ihnen sagen kann, dass Sie an diesem Gefühl so festhalten, und wenn ich es auch mitunter gewissermaßen instinktiv empfunden habe, dass Sie trotzdem nicht für immer darauf beharren würden und dass Sie sich (denn Sie sind ein Mensch, müssen Sie wissen) vielleicht ein wenig unbewusst über die Stärke Ihrer Gefühle täuschten. Sie brauchen darüber nicht erstaunt zu sein, denn ich fühle, es sei für Sie vorteilhafter und besser, wenn es so wäre. Auf keinen Fall aber werde ich meinen Anteil an den Ereignissen dieses Sommers bereuen, und Ihre Freundschaft wird mir stets teuer sein. Sie wissen, ich habe Ihnen das schon vor nicht allzu langer Zeit erklärt. Und was Ihre sonstigen Äußerungen betrifft, so haben Sie vollständig Recht, wenn Sie der Meinung sind, ich würde mich nicht durch unwürdige Motive abhalten lassen, das zu sagen, was Sie ein Recht hätten von mir zu hören.

Aber was könnte ich nicht sagen, was nicht ungerecht gegen Sie wäre? Ihr Leben! Wenn Sie es mir weihten und ich Ihnen mein ganzes Herz schenkte, was könnte ich Ihnen zubringen als Angst und tiefere Traurigkeit, als Ihnen je an der Wiege gesungen worden ist? Was könnte ich Ihnen darbringen als sehr unedelmütige Gaben? Daher dürfen wir auf diesen Punkt nicht mehr zurückkommen, und ich muss mich auf Sie verlassen können, dass Sie nie mehr ein Wort darüber sprechen (es sind schon allzu viele gefallen, aber ich konnte Ihren Brief nicht ganz mit Schweigen übergehen – als hätte ich nichts zu tun, als alles als ganz selbstverständlich hinzunehmen); auch Sie können fest darauf bauen, dass ich den vollen Wert Ihrer Freundschaft bis zu meinem Lebensende dankbarst anerkennen und dabei so empfinden werde wie die, die das Leiden gekannt haben (denn wo solche Gruben ausgeschachtet, verrinnt das Wasser nicht). Gott nehme Sie in seinen Schutz, mein teuerster Freund! Ich werde diesen Brief absenden, nachdem Sie bei mir gewesen sind, und hoffe, Sie haben nicht erwartet, früher von mir zu hören.

Immer die Ihre

Elizabeth Barrett

ROBERT BROWNING AN ELIZABETH BARRETT

27. September 1845

Denken Sie für mich, sprechen Sie für mich, teuerstes Mädchen, mein Eigentum! Sie, die Sie ganz Großherzigkeit und Edelmut sind, wollen Sie nicht doch das eine tun, was noch edelmütiger wäre?

Gott behüte Sie für

Robert Browning

... oh, fürchten Sie sich nicht, ich fühle mich »gefesselt« – meine Krone sitzt lose auf meinem Haupt – ist nicht dort befestigt – meine Perle liegt in meiner Hand – ich kann sie ins Meer zurückwerfen, wenn ich will! ...

So glücklich war ich bisher, so glücklich. Aber nun bin ich glücklicher und reicher. Mein Lieb, keine Worte vermögen es auszudrücken, aber das Leben liegt vor uns, und bis zu seinem Ende wird die jetzt angeschlagene Saite forttönen – ich will leben und sterben mit deinem wunderherrlichen Ring, deinem geliebten Haar – beides mir zur Erquickung, zum Segen.

Lass mich morgen schreiben – wenn ich an alles denke, was du mir gewesen bist und noch bist, an alles Wunderbare und Köstliche, was darin liegt, so erscheinen mir die Worte, die ich auf das Papier werfe, leerer als je. – Morgen will ich schreiben.

Gott behüte dich, mein Eigentum, mein Kleinod.

Ich bin ganz der deinige

Robert Browning

ELIZABETH BARRETT AN ROBERT BROWNING

24. Februar 1846

Du mein einzig Geliebter, erst als du fortgingst, als du ganz fort warst, aus dem Haus und aus der Straße, erst da kam ich dazu, mich deiner Blumen so recht von Herzen und mit innigster Dankbarkeit gegen dich zu erfreuen. So wundervolle Blumen hast du mir diesmal gebracht!

Sie sehen aus wie der Sommer selbst und duften! Dass ich den Blumen »gebührende Ehre« erweise, lässt mir deinen Besuch ein wenig länger erscheinen, die

Sonne scheint gerade noch zu dieser Zeit über den Hügel hinweg und verschwindet dann – bis zum nächsten Brief.

Wie ich dir schon gesagt habe, bist du mir alles, alles Licht und alles Leben, ich lebe jetzt nur für dich. Bevor ich dich kennen lernte, was und wo war ich da? Was war mir die Welt, und was bedeutete das Leben für mich? Und jetzt, wenn du kommst oder gehst, schreibst oder nicht schreibst, sind alle Stunden dementsprechend in ebenso viele weiße und schwarze Felder geteilt wie beim »Fuchs-und-Gänse«-Spiel – nur fehlt hierbei der Fuchs, und ich habe keine Lust, die Gans zu sein.

Meine Herzensmeinung geht als dahin, dass du mir mehr bist, als ich dir je werde sein können ... Denke daran, wie jeder Schatten, der auf mein Leben gefallen ist, mit dazu beigetragen hat, das Licht, das von dir auf mich übergeströmt ist, zu strahlenderer, wohltuenderer Bedeutung zu erheben.

Ich habe vor kurzem daran denken müssen, dass ich dich sicher mein ganzes Leben lang unbewusst geliebt habe, das heißt, die Idee von dir. Frauen beginnen (falls sie nur ein ganz klein wenig zur Träumerei neigen) in der Regel damit, dass sie sich heimlich vornehmen, das Ideal zu lieben, das sie bisweilen in einem Traum, bisweilen in einem Buch erblickt haben, und schwören ihrem alten Glauben ab, wie die Jahre dahinschleichen. Das Ideal muss selbstverständlich über einem stehen, weißt du. Es steht so fern, dass man es wohl mit seinen Augen (Seelenaugen) erreichen kann, aber nicht mit seinen Armen. Und hier ist das meine ... soll ich es dir beschreiben? Selbst bis zu dem sichtbaren äußeren Merkmal des schwarzen Haars und des Teints (ei, du kannst ja meine Schwester fragen); ich würde es dir aber nicht gestehen, wenn ich nicht hinzufügen könnte, dass es ganz dasselbe gewesen wäre, wenn es rotes Haar gehabt hätte; ich weise nur auf die volle Übereinstimmung hin und errege bei dir ein leichtes Lächeln.

Und doch habe ich mir nicht vorgestellt, dass ich dich lieben sollte, als du deinen ersten Besuch bei mir machtest – wirklich nicht... ebenso wenig wie ich glaubte, du würdest an mir wärmeren Anteil nehmen. Als wir unseren Briefwechsel begannen, ging mein Ehrgeiz einfach dahin, dass du vergessen solltest, dass ich eine Frau sei (denn ich war der hohlen, geschriebenen Galanterien satt und übersatt, an denen ich mein vollgerütteltes Teil gehabt hatte, und satt vielleicht umso mehr, weil sie wegen meiner besonderen Lage doch zu nichts geführt hätten); *das* solltest du vergessen, als Freund mit mir verkehren, mich in dem unterweisen, was du in Bezug auf Kunst und Menschenkenntnis besser verstandest als ich, und mir während dieser Zeit deine Teilnahme bezeigen. Ich bin eine große Heldenverehrerin und hatte deine Poesie schon jahrelang bewundert, und das Bewusstsein, du schriebest gern an mich und ließest dir gern von mir schreiben, war ein hoher Genuss für mich und erfüllte mich mit Stolz, wie ich dir sicher schon erzählt habe, und dann waren deine Briefe so verschieden von den anderen, wie ich dir nicht schon wieder sagen darf. Auch übtest du einen Einfluss auf mich aus wie sonst niemand auf Erden. So z. B. brachtest du es durch zwei bis drei halbe Worte dahin, dass ich dich empfing, während andere Leute ganze Reden vergebens hielten. Jedermann im Hause war über meinen Entschluss, dich zu empfangen, überrascht. Und als du dann kamst, bist du nie wieder fortgegangen. Ich meine, ich hatte beständig die Empfindung, als seiest du bei mir …. Weißt du, dass ich mich die ganze Zeit über vor dir gefürchtet habe! In folgender Hinsicht: Ich hatte die Empfindung, als hättest du eine Gewalt über mich und gedächtest sie zu benutzen, und ich müsste beinahe genau so atmen und sprechen, wie du es haben wolltest. Was meine Gedanken betrifft, so hatte ich mir in den Kopf gesetzt, als könntest du sie lesen, wie du die Zeitung liest, als prüftest du sie und spießtest sie auf, während sie sich unter deinen langen Schmetterlingsnadeln wanden – entsinnst du dich der Entomologie von dem allen?

Aber diese Macht wurde nicht ausgeübt, und ich hegte keinen Zweifel, dass du deinen eigenen Geist missverstanden hättest – die Stärksten von uns haben ausnahmsweise auch ihre schwachen Seiten. Und als ich das Wunder von allen Seiten betrachtete, kam ich auf das, was du gestern zugabst – ja, ich bemerkte dies sehr frühzeitig … dass du mit der Absicht hergekommen warst, du wolltest versuchen zu lieben, wen du auch anträfest, und auch, was ich darüber sagte, dass du die Bedeutung dessen übertriebest, was ich dir sein könnte, hat dazu beigetragen, dich in dem Entschlusse zu bestärken, dein eigenes Vorgefühl dem meinigen gegenüber zu rechtfertigen. Nun, und wenn dieser letzte Satz ebenfalls ein wenig zutraf … warum sollte ich jetzt darüber traurig sein, und warum solltest du auch nur einen Augenblick geglaubt haben, dass der erstere mich traurig stimmen könnte? Anfangs, als ich noch nicht glaubte, dass du mich wirklich liebtest, als ich glaubte, du irrtest dich, da war es anders. Aber jetzt … jetzt … da ich deine Neigung zu mir sehe und an sie glaube, meinst du, irgendetwas in der Welt (außer wenn es deine Liebe verringerte) könne sie zu einer geringeren Quelle meiner Freude für mich machen? Ich meine, so weit ich selber in Betracht komme. Wenn du aber jemals glaubst, ich sei eitel auf deine Liebe zu mir, so bist du ungerecht, vergiss das nicht. Wenn sie mir weniger teuer wäre und sie weniger hoch über mir stände, dann könnte ich vielleicht auf sie eitel sein. Aber ich kann es vor dir und vor Gott beteuern, dass kein einziges Ereignis meines Lebens, einschließlich meiner körperlichen Leiden, mich so tief gedemütigt hat wie deine Liebe. Ob es recht oder unrecht ist, es ist wahr, und ich sage es dir. Deine Liebe ist mir gewesen wie Gottes eigene Liebe, die man nur kniend entgegennehmen darf.

Warum ich dies alles geschrieben habe, weiß ich nicht – aber du hast meine Gedanken gestern in diese Richtung rückwärts gelenkt, die ich sehr gern einschlage, und da du mich sofort zum Schreiben veranlasstest, so habe ich auch einmal meinen Gedanken freien Lauf gelassen.

Robert Browning an Elizabeth Barrett

Mittwoch, 20. Mai 1846

Meine Ba, ich kann nur vor dir niederknien und mich küssen lassen – ich kann nichts weiter tun, weder sprechen noch dir danken, und wie es scheint, habe ich keine Möglichkeit, neue Liebe zu finden, um sie dir zu geben – alles ist schon fortgegeben – so habe ich früher gesagt und muss es jetzt wiederholen – mein ganzes Ich gehört dir zu Eigen.

Immer bei dir im Geiste, möchte ich auch dem Körper nach immer bei dir sein – immer, wenn ich bei dir bin, bitte ich um das eine als um das seligste Glück, für immer bei dir weilen zu dürfen.

Möge es so geschehen, bittet dein dir ganz zu Eigen gehörender

Robert

Elizabeth Barrett an Robert Browning

Freitagabend, 27. Juni 1846

Ewig Geliebter, ich sende dir heut Abend nur eine Zeile, denn es ist spät und ich bin sehr müde; denn ich bin .... während du am Feuer saßest, meinerseits nach Highgate gefahren ... denke nur. Und es hat mir auch, glaube ich, gutgetan, und ich werde vielleicht danach heut Nacht schlafen, obgleich ich ohne Zweifel angegriffen bin.

Dein Brief soll morgen beantwortet werden – hier ist einstweilen eine grüne Antwort auf deine Blätter! – was für Blätter – woher und wie?

Meinen kleinen grünen Zweig habe ich selbst aus der Hecke gepflückt, indem ich aus dem Wagenfenster danach griff. Die Rosen waren verblüht oder fast verblüht und die wenig übrig gebliebenen ganz aus dem Bereiche meiner Hand; nur die Blätter waren zurückgeblieben, um dich zu versichern, dass sie im September noch keine Schneestürme erwarten. Nein, das war es nicht, was sie sagten. Ich verleumde sie. –

Ich habe sie in der Hecke des hübschen engen, grünen

Pfades gepflückt, der nach Hampstead führt. Warst du je dort? möchte ich dich fragen.

Liebster, ich will morgen schreiben. Niemals bist du »ungeduldig«, aufbrausend, und was die Selbstsucht betrifft, so bin ich bisweilen ein wenig in Sorge, weil du gar so wenig selbstsüchtig bist. Ich bin nicht gewohnt, an jedem Wort von dir herumzudeuteln und ihm einen falschen Sinn unterzulegen. Und das meinige war nicht ein bloßes Wort, als ich sagte, du möchtest alles entscheiden. Könnte ich auf dem November oder Oktober oder selbst auf dem September bestehen, wenn du anders wolltest? Ich könnte wirklich nicht. Wir – du wirst alles bedenken – ich bin die deine, und wenn du das nie bereust, ich werde es nicht tun. Ich bin zu sehr und zu gänzlich die deine.

Und somit gute Nacht, du mein teuerstes Lieb! Weil du im Juni deinen Kamin heizt, muss darum im September Schnee fallen und Erde und Meer unpassierbar werden? Wir werden ja sehen! Aber du sollst nicht sehen, dass ich dich täusche.

Ich bin ganz dein Eigen.

Ba.

Freitagabend, 19. September 1846

Als von halb vier bis vier – vier wird, denke ich, nicht zu spät sein. Ich will nicht mehr schreiben, ich kann nicht. Morgen um diese Zeit werde ich dich allein noch haben, mich zu lieben – mein Geliebter.

Dich allein. Als wenn man sagt, Gott allein! Und wir werden auch Ihn noch haben, darum bete ich … Deine Briefe an mich nehme ich mit. Ich versuchte es, sie

zurückzulassen, ich konnte nicht. Dass heißt, sie wollten nicht zurückbleiben: es war nicht meine Schuld – ich
will nicht gescholten werden. Ist dies mein letzter Brief
an dich, ewig Geliebtester? – Oh, wenn ich dich weniger
liebte … ein bisschen, bisschen weniger.
Dann würde ich dir sagen, unsere Heirat sei ungültig
oder sollte es sein, und du solltest mich morgen keines-
falls holen. Es ist furchtbar – furchtbar – zum ersten Mal
in meinem Leben aus freiem Antrieb Schmerz bereiten
zu müssen – zum ersten Mal in meinem Leben.

Deine Ba.

Gottfried Keller an Luise Rieter

Hottingen, im Oktober 1847

Verehrtestes Fräulein Rieter! Erschrecken Sie nicht, dass ich Ihnen einen Brief schreibe und sogar einen Liebesbrief, verzeihen Sie mir die unordentliche und unanständige Form desselben, denn ich bin gegenwärtig in einer solchen Verwirrung, dass ich unmöglich einen wohlgesetzten Brief machen kann, und ich muss schreiben, wie ich ungefähr sprechen würde.

Ich bin noch gar nichts und muss erst werden, was ich werden will, und bin dazu ein unansehnlicher armer Bursche, also habe ich keine Berechtigung, mein Herz einer so schönen und ausgezeichneten jungen Dame anzutragen, wie Sie es sind. Aber wenn ich einst denken müsste, dass Sie mir doch ernstlich gut gewesen wären und ich hätte nichts gesagt, so wäre das ein sehr großes Unglück für mich und ich könnte es nicht wohl ertragen. Ich bin es also mir selbst schuldig, dass ich diesem Zustande ein Ende mache; denn denken Sie einmal, diese ganze Woche bin ich wegen Ihnen in den Wirtshäusern herumgestrichen, weil es mir angst und bang ist, wenn ich allein bin.

Wollen Sie so gütig sein und mir mit zwei Worten, ehe Sie verreisen, in einem Billett sagen, ob Sie mir gut sind oder nicht? Nur damit ich etwas weiß; aber um Gottes willen bedenken Sie nicht etwa, ob Sie es vielleicht werden könnten! Nein, wenn Sie mich nicht schon entschieden lieben, so sprechen Sie nur ein ganz fröhliches Nein aus und machen Sie sich herzlich lustig über mich!

Denn Ihnen nehme ich nichts übel, und es ist keine Schande für mich, dass ich Sie liebe, wie ich es tue. Ich kann Ihnen schon sagen, ich bin sehr leidenschaftlich zu dieser Zeit und weiß gar nicht, woher alles das Zeug, das mir durch den Kopf geht, in mich hineinkommt. Sie sind das allererste Mädchen, dem ich meine Liebe erkläre, obgleich mir schon mehrere eingeleuchtet haben; und wenn Sie mir nicht so freundlich begegnet wären, so hätte ich mir vielleicht auch nichts zu sagen getraut. Ich bin sehr gespannt auf Ihre Antwort. Ich müsste mich sehr über mich selbst verwundern, wenn ich über Nacht zu einer so holdseligen Geliebten gelangen würde. Aber genieren Sie sich ja nicht, mir ein recht rundes grobes Nein in den Briefeinwurf zu tun, wenn Sie nichts für mich sein können; denn ich will mir nachher schon aus der Patsche helfen.

Es ist mir in diesem Augenblick schon etwas leichter geworden, da ich direkt an Sie schreibe und ich weiß, dass Sie in einigen Stunden dieses Papier in Ihren lieben Händen halten. Ich möchte Ihnen so viel Gutes und Schönes sagen, dass ich jetzt gleich ein ganzes Buch schreiben könnte; aber freilich, wenn ich vor Ihren Augen stehe, so werde ich wieder der alte unbeholfene Narr sein, und ich werde Ihnen nichts zu sagen wissen.

Soeben fällt es mir ein, dass man mir vorwerfen könnte, ich hätte wegen einiger scherzhaften Beziehungen und mir erwiesener Freundlichkeit nicht gleich an ein solches Verhältnis zu denken gebraucht; aber ich habe lange genug nichts gesagt und einen traurigen und müßigen Sommer verlebt, und ich muss endlich wieder in mich selbst zurückkehren. Wenn mich eine Sache ergreift, so gebe ich mich ihr ganz und rücksichtslos hin, und ich bin kein Freund von den neumodischen Halbheiten.

Aber ich muss schließen. Nochmals bitte ich Sie, verehrtes Fräulein, sich nicht an der Verworrenheit dieses Briefes zu stoßen: es ist gewiss nicht der Mangel an Dezenz oder Respekt, sondern nur mein Gemütszustand. Im glücklichsten Falle werde ich dann schon einen vernünftigen und klaren Brief schreiben, denn ich bin eigentlich sonst ganz vernünftig. Wollen Sie also die Güte haben, ein Zettelchen mit zwei Worten in den Briefeinwurf zu tun und sobald als möglich; denn, wie gesagt, ohne sich im mindesten zu bedenken, wenn Sie ungewiss zu sein glauben; das Zukünftige wird sich dann schon geben.

Ihr ergebener   *Gottfried Keller*

Charles de Coster an Eliza van Spruyt

(1851)

Du liebst mich! Endlich! Mein Glück ist so ungeheuer groß, dass es der Traurigkeit gleicht. Als du mir diese »Ja« sagtest, glaubte ich ersticken zu müssen, so groß war meine Freude. Du liebst mich! Ich wage noch immer nicht, es zu glauben. Wodurch denn nur verdiene ich deine Liebe? Spotte nicht, wenn mein Brief ein wenig zu närrisch ist. Träume ich, oder bin ich wach? Alles ist mir schier unfassbar. Immer klingt mir dein »Ja« in den Ohren. Nie wohl bin ich so voll freudiger Unruhe gewesen. Wie gern wäre ich allein gewesen, wie gerne hätte ich auf die Gesellschaft all der andern verzichtet. Allein mit dir! Ich hätte dir dann gesagt, was ich jetzt niederschreiben muss, damit du es nur erfährst. Eliza, alle andern Frauen sind nur dann schön, wenn sie dir gleichen, und keine unter ihnen ist wert, die Riemen deiner Schuhe zu lösen. Meine Liebe zu dir ist so seltsam, ist ein seltsames Gemisch von Achtung und Leidenschaft. Wie Feuer brennt es mir im Herzen, wie Feuer brennt es mir im Hirn. Tausend Gedanken wachsen in mir, kommen ohne Ordnung und Folge; und doch: alle beziehen sich nur auf dich. Und dabei fühle ich mich so schüchtern dir gegenüber, so unendlich schüchtern, und dann wieder flammt alle Leidenschaft in mir auf und ich träume von wilden Umarmungen, bei denen keines ein Wort sagt, genieße diesen Rausch, für den es keine Worte gibt und den nie ein Mensch wird näher bezeichnen können. Ach! Dies alles sind ja nur Träume.

Verzeih, Eliza, wenn ich so zu dir spreche, aber ich kann nicht anders, kann mich nicht mäßigen, kann nicht verbergen, was mich so tief bewegt.

Ich glaube, ich bin um zehn Jahre jünger geworden. Nie habe ich alles so unmittelbar empfunden. Mir ist, als wäre jede Erinnerung, jede Erfahrung in mir ausgelöscht. Jede Erinnerung an mein bisheriges Leben schwindet, langsam, eine nach der andern, nur an dich denke ich; ehe ich dich kennen lernte, glaubte ich einmal geliebt zu haben. Welcher Zauber geht nur von dir aus, dass ich nun an alles glauben kann, selbst an die Liebe, und früher zweifelte ich an allem! Woher kommt es nur, dass ich nun, wo ich dir schreibe, vor innerer Unruhe zittere, immer befürchte, dich zu verletzen! Fühle dich nicht verletzt, nicht beleidigt. Und wenn dies alles dir töricht, vielleicht sogar wenig schicklich scheint, glaube mir, ich schreibe nur so, weil ich dich so unendlich liebe, nicht weil ich dich verachte. Sei nicht böse, dass meine Liebe nicht ist wie die Liebe vieler anderer. Könnte ich dir dies alles doch sagen, anstatt es schreiben zu müssen; stände doch diese Schicklichkeit, dieser absurde Anstand nicht zwischen uns beiden. Ich könnte dich vielleicht überzeugen. Wer weiß?

Du zweifelst vielleicht noch an mir. Du sagst, dass du mich liebst; aber du hast nicht so viel Vertrauen zu mir, dass du es mir schreiben könntest. Muss ich dir denn schwören, dass nie jemand anders deine Briefe sehen wird als ich ganz allein? Läse ein anderer deinen Brief, er gehörte nicht mehr mir allein. Aber das brauche ich dir alles nicht zu sagen. Du verstehst mich. Antworte mir, bitte, antworte mir selbst. Ich liebe dich so, dass du mir wohl dieses Vertrauen schenken kannst.

Und heute muss ich wiederholen, was ich dir gestern schon sagte: Als ich dich nicht kannte, wusste ich nicht, was Liebe war. Opfersinn, Ergebenheit, Beständigkeit waren mir tote Begriffe. Wenn du liest, was ich damals schrieb – du sollst es bald sehen –, wirst du den Unterschied begreifen zwischen meiner geistigen Verfassung von damals und der von heute. Heute erst fühle ich, was Leben heißt. Meine Gedanken sind weiter, umfassen alles, auf den ersten Schlag begreife ich die Dinge, und in Sachen des Gefühls ist mein Urteil richtig und sicher, selbst unfehlbar geworden. Und wodurch? Durch meine Liebe zu dir … Sie hat dir wohl wehgetan? Aber sie beurteilt dich und mich ein wenig zu sehr nach sich selbst, ach, all diesen Laffen und Puppen im Frack, für die die Liebe ein Zeitvertreib und nicht die Hauptsache im Leben ist. Kennst du mich besser, wird dir all dieses nichts mehr anhaben. Lebe wohl, ich liebe dich, werde dich immer lieben, und nie sollst du daran zweifeln, weil ich es nicht will.

Ach, ich liebe dich; nie war ich so glücklich. Vorhin noch sagte ich zu Karoline: Mir ist, als fiele mir jeden Augenblick ein Tropfen Wein, wie es keinen andern in der Welt gibt, ins Herz, als mache er mich glücklich, dass ich tief aufstöhne ob der Fülle dieses Glücks … Weißt du, jetzt erst fange ich an zu leben … Ich bin so müde, habe kaum geschlafen, bin erkältet, aber ich bin glücklich, so unsagbar glücklich. Ein köstliches Wohlbehagen ist aber in mir, als ginge ich in lauter Watte. Nichts verletzt mich, nichts beleidigt mich. Würde ich heute spielen, ich würde Millionen gewinnen, müsste ich heute ins Examen, ich würde es sicher bestehen. Woher dies nur kommt? Bin ich selbst noch ich? Ich kenne mich selbst nicht mehr. Soll ich nun endlich froh und glücklich werden? Ja, ja ich fühle es. Ich habe eine verfluchte Last von mir geworfen, und ich werde nun erst ich selbst, weil ich dich liebe, wie du es verdienst, und weil ich dich glücklich machen will. Warum bist du nicht selbst gekommen? Ich bin glücklich, und doch fehlt mir so manches. Lebe wohl; was mir vor allem fehlt, bist du selbst. Ich möchte dich immer in meinen Armen halten. Lebe wohl, Eliza.

Viele neue Gedanken werden wach in dir; du denkst jetzt, was du früher nie dachtest. Du wirst nun traurig sein und dich freuen, dass du traurig bist, aber dann wird deine Natur siegen und du wirst die Stunden deiner köstlichen Heiterkeit wiederfinden.

Oh! Du liebst mich; ich fühle es aus dem kleinsten Worte deines Briefes. Wie lieb der Brief ist, so ganz voller Vertrauen, voller Güte und tiefer Herzlichkeit. Und du tust gut daran, dass du lieb mit mir bist und mir vertraust. Ich brauche Liebe, das heißt, ich brauche jemanden, der mich liebt mit allen meinen Fehlern, meinen Verstimmungen und meiner Narrheit. Ich fühle, du gehörst mir, wie ich dir gehöre. Sezieren wir nicht unsere Gefühle. Wir wollen sie wachsen lassen wie die Blumen, die wir lieben. Ich weiß es, du liebst jetzt die Blumen über alles. Weißt du, ich habe nicht immer die Blumen geliebt, aber seit ich dich liebe, liebe ich auch sie, und seit Beginn des Frühlings pflege ich sie. Auch die Sonne wirst du nun lieben, wirst die ganze Natur verstehen. Nur Liebende verstehen sie, für alle andern ist sie ein Buch mit sieben Siegeln. Ich schreibe »du wirst«. All diese Gefühle schlummerten in dir; nun werden sie wach.

Wie soll ich dir nur danken! Nur eins weiß ich: seit wir zusammen waren auf dem Ball, ist meine Liebe zu dir noch stärker geworden. Dank, Zärtlichkeit, Vertrauen, Sympathie, alles, was der Liebe Ewigkeitswert verleiht, das empfinde ich für dich …

Ich bin mir nur noch nicht klar über das, was ich empfinde. Mir ist immer, als wäre alles ein Traum. Bald sehe ich dich in deiner blühenden Schönheit auf dem Ball, dann wieder, und dies am öftesten, sehe ich dich an deinem Fenster stehen, im Hauskleid. Du hältst ein Buch in der Hand. Oft hast du auch ein seidenes Kleid an. Du wirst oft am Fenster stehen, nicht wahr, und ich darf dann vorbeigehen, um dich zu sehen? Du liebst mich, Elisa, und so kannst du nicht wollen, dass ich unglücklich bin; und unglücklich, tief unglücklich werde ich sein, wenn du nicht ein wenig Mitleid mit mir hast. Ich will keinen andern Willen mehr haben als den deinen. Habe Vertrauen zu mir. Ich bin ein Ehrenmann, und selbst wenn ich das nicht wäre, in mir lebt doch ein Etwas, das mir verbietet, unser Geheimnis zu verraten. Denn in dem Augenblick, in dem ich die geringste Indiskretion beginge, würde es nicht mehr unser Geheimnis sein, würde es nicht mehr unsere Liebe sein, nicht mehr ein Gefühl, das wir beide allein empfinden; es würde dann etwas sein, worüber jeder seine dummen Glossen machen könnte. Und du verstehst, dass ich das nie würde ertragen können.
Ich muss dich um etwas bitten. Es wird dir zwar seltsam erscheinen, aber fürchte nichts; du wirst nicht dadurch kompromittiert. Schicke mir etwas, das mit dem Parfüm getränkt ist, das du gebrauchst. So werde ich immer nahe bei dir sein. Ein Brief spricht von Herzen. Der Duft aber spricht zu den Sinnen. Nichts belebt die Erinnerung so sehr wie der Duft. Doch wozu sage ich das alles? Das weißt du ebenso gut wie ich.

Schreibe mir bitte gleich wieder. Wenn du deine Schrift ein wenig verstellst, kannst du deine Briefe in unsere Wohnung schicken. Meine Briefe werden hier von niemandem geöffnet. Schreibe mir auch, dass ich noch einmal an deinem Haus vorbeikommen soll, dass du dann am Fenster stehen willst. Oh, tue es!

Seit mehreren Nächten träume ich, dass ich dich in meinen Armen halte, dass du mich wild umschlingst. Ich sterbe vor Wonne. Das wäre wohl ein köstlicher Tod! Schreibe mir bald.

Wärest du doch bei mir; wie wollte ich dich küssen! Immer tiefer solltest du empfinden, wie groß meine Liebe zu dir ist. Es ist seltsam: Ich fühle, ich sehe deine Liebe, wie du meine Liebe siehst und fühlst. Ich weiß, dass mir ein Herz gehört, das fast mein eignes ist, das mich mehr liebt, als ich selbst mich lieben könnte. Empfindest du das nicht auch? Wenn du leidest, leide auch ich; ich bin ganz dein Eigen, jetzt und für alle Zeit. »Für alle Zeit« erscheint vielen Menschen lang; ich sage dies »für alle Zeit«, als wenn ich dir sagte: Morgen werde ich dich auch noch lieben.

Jeder von uns ist erst vollständig durch den andern. Ohne dich bin ich nichts. Hätte ich dich nicht, ich könnte wirklich nicht leben. Nun habe ich zwei Herzen in mir, deins und meins. Dein Blut ist mein Blut. Ich weiß, dass du meine Gedanken denkst, dass du liebst, was ich liebe, und hasst, was ich hasse.

Wenn du mir etwas gibst, vermeine ich, du habest es aus einem Haufen von Dingen genommen, die nicht mir gehören, sondern uns. Dein Rosenkranz gehörte mir, ebenso dein Gürtel, deine Frisur auf dem Ball im Klub gehörten mir, wie ich dir gehöre, wie alles, was ich besitze, denke, nur dir gehört. Wenn du mir sagtest: Ich mag das nicht gerne, wirf dies weg, verbrenne dies, ich würde gleich sagen: sie hat Recht. Und ich würde das tun, als wenn ich vor dir diese Gedanken gehabt hätte. Ich suche hierfür keine Erklärung; ich weiß, dass wir beide sehr verschieden voneinander sind, und doch kann ich mir nicht denken, dass wir nicht eins sind.

Wärest du doch jetzt bei mir in meinem Zimmer. Es sieht ja nicht ordentlich darin aus. Aber ich weiß, du würdest diese Unordnung lieben, wie ich sie liebe. Und blicke ich um mich, auf alles im Zimmer habe ich in Gedanken schon deinen lieben Namen geschrieben, auf die Blumen in den Tapeten, auf die Arabesken im Teppich, auf die Bilder, die an den Wänden hängen. Nicht nur deinen Namen, alles, was du mir gesagt, geschrieben hast, kann ich da lesen. So finde ich dich überall in meinem Zimmer. Du bist dort wie die Luft, die ich atme. Und so kommt es, dass ich eigentlich nur lebe, wenn ich in meinem Zimmer bin. Dann habe ich wohl das Gefühl, dass dein Platz eigentlich hier ist, hier bei mir. Das weißt du auch. Lebe wohl, Geliebte, immer nur kann ich sagen, dass ich dich liebe, weil ich nichts anderes denke.

Nun sitze ich wieder an der Arbeit. Das ist weiter nicht schlimm. Verzeih, heute ist meine Laune noch ebenso toll wie gestern, als ich von dir ging; alles in mir freut sich; wie gestern bin ich auch heute noch wie berauscht. Die Nacht habe ich geschlafen, aber alle Stunden wurde ich wach. Es brannte in mir wie ein wildes Feuer. Warum nur warst du nicht bei mir? Heute habe ich mich überrascht, wie ich mit dem Kopf an der Wand lehne und ... nein, nein, das sind ja alles Torheiten ... ich glaubte, du wärest bei mir. Ich bin ganz närrisch, närrisch vor lauter Glück. Es soll Menschen geben, die sagen, dass es kalt ist ... sie träumen.

Gegen Mittag bin ich mit meinem Hund Fadette in die

Felder gegangen. Wie köstlich die Sonne schien. Den Schnee kann ich nicht leiden. Die Schneelandschaft hat sicherlich ihren Reiz, aber mir fehlen die Farben, ich sehe nur immer Schwarz und Weiß, und das sind ja eigentlich keine Farben. Sie hat wohl eine gewisse Poesie, aber diese Poesie ist so kalt, ich habe immer das Gefühl, als wäre sie extra für einen besonderen Zweck zurechtgemacht; auch der Himmel ist nicht schön, sein Blau ist zu blass. Man hat die mit Schnee bedeckte Erde mit einem Toten unter seinem Leichentuch verglichen. Das ist nicht richtig; man sollte nicht von Toten sprechen, sollte sagen, ein Mensch, den friert. Nur im weiten Horizont finde ich etwas Großes, Unermessliches. Und gerade das kann man der Natur nie nehmen. Und doch: die Winterlandschaft hat für mich immer etwas Gekünsteltes, es fehlen die Überraschungen; auf alles, was der Zuschauer erblickt, ist er von vornherein vorbereitet. Ich möchte wohl mal die Gletscher in der Schweiz sehen. Man sagt, dass sie bei Sonnenaufgang aussehen wie ungeheure Berge aus Perlmutt. Das muss schön sein, muss phantastisch wirken. Aber eine belgische Landschaft im Schnee … nein, sie ist unmöglich, das Land ist zu flach.

Ich habe es dir schon gesagt: Noch nie habe ich einen Tag verlebt wie heute. Wenn es einen Himmel gibt, dann kann dort das Glück auch nicht größer sein. Ah! Einen Sonnenstrahl oder besser einen Himmel, der leuchtet vor lauter Sonne, ein Gras, an dem ein Diamant funkelt, laue Luft und dich in den Armen! So möchte ich immer leben. Nur fürchte ich, dass der Mensch nicht stark genug ist, ein solches Übermaß von Glück zu ertragen. Er würde sterben an all der Wonne. Heute habe ich doppelt gelebt, habe mir einen kleinen Vorrat von Glück gesammelt. Ich könnte nun einen ganzen Tag schrecklich leiden, dächte ich dann nur an diesen schönen Tag, da würden meine Schmerzen schweigen. Wenn ich dir alles sagte, was ich dir sagen möchte, du würdest es nicht glauben, würdest meinen, es seien Komplimente ... ach, wie würdest du dich täuschen. Ich habe gefühlt, dass du heute Abend sehr müde warst. Ich habe dich in den Schlaf gesungen, wie man Kinder und Engel in den Schlaf singt. Weißt du, dass dieser Oberon, den wir so lieben, sozusagen das Werk eines Toten ist, dass Weber vor Gram gestorben ist, weil das schönste Werk der Welt solchen Misserfolg hatte? Wenn die Seelen der Toten auf die Erde zurückkommen, dann wird die seine hören, wie ich seine Lieder singe, um dir zu sagen, dass ich dich so unsagbar lieb habe.

Charles de Coster

Charles Baudelaire an Madame Sabatier

Donnerstag, 16. Februar 1854

*I*ch weiß nicht, was die Frauen über die Verehrung denken, deren Gegenstand sie bisweilen sind. Gewisse Leute behaupten, dass sie sie sehr natürlich finden, andere wieder, dass sie darüber lachen müssen. Man hält sie so entweder für eitel oder zynisch. Mir scheint es, dass ihr segensreiches Tun vornehme Seelen nur stolz und glücklich machen kann. Ich weiß nicht, ob mir jemals diese letzte Süße gewährt werden wird, Ihnen persönlich von der Macht, die Sie über mich erlangt haben, und von der fortwährenden Irradiation, die Ihr Bild in meinem Geiste hervorruft, zu sprechen. Ich bin in diesem Augenblicke einfach glücklich, Ihnen abermals beteuern zu können, dass eine Liebe nie wunschloser, idealer und mehr von Achtung erfüllt war als die, die ich im Geheimen für Sie hege und die ich immer mit der Sorgfalt verbergen werde, die mir diese zärtliche Achtung gebietet.

Montag, 8. Mai 1854

Es ist sehr, sehr lange her, gnädige Frau, dass diese Verse geschrieben sind. Immer dieselbe erbärmliche Gewohnheit, das Träumen und die Anonymität. – Ist es die Scham über diese lächerliche Anonymität, ist es die Angst, dass die Verse schlecht sind und das dichterische Können nicht die Tiefe der Empfindung wiedergeben konnte, was mich diesmal so zaghaft und so schüchtern machte, ich weiß das alles nicht. Ich fürchte mich so sehr vor Ihnen, dass ich Ihnen meinen Namen stets verborgen habe. Ich dachte, dass meine anonyme Verehrung – die gewiss für alle gewöhnlichen oberflächlichen Modepuppen lächerlich ist, die wir ja indes darüber befragen könnten – schließlich ganz unschuldig ist, nichts zu trüben, nichts zu stören vermag und moralisch weit höher steht als eine dumme, eitle Verfolgung oder der direkte Angriff auf eine Frau, die schon ihre Liebe und auch ihre Pflicht verschenkt hat. Sind Sie – und ich sage das mit ein wenig Stolz – nicht nur eines der geliebtesten, sondern auch eines der höchst geachtetsten Geschöpfe? – Ich will Ihnen einen Beweis dafür geben. – Lachen Sie nur darüber, wenn es Sie unterhält, aber sprechen Sie nicht davon. – Finden Sie es nicht natürlich, einfach und menschlich, dass ein sehr verliebter Mann den glücklichen Liebhaber, den Besitzer, hasst? Dass er ihn unbedeutend, ja lächerlich findet? Nun also, vor einiger Zeit ließ mich der Zufall diesem Glücklichen begegnen. Wie könnte ich Ihnen komisch erscheinen, ohne Ihr übermütiges, von Heiterkeit erfülltes Gesicht lachen zu machen, wie könnte ich Ihnen erklären, wie überglücklich ich war, einen liebenswürdigen Mann in ihm zu finden, einen Mann, der Ihnen gefallen müsste. Um zum Ende zu kommen, um Ihnen all meine Geheimnistuerei und all meine Glut zu erklären, diese fast religiöse Glut, will ich Ihnen bekennen, dass mein Wesen, wenn es in das Dunkel seiner natürlichen Verkehrtheit hinabgleitet, tief von Ihnen träumt. Und aus dieser erregenden und läuternden Träumerei entkeimt stets etwas Schönes. Sie sind für mich nicht allein die anziehendste aller Frauen, sondern auch der teuerste und wertvollste

Glaube. – Ich bin ein Egoist und bediene mich Ihrer.
Hier meine unglückselige Schmiererei. – Wie froh wäre
ich, könnte ich dessen gewiss sein, dass meine ho-
hen Anschauungen über Liebe in einem geheimen
Winkel Ihres entzückenden Geistes freudig aufgenom-
men werden! ... Ich werde das nie erfahren.
An die sehr Teure, die sehr Schöne, die mein Herz mit
Licht erfüllt.

Verzeihen Sie mir. – Ich bitte um weiter nichts.

31. August 1857

Ich habe all den auf meinem Tisch aufgehäuften Wust
von Kindereien zerstört. Ich hielt ihn Ihrer, Teure, Vielgeliebte, für unwürdig. Ich nehme Ihre beiden Briefe
wieder zur Hand und beantworte sie aufs Neue. Ich
brauche ein wenig Mut dazu, denn ich habe entsetzliche
Nervenschmerzen, Schmerzen zum Schreien, und bin
mit dem unaussprechlichen moralischen Unbehagen,
das ich gestern von Ihnen mit heimgenommen habe,
erwacht.
» ...Völliges Fehlen der Scham«, du bist mir deswegen
nur noch teurer.
»Es scheint mir, dass ich dein bin, seit dem ersten Tage,
da ich dich sah. Mache damit, was du willst – aber ich
bin dein, dein mit Leib und Seele und Herz.«
Unglückliche! Verbirg diesen Brief! – Weißt du auch
wirklich, was du sagst? Man steckt Leute ins Gefängnis, die ihre Wechsel nicht zahlen, aber niemand bestraft die Verletzung der Freundschafts- und Liebes-
gelübde.

Auch hatte ich dir gestern gesagt: »Sie werden mich vergessen – Sie werden mich verraten, der, der Sie jetzt unterhält, wird Sie langweilen.« Und heute füge ich hinzu: Nur der leidet, der wie ein Tor die Dinge der Seele ernst nimmt. Sie sehen, Schönste, Geliebte, ich habe hässliche Vorurteile in Bezug auf die Frauen. – Mir fehlt der Glaube, das ist es. – Sie haben eine schöne Seele, aber schließlich, es ist eines Weibes Seele.

Sehen Sie doch, wie sehr sich unser Verhältnis in wenigen Tagen verkehrt hat. Zunächst erfüllt uns beide die Angst, einen ehrlichen Menschen zu kränken, der so glücklich ist, unentwegt zu lieben. – Dann fürchten wir den Sturm in uns selbst, denn wir wissen (besonders ich), dass es Knoten gibt, die schwer zu lösen sind.

Und schließlich, schließlich – vor einigen Tagen warst du noch eine Gottheit. Das ist so unbequem, so schön, so unverletzbar. Nun bist du Weib. – Und wenn ich zu meinem Unglück das Recht erlangte, eifersüchtig zu sein! Ach, welch ein Schauder, nur daran zu denken! Aber bei einem Wesen wie Sie, deren Augen Lächeln und Anmut für jedermann bergen, muss man ein Martyrium leiden.

Der zweite Brief trägt den Stempel einer Feierlichkeit, die mir gefiele, wenn ich sicher wäre, dass Sie sie begreifen. Never meet or never part! Das will ich sagen, dass es vielleicht besser wäre, sich nie gekannt zu haben, dass man aber, wenn man sich gekannt hat, einander nie mehr verlassen darf. Für einen Abschiedsbrief wäre dieses Axiom sehr spaßhaft.

Schließlich geschehe, was da will. Ich bin ein wenig Fatalist. – Aber was ich völlig weiß, ist, dass ich die Begierde verabscheue, weil ich sie mit allen ihren Erbärmlichkeiten kenne; und siehe da – das so sehr geliebte

Bild, das über allen Zufälligkeiten des Lebens stand, wird auf einmal zu verführerisch.

Ich wage nicht recht, diesen Brief zu überlesen; ich wäre vielleicht gezwungen, ihn zu mildern, denn ich fürchte sehr, Sie zu kränken. Es scheint mir, als hätte ich etwas von der hässlichen Seite meines Charakters in diesen Brief dringen lassen.

So dünkt es mich unmöglich, Sie in diese schmutzige Rue J. J. Rousseau gehen zu lassen. Denn ich habe Ihnen ganz anderes zu sagen. Sie müssen mir deshalb schreiben und mir Mittel und Wege angeben. Was unser kleines Vorhaben anlangt – verständigen Sie mich, wo möglich, einige Tage vorher. Adieu, Teure, Vielgeliebte. Ich zürne Ihnen ein wenig, weil Sie zu reizend sind. Bedenken Sie doch, wenn ich den Duft Ihrer Haare und Arme mit mir nehme, trage ich ja auch die Sehnsucht mit mir fort zurückzukehren. Welch unerträgliche Qual!

Entschieden, ich bringe dies selbst nach der Rue J. J. Rousseau aus Angst, Sie könnten heute hingehen. – Dies wird früher dort sein.

Charles Baudelaire

Richard Wagner an Mathilde Wesendonk

6. *Juli 1858*

ewiss erwartest du nicht, dass ich deinen wunderschönen, herrlichen Brief unbeantwortet lasse? Oder sollte ich für das edelste Wort das schöne Recht der Erwiderung mir versagen müssen? Wie aber könnte ich dir erwidern als deiner würdig? – Die ungeheueren Kämpfe, die wir bestanden, wie könnten sie enden als mit dem Siege über jedes Wünschen und Begehren? Wussten wir nicht in den wärmsten Augenblicken der Annäherung, dass dies unser Ziel sei?
Gewiss! Nur weil es so unerhört und schwierig, war es eben nur nach den härtesten Kämpfen zu erreichen. Haben wir nun aber nicht alle Kämpfe ausgekämpft? Oder welche könnten uns noch bevorstehen? – Wahrlich, ich fühle es tief: sie sind zu Ende!
Als ich vor einem Monat deinem Manne meinen Entschluss kund gab, den persönlichen Umgang mit euch abzubrechen, hatte ich dir entsagt. Doch war ich hierin noch nicht ganz rein. Ich fühlte eben nur, dass nur eine vollständige Trennung, oder – eine vollständige Vereinigung unsre Liebe vor den schrecklichen Berührungen sichern konnte, denen wir sie in den letzten Zeiten ausgesetzt gesehen hatten. Somit stand dem Gefühle von der Notwendigkeit unsrer Trennung die – wenn auch nicht gewollte, aber gedachte – Möglichkeit einer Vereinigung gegenüber. Hierin lag noch eine krampfhafte Spannung, die wir beide nicht ertragen konnten. Ich trat zu dir, und klar und bestimmt stand es vor uns, dass

jene andre Möglichkeit einen Frevel enthalte, der selbst nicht gedacht werden durfte. Hierdurch erhielt aber die Notwendigkeit unsrer Entsagung von selbst einen anderen Charakter. Der Krampf wich einer mild versöhnenden Lösung. Der letzte Egoismus schwand aus meinem Herzen, und mein Entschluss, euch wieder zu besuchen, war jetzt der Sieg der reinsten Menschlichkeit über die letzte Regung eigensüchtigen Sehnens.

Ich wollte nur noch versöhnen, lindern, trösten – erheitern, und somit auch mir das einzige Glück zuführen, das mir noch bereitet sein kann.

So tief und schrecklich, wie in den vergangenen letzten Monaten, habe ich nie zuvor in meinem Leben empfunden. Alle früheren Eindrücke waren inhaltslos gegen diese letzten. Erschütterungen, wie ich sie bei jener Katastrophe erlitt, mussten mir tiefe Spuren eintragen; und konnte etwas noch den großen Ernst meiner Stimmung steigern, so war es der Zustand meiner Frau. Während zwei Monaten sah ich jeden Tag der Nachricht von ihrem Tode entgegen; denn diese Möglichkeit hatte mir der Arzt andeuten müssen. Alles um mich atmete Todesduft; all mein Vorwärts- und Rückwärtsblicken traf auf Todesvorstellungen, und das Leben – als solches – verlor für mich seinen letzten Reiz. Zur äußersten Schonung gegen die Unglückliche angehalten, musste ich dennoch den Entschluss zur Zerstörung unsres soeben erst gegründeten letzten häuslichen Herdes fassen, und, zu ihrer größten Bestürzung, ihr diesen endlich mitteilen.

Mit welchem Gefühle glaubst du wohl, dass ich in dieser schönen Sommerzeit dieses reizende, so ganz und einzig meinen Wünschen und einstigen Bestrebungen entsprechende Asyl mir überblickte, wenn ich am Morgen das liebe Gärtchen durchwanderte, dem gedeihenden Blumenflor zusah und die Grasmücke belauschte, die sich im Rosenbäumchen ihr Nest gebaut hatte? Und was dieses Losreißen vom letzten Anker für mich hieß, das sage dir selbst, die du meinen Sinn so innig kennst wie keines!

Floh ich schon einst vor der Welt, wähnst du, ich könnte nun wieder in sie zurückkehren? Jetzt, wo alles bis zum Äußersten zart und empfindlich in mir geworden ist durch die immer längere Entwöhnung von aller Berührung mit ihr? Noch meine letzte Begegnung mit dem Großherzog von Weimar zeigte mir deutlicher als je, dass ich nur noch in der allerbestimmten Unabhängigkeit gedeihen kann, so dass ich jede Möglichkeit irgendeiner einzugehenden Verpflichtung selbst gegen diesen wirklich nicht unliebenswürdigen Fürsten innerlichst von mir abweisen musste! Ich kann der Welt mich nicht wieder zuwenden; in einer großen Stadt andauernd mich niederlassen, ist mir undenkbar; und – soll ich dagegen wieder an die Gründung eines neuen Asyls, eines neuen Herdes denken, nachdem ich diesen, kaum genossen, hinter mir zertrümmern musste, den Freundschaft und edelste Liebe in diesem reizenden Paradiese mit gründeten? O nein! – Von hier fortgehen ist gleichbedeutend für mich mit – untergehen!

Ich kann nun, mit diesen Wunden im Herzen, mir wieder keine Heimat zu gründen versuchen!

Mein Kind, ich kann mir nur noch ein Heil denken, und dies kann nur aus der innersten Tiefe des Herzens, nicht aber aus irgendeiner äußeren Veranstaltung kommen. Es heißt: Ruhe! Ruhe der Sehnsucht! Still und jedem Begehren! Edle, würdige Überwindung! Leben für andre, für andre – zum Trost für uns selbst!

Du kennst jetzt die ganze ernste, entscheidende Stimmung meiner Seele; sie bezieht sich auf meine ganze Lebensanschauung, auf alle Zukunft, auf alles, was mir nahesteht – und so auch auf dich, die du mir das Teuerste bist! Lass mich nun auf den Trümmern dieser Welt des Sehnens – dich beglücken! –

Sieh, nie in meinem Leben, in irgendeinem Verhältnisse war ich je aufdringlich, sondern stets von fast übertriebener Empfindlichkeit. Nun will ich denn dir zum ersten Male aufdringlich erscheinen und bitte dich, über mich recht innerlich ruhig zu sein. Ich werde euch nicht oft besuchen, denn ihr sollt mich fortan nur noch sehen, wenn ich sicher bin, euch ein heitres ruhiges Gesicht zu zeigen. – Sonst suchte ich wohl im Leiden und Sehnen dein Haus auf: dorthin, von wo ich mir Trost holen wollte, brachte ich Unruhe und Leiden. Das soll nicht mehr sein. Siehst du mich daher längere Zeit nicht mehr, so – bete für mich im Stillen! – Denn dann, wisse, dass ich leide! Komme ich aber dann, so sei sicher, dass ich euch eine holde Gabe meines Wesens ins Haus bringe, eine Gabe, wie es vielleicht nur mir verliehen ist zu spenden, mir, der so viel und willig litt.

Wahrscheinlich, ja gewiss, tritt nun auch nächstens, ich vermute schon Anfang Winters, die Zeit ein, wo ich für länger mich ganz von Zürich entferne; meine nun bald erwartete Amnestie wird mir Deutschland wieder erschließen, wohin ich periodisch zurückkehre, um das Einzige mir zu ersetzen, was ich mir nicht bereiten konnte. Dann werde ich euch oft lange nicht mehr sehen. Aber dann wieder in das nun mir so traut gewordene Asyl zurückkehren, um mich auszuruhen von Plage und unermesslichem Ärger, reine Luft zu atmen und neue Luft zum alten Werke zu fassen, für das mich nun einmal die Natur auserwählt hat – dies wird dann immer, wenn ihr es mir vergönnt, der sanfte Lichtblick sein, der dort mich aufrechterhält, der süße Trost, der hier mir winkt.

Und – hättest du dann mir keine höchste Lebenswohltat

erwiesen? Ich danke dir nicht das Einzige, das auf dieser Erde mir noch dankenswert erscheinen kann? Und ich sollte nicht zu lohnen suchen, was du mit so unsäglichen Opfern und Leiden mir errungen? –

Mein Kind, die letzten Monate haben mir an den Schläfen das Haar merklich gebleicht; es ist eine Stimme in mir, die mit Sehnsucht mir nach Ruhe ruft – nach der Ruhe, die ich vor langen Jahren schon meinen fliegenden Holländer sich ersehnen ließ. Es war die Sehnsucht nach – der »Heimat« –, nicht nach üppigem Liebesgenuss! Ein treues, herrliches Weib nur konnte ihm diese Heimat erringen. Lass uns diesem schönen Tode weihen, der all unser Sehnen und Begehren birgt und stillt! Lass uns selig dahinsterben, mit ruhig verklärtem Blick und dem heiligen Lächeln schöner Überwindung. Und – keiner soll dann verlieren, wenn wir – siegen!

Leb wohl, mein lieber heiliger Engel!

(August 1858)

Leb wohl! Leb wohl! Du Liebe!

Ich schreibe mit Ruhe. Wo ich sei, werde ich nun ganz dein sein. Suche mir das Asyl zu erhalten. Auf Wiedersehen! Du liebe Seele meiner Seele! Leb wohl – auf Wiedersehen! –

18. September 1858

Heute vorm Jahre vollendete ich die Dichtung des »Tristan« und brachte dir den letzten Akt. Du geleitetest mich nach dem Stuhl vor dem Sofa, umarmtest mich und sagtest: »Nun habe ich keinen Wunsch mehr!«

An diesem Tage, zu dieser Stunde, wurde ich neu geboren. – Bis dahin ging mein Vorleben; nun begann mein Nachleben. In jenem wundervollen Augenblicke lebte ich allein. Du weißt, wie ich ihn genoss? Nicht aufbrausend, stürmisch, berauscht; sondern feierlich, tief durchdrungen, mild durchwärmt, frei wie ewig vor mich hinschauend ... Von der Welt hatte ich mich, schmerzlich, immer bestimmter abgelöst. Alles war zur Verneinung, zur Abwehr in mir geworden. Schmerzlich war selbst mein Kunstschaffen, denn es war Sehnsucht, ungestillte Sehnsucht für jene Verneinung, jene Abwehr ... das Bejahende, Eigene, Sichmichvermählende zu finden. Jener Augenblick gab es mir mit einer so untrüglichen Bestimmtheit, dass ein heiliger Stillstand sich meiner bemächtigte. Ein holdes Weib, schüchtern und zagend, warf mutig sich mitten in das Meer der Schmerzen und Leiden, um mir diesen herrlichen Augenblick zu schaffen, mir zu sagen: Ich liebe dich! So weihtest du dich dem Tode, um mir Leben zu geben. So empfing ich dein Leben, um mit dir nun von der Welt zu scheiden, um mit dir zu leiden, mit dir zu sterben – nun war der sehnsüchtige Zauber gelöst – und dies eine weißt du auch, dass ich seitdem nie mehr wieder im Zwiespalt mit mir war, Verwirrung und Qual konnte über uns kommen – selbst du konntest vom Trug der Leidenschaft hingerissen werden: ich aber – das weißt du – ich blieb mir nun stets gleich, und meine Liebe zu dir konnte nie, durch keine noch so schrecklichen Augenblicke mehr ihren Duft, ja nur ein zartes Stäubchen dieses Duftes verlieren.

Helene von Dönniges an Ferdinand Lassalle

Genf, Mittwoch, 3. August 1864

*M*ein liebes Herz, mein schöner, herrlicher Aar – noch keine Stunde im elterlichen Haus, kann ich dir schon Neues, aber nur Trübes erzählen. Ich kam hier an und fand meine kleine Schwester Margarete als verlobte Braut des Grafen Kayserlingk – das Glück und die hohe Freude darüber bei den Meinen ist nicht zu beschreiben. Ach, Ferdinand, es tut mir weh zu denken, wie verschieden mein Glück auf sie einwirken wird! – Doch ist's mir ganz gleich: in Freud und in Leid dein treues, nur dir ergebenes Weib.

Diesen Freudenmoment benutzte ich und zeigte Mama deine Visite an, aber – nun, die arme, arme kleine Frau stellt sich aber meinen schönen Ferdinand auch als Schinderhannes vor – als ich auf so ganz bestimmten Widerstand stieß, und zwar aus dummen Gründen, die zu kleinlich sind, um dich auch nur zu berühren, fühlte ich mich gezwungen, zu den großen Mitteln zu greifen; ich sagte ihr also: »Höre, Mama, ich habe mit dir ernst zu sprechen – ich sage heute zum ersten Male: ich will, und so wahr ich hier vor dir stehe, sage ich dir, ich werde meinen Willen durchsetzen.« Hier erzählte ich ihr in Kürze unser Wiedersehen und fuhr fort: »Es tut mir unendlich leid, euch so betrüben zu müssen – denn ich sehe, dass du außer dir bist – aber ich kann nicht anders; seid ihr vernünftig und willigt ein – nun, so werdet ihr ihn kennen und lieben lernen, und alles wird ruhig und glatt abgehen – wo nicht, nun, tut es mir auch sehr leid, und Gott weiß, was ich darunter leide, so muss ich mich mit dem Gesetz verteidigen und so zu meinem Recht und meinem Glück gelangen.«

Ich schloss meine Rede, während welcher sie mich mit Kindesgüte angehört hatte und mich nicht ein Mal unterbrochen hatte, obwohl die Tränen ihr die Augen nässten; ich schloss mit noch einigen Küssen und Liebesversicherungen und sagte ihr noch einmal: »Nur in ihm ist mein Glück, und das ist mein Schicksal.«

Sie weinte leise und verließ mein Zimmer, und ich, das Kind, wurde deine wirkliche Brunhilde; ich weinte nicht, ich zitterte auch nicht, ich sah dein Bild an und bat dich leise: Komm, mein hoher, mein stolzer, mein kaiserlicher Aar, gib mir mit deinem herrlichen Adlerblick Kraft und Stärke! So bat ich, und mein Glaube an dich hat mir geholfen – ich danke dir, mein starker Siegfried!

Nach einer kleinen Weile kam die arme Mutter und sagte, sie müsse dem Papa die ganze Sache mitteilen, sonst gäbe es einen furchtbaren Skandal. Ich sagte darauf, das sei das Einzige, was ich verlange für mein Vertrauen, du möchtest unbefangen ins Haus treten und ebenso beurteilt werden! Aber hier blieb sie unerbittlich und sagte: »Papa nimmt ihn nie und nimmer an, ich muss zu ihm gehen und ihm sagen, wie die Sachen stehen.« Nun fragte ich sie, was hat er denn gegen Lassalle, was kann er gegen ihn sagen – *car enfin*, seine politische Stellung ist kein genügender Grund, ihn nicht anzunehmen, wenn er ihn besucht. Mama: »Nicht seine politische, aber seine soziale Stellung – die Kassettengeschichte [seine Beziehung zur Gräfin von Hatzfeldt] und so viel anderes.« Ich sagte darauf nur, dass ich nichts von ihnen verlange, als dich anzunehmen und kennen zu lernen; worauf sie zu mir sagte: »Du kannst von Papa nicht verlangen, namentlich in derselben Zeit, wo die eine Tochter mit dem Grafen Kayserlingk verlobt ist, einen Mann in die Familie aufzunehmen, von dem alle Welt so spricht.« Ich: »Ihr nehmt ihn nicht in eure Familie auf, sondern ihr gebt eure Einwilligung, dass ich aus dieser Familie heraustrete; wenn ihr es verlangt, nun, so will ich, so weh es mir auch tut, und Gott ist mein Zeuge, dass mir fast das Herz dabei bricht, so will ich euch das Versprechen geben, nie wieder eure Schwelle zu überschreiten …«

Jetzt ist es 6 $\frac{1}{2}$ Uhr, und du mein Herr und Gott bist nun schon hier? Oh! Dieser Gedanke gibt mir wieder Stärke und Kraft – denn ich muss die Nähe und Allgewalt meines Herrn und Gebieters fühlen, um nicht zu weichen, um nicht auch andern gegenüber zu sein, wie dir – das Kind. Aber ich fühle dich und deine Liebe – und so fürchte ich nichts mehr und bin jetzt und für immer dein Weib, dein Kind, deine dich anbetende Sache! Oh, wenn doch die Gräfin hier wäre! –

Sage mir nur auf einem kleinen Zettel, dass du mich liebst! Denn ich, Ferdinand, ich liebe dich so sehr!

Es ist geschehen – sie haben gesprochen – mein Vater hat erklärt: ich wäre seine Tochter nicht mehr! Und was nun geschieht – Gott weiß; er will, ich soll sein Haus nicht verlassen, ehe ich dein Weib bin!

Ich kann …

deine Helene

Adalbert Stifter an seine Frau Amalie

Lakerhäuser, 11. November 1866

In diesen neunundzwanzig Jahren haben wir viele Freuden miteinander geteilt, wir haben manches Ungemach, wir haben Unglück und harte Schläge miteinander getragen. Die Freude hat uns beglückt, das Unglück hat unsere Herzen fester aneinander gebunden und hat sie geläutert. Und so ist beides eine Gabe des Himmels zu unserem Besten. Ich danke dir für deine wandellose Treue und für deine unbegrenzte Liebe in diesen neunundzwanzig Jahren. Ich danke dir für alles Gute und Herzliche, das du mir zugewendet hast. Die Verbindung mit dir ist das Glück meines Lebens geworden.

Die Hochachtung, die ich für deinen Wandel fasste, hat auch mein Leben besser gemacht, und ich danke dir dafür. Verzeihe mir die eine oder andere Kränkung, die ich dir zugefügt habe. Mein Herz wusste nichts davon, und wenn es in Übereilung geschah, so ist die schwere Reue in meinem Gemüte darauf gefolgt. Du hast mir alles Liebe in größerem Maße zuteil werden lassen, als ich es verdiente. Gib mir dieses Geschenk auch für die Zeit, die uns noch miteinander zu erleben gegönnt ist. Ich werde dich ehren und lieben, solange ich lebe, und wenn wir das Schönste, das wir hienieden haben, auch in ein Jenseits mitnehmen können, so werde ich dich auch in diesem Jenseits lieben und ehren.

Ich werde an dem Tage Gott bitten, dass er dich wohl und glücklich erhalte und dass er uns noch eine Zeit zusammen gönne und keines zu lange einsam auf dieser Welt lasse. Denke, wenn du dein Herz an diesem Tage zu dem höheren Wesen wendest, auch meiner, und denke überhaupt an diesem Tage meiner Liebe und Güte. Ich werde ihn nur im Andenken an dich vollbringen.

Elisabeth von Österreich an
Ludwig II. von Bayern

*M*ein großmächtiger schwarzer Löwe!
Ich könnte einen Expresszug nehmen um
die Erde und zu dir fahren. Schließlich
geht's auf dem Postweg eiliger. Mein Brief dringt direkt
zu dir. Ich habe nur eine Viertelstunde in der flachen
Stromschnelle meiner Geschäftigkeit. Vieles ist von mir
zu dir unterwegs, Wünsche, Grüße, Gedanken. Wie finden sie dich? In Geschäftigkeit, wie nicht? Bei steigen-
dem Frostgefühl, wie nicht? Als großmütigen Ver-
schwender deiner Schätze an eine Welt, die wir niemals
zur Dankbarkeit erziehen? Niemals! Hörst du? Hörst
du? Du schüttelst dein dunkles Löwenhaupt. Ich bin
froh um deine Ungläubigkeit. Es gibt nichts Schöneres
auf Erden als Jugend, Enthusiasmus, Vertrauen: Soll ich
dir raten? Wenn dich die Stadt grämt, nimm dein
ganzes Königreich und das ganze Jahrhundert in den
Rucksack und steige in die Berge, wo deine Alpen am
höchsten sind! Kraft und Schönheit sind heroisch und
eigenbeinig und immer gute Steiger. Im Lenz kamst du
zur Krone. Sie wurde dir in einem schwarzen Schleier
gereicht. Im Lenz sind frische, grüne Triebe, Natur-
laute, warme Hingabe. Sind das nicht köstliche Dinge?
Scher dich weder um rechts noch um links! Ein
Schwerschwinger, der geradeaus zielt und seinen Feind
hochnimmt! Auf meinem Weg, dem einsamen, habe ich
gestern Stimmen gehört von Waisenknaben, klar und
quellend wie aus der Höhe über den Wolken. Das ist
fast herb in seiner Reinheit. Gleich nachher Frauen.
Schau, wie das anders ist! Satter und wärmer und
schon leidenschaftlich verarbeitet. Da sitzt der mensch-

liche Dämon drin, auch mancher helle und lustige. Die ganze Skala ist glutvoller durchlebter. – Und nun grabe, schaufle, baue, du Lenzkönig voll Schönheit und Kraft! Sorge, dass dein Schicksal nicht klein und alltäglich werde, dass es dich nicht plattdrücke an flacher Gewöhnlichkeit! Kümmere dich nicht um den ganzen historischen und moralischen Apparat der Kleinen und das ächzende oder klappernde Geklapper! Es arbeitet leer. Das Große! Das »Große gigantische Schicksal, welches den Menschen erhebt, wenn es den Menschen zermalmt«. Nun mache beide Hände auf, dass ich alle Liebe hineintun kann, die ich für dich im Herzen trage! Mit ganzer Seele

Elisabeth

Detlev von Liliencron an
Helene von Bodenhausen

Kellinghusen, 4. Juni 1872

Meine süße geliebte Helene!
Als ich heute Abend von einem weiten Spaziergange nach Hause kam – lag in meiner Stube auf meinem Schreibtisch ein Brief. Es war deine Handschrift. Ich wurde, glaube ich, totenbleich. Als ich ihn aufriss, fand ich deinen Glückwunsch, deine Blumen. – Es ist mir wie ein Gruß aus den Höhen des Himmels. Ich kann es nicht fassen. Dieser Brief wird wohl lauter Durcheinander sein – verzeihe es mir – es ist so schwer, mich zu fassen, in diesem Augenblick. Oh, Helene, meine Lenotschka! Dass du auch an mich denkst! Die Menschen – ich selbst – haben so viel vorgeredet, welche Sünde es sei, noch weiter dir zu schreiben oder je in Verbindung wieder zu treten. Viele Briefe an dich habe ich angefangen, verbrannt oder verwahrt. Ich selbst halte es für eine Sünde – dir zu schreiben. Kalt und streng und herzlos sollte ich dir gegenübertreten – dir – dir, Helene! O mein Gott, mein Gott! – In all meine Leiden und Qualen kommt heute dein Brief – deine Blumen. Und lass es Sünde sein – aber ich muss dir danken – ich muss dir sagen, wie ich, wenn es sein könnte überhaupt, mehr und mehr dich liebe – ich liege zu deinen Füßen. Ich küsse deine Hände, deine süßen, lieben Augen, deinen Mund. Helene! – Ich liebe dich mehr wie je, ich habe unsäglich gelitten – mehr als du je wirst ahnen können. Auf allen Wegen, in meinen Gedanken und Träumen stand nur dein Bild vor meinen Augen. – Und dein Bild nur wird mich bis zum Grabe

verfolgen. Nur du bist meine einzigste, wahre Liebe – nur dich, nur dich habe ich lieb. – Ich weiß nicht, was ich schreibe, es ist wohl lauter Wirrwarr und Durcheinander – verzeihe es mir, ich kann nicht anders. – Meine Lenotschka! Wie habe ich dich lieb, so unbeschreiblich, so unsäglich.

Oh, könnte ich dir meine Briefe an dich, meine Tagebücher an dich zeigen. Oft als wären wir verheiratet und ich wäre nur zufällig weit, weit von dir entfernt – oft unsinnig und schwärmerisch – oft als wenn wir verlobt wären – aber: doch meistens als wären wir verheiratet – dann schreib' ich dir all meine Sorgen, meine Freuden und Leiden. – Es ist mir, als wenn ich lange im Gefängnis geschmachtet und nun die Sonne seit langem wieder zum ersten Male sehe! Und die Sonne, die ewige Sonne bist du – du – Helene!

Jetzt habe ich eine Bitte an dich. Darf ich dir schreiben wie vor einem Jahr? Darf ich dir wieder alles sagen, alles schreiben? Darf ich dir wieder alle Sorgen, alles das, was mich bewegt, schreiben? Ich liebe dich so innig, so dringend; antworte mir darauf in wenigen Worten. – Du bist ja die Einzigste auf dieser Erde, der ich alles sagen kann; du bist ja die Einzigste, die mich versteht, die Einzigste von allen Menschen.

dein Fritz

Mein gnädiges Fräulein! Liebe süße Helene!

Es ist mir ganz unmöglich, Ihnen auch nur annähernd
meine Gefühle zu schreiben, die ich beim Erblicken
Ihrer lieben Hand hatte. Zitternd öffnete ich ihn und
ersah daraus, dass Sie meiner nicht vergessen haben.
Dann rannte ich drei Stunden wie ein Verrückter in
den Straßen. Es war alles in Sonnenlicht getaucht. Vor
den Fenstern standen Frühlingsblumen. Die Sperlinge
schwatzten, die Lerchen jubelten, die alten Krähen stol-
perten noch einmal so vergnügt durch die Luft. Die
Menschen lachten. Ich kaufte beim Gärtner eine Lev-
koje, deine Lieblingsblume, jetzt steht sie vor mir; und
süße Erinnerungen ruft sie in mir wach. Es war alles
schwarz und wüst um mich, seit Jahren. Leer und öde,
ohne Ziel, ohne Freude. Ich wage noch nicht, weitere
Hoffnungen zu hegen. Ich bitte Sie, teure Helene, mir
klar und einfach die folgenden Fragen zu beantworten. Es ist kurz und bündig das: Wenn Sie nicht mehr
gebunden sind, in keiner Weise, dürfte ich hoffen,
wenn ich Ihnen in nicht mehr langer Zeit noch einmal
mein Herz und meine Hand biete, dass Sie ja sagen
würden?
… So, bis jetzt war ich offiziell. Jetzt will ich in alle Welt
hineinrufen: Lenotschka, Lenotschka! – Liebe, süße,
süße Helene! Ich liege zu deinen Füßen und bedecke
deine Hände mit Küssen. Ich habe nur ein einziges Mal
geliebt, nur ein einziges Mal, und das warst du. Deine
Briefe und Blumen sind mit mir gezogen über die Welt-
meere, wo ich auch war, es war die Erinnerung an dich,
die mich gerettet oft in schweren und scharfen Stunden.
Leb wohl, leb wohl: Es soll jetzt Frühling werden. Tau-

send Dank für die Blumen; ich habe sie an meine Lippen gepresst. Es ist, als wenn nach langer Nacht die Sonne scheint – gerade ins Herz hinein. Schreib noch einmal deinem dich in alle Ewigkeit liebenden

Fritz Liliencron

Berlin, nachts, Linden-Hotel
(dicht bei Friedrichstraße)
Mai 1877

Lenotschka! Lenotschka!

Ich bin wie toll – wie wahnsinnig. Ich kann nicht ohne dich leben – ich kann es nicht. Liebe Helene! Ich sterbe ja vor Sehnsucht – meine Stimmung ist entsetzlich. Heut Abend ging ich in ein Konzert, um Musik zu hören. Ich sehe nur dich – dich, Helene! Ich will sterben, wenn du nicht mein Eigen wirst. – Ich kann nicht länger leben! Ach! Ich liebe dich!
Ich liebe dich
Die Tränen stürzen mir aus den Augen –
Ich kann nicht leben ohne dich – ich habe so bitterlich geweint. Verzeih – Verzeih – ich kann es ja nicht – ich kann es ja nicht. Helene! Helene! Komme doch – komm! Ich trage dich, wohin du willst. Ich sterbe ja zu deinen Füßen. Lass mich sterben, lass mich sterben. Nun erst fühle ich ganz, wie nur du es bist. Nur du. Es ist ja jeder Schlag meines Herzens nur für dich.
Mein Herz klopft zum Zerspringen. Ach! Ich weine – weine seit vielen Jahren. Es ist ja nur eine grenzenlose Leidenschaft.
Ich war in Potsdam! Weil du da warst. Nur du – du!

Helenka – ach! komm – komme, Helenka! Komm zu mir.

Ich will mein Herzblut für dich lassen.

Es ist zur rasenden Leidenschaft geworden – und wenn ich kalt auch äußerlich erschien – ich kann es so, bei Menschen, nicht ausdrücken. Aber allein bin ich wie außer mir. Ach! Komm! Komm! Komm in meine Arme – an mein Herz!

Helene! Mädchen! Helene!

Ich sterbe ja! Der Tod ist nichts Bitteres mehr für mich. Jetzt will ich ja gerne sterben. Aber sehen muss ich dich – noch einmal nur – noch ein Mal!

Madonna! Madonna!

Ich bin mit meinem Schmerz allein – mit meiner Liebe! Ich weiß nicht, welches Stück gegeben wurde – ich weiß von nichts – nichts! Nur du stehst vor mir – nur du – nur du!

Ach, ich liebe dich!

Ich liebe dich!

Es ist ja gegen die Natur! Gegen die Gesetze, die uns das natürliche Leben vorschreibt. Immer nur die Konvenienz! Die Konvenienz! Und mit einem verbindlichen Lächeln muss man sterben.

5 Uhr morgens

Ich bin todmüde. Droschken fahren unaufhörlich. Berliner Leben kennst du ja. Ich küsse noch einmal dein Bild. Leb wohl!

Ich habe dich ja je und je geliebt. Ich bin schon im Traum! Gute Nacht! Gute Nacht!

dein Fred

Friedrich Nietzsche an
Mathilde Trampebach

Genf, 11. April 1876

ein Fräulein! Sie schreiben heute Abend etwas für mich, ich will auch etwas für Sie schreiben. – Nehmen Sie allen Mut Ihres Herzens zusammen, um vor der Frage nicht zu erschrecken, die ich hiermit an Sie richte: Wollen Sie meine Frau werden? Ich liebe Sie, und mir ist es, als ob Sie schon zu mir gehörten! Kein Wort über das Plötzliche meiner Neigung! Wenigstens ist keine Schuld dabei, es braucht also auch nichts entschuldigt zu werden.

Aber was ich wissen möchte, ist, ob Sie ebenso empfinden wie ich – dass wir uns überhaupt nicht fremd gewesen sind, keinen Augenblick! Glauben Sie nicht auch daran, dass in einer Verbindung jeder von uns freier und besser wäre, als er es vereinzelt werden könnte, also excelsior? Wollen Sie es wagen, mit mir zusammen zu gehen, als mit einem, der recht herzlich nach Befreiung und Besserwerden strebet? Auf allen Pfaden des Lebens und des Denkens?

Nun seien Sie freimütig und halten Sie nichts zurück. Um diesen Brief und meiner Anfrage weiß niemand als unser gemeinsamer Freund von S. Ich reise morgen um 11 Uhr mit dem Schnellzuge nach Basel zurück, ich muss zurück; meine Adresse für Basel lege ich bei. Können Sie auf meine Frage Ja! sagen, so werde ich sofort Ihrer Frau Mutter schreiben, um deren Adresse ich Sie dann bitten würde. Gewinnen Sie es über sich, sich schnell zu entschließen, mit Ja:

oder nein – so trifft mich ein briefliches Wort von Ihnen bis morgen um 10 Uhr Hotel Garni de la Poste. Alles Gute und Segensvolle für immerdar wünschend

Friedrich Nietzsche

Maria Bashkirtseff an
Guy de Maupassant

(1884)

ein Herr!

Beim Lesen Ihrer Werke fühle ich mich fast beglückt. Sie beten die Wahrheiten der Natur an, Sie finden darin eine wahrhaft großartige Poesie, und dabei rühren Sie uns durch gefühlvolle Einzelheiten, die so echt menschlich sind, dass wir uns selber darin wiedererkennen und Sie mit egoistischer Liebe lieben. Das wäre nur Redensart? – Seien Sie nachsichtig, im Grunde genommen ist's doch aufrichtig. Offenbar wollte ich Ihnen eben etwas Besonderes, Auffallendes sagen; das ist aber nicht leicht, so ohne weiteres auf der Stelle. Und ich bedaure es umso mehr, als Sie eine so bedeutende Persönlichkeit sind, dass der Gedanke, dereinst zur Vertrauten Ihrer schönen Seele zu werden, sich gar romantisch ausnimmt, wenn Sie nämlich eine schöne Seele haben, und wenn Sie sich auf Derartiges nicht einzulassen belieben, so bedaure ich das, vor allem in Ihrem eigenen Interesse, ich betrachte Sie dann als gewöhnlichen Literaturfabrikanten und lasse die Sache auf sich beruhen!

Es ist jetzt gerade ein Jahr her, seit ich im Begriff stehe, Ihnen zu schreiben, aber … mehrfach dachte ich mir wieder, dass ich Sie doch überschätzte und es nicht der Mühe wert sei. Als ich plötzlich, vor nunmehr zwei Tagen, im ›Gaulois‹ lese, dass jemand Sie mit einer reizenden Epistel beehrt hat und dass Sie die Adresse des Briefschreibers zu erfahren wünschen, um ihm antworten zu können, da erfasste mich sofort die Eifersucht,

Ihre literarischen Verdienste blendeten mich von neuem und nun – da bin ich!

Nun passen Sie wohl auf: Ich werde Ihnen stets unbekannt bleiben (für alle Fälle). Und ich mag Sie sogar nicht einmal von ferne sehen; wer weiß, vielleicht könnte mir Ihr Gesicht missfallen? Ich weiß nur, dass Sie jung und unverheiratet sind, zwei wesentliche Punkte sogar in Wolkenkuckucksheim.

Doch will ich Ihnen verraten, dass ich reizend bin; dieser süße Gedanke wird Sie ermuntern, mir zu antworten. Ich glaube, zumindest, wenn ich ein Mann wäre, ich möchte keine Beziehungen, und wenn auch nur papierne, zu einer aufgedonnerten alten Engländerin haben ... möge Miss Hastings darüber denken, wie sie wolle.

R. G. D., Postamt »Madeleine«

Frau Nadeschda von Meck und
Peter Iljitsch Tschaikowskij

Moskau, 18. März 1878.
2 Uhr nachts

*I*ch war in einem Konzert, wo ich Ihren »Slawischen Marsch« gehört habe. Ich kann in Worten das Empfinden nicht ausdrücken, das mich beim Hören umfing; vor lauter Seligkeit traten mir Tränen in die Augen. Ich war unsagbar glücklich bei dem Gedanken, dass der Verfasser in gewissem Sinne mein sei, dass er mir gehöre und dass mir niemand dieses Recht rauben könne! ... Mir schien, dass Sie niemanden so ganz gehören könnten wie mir ... In Ihrer Musik fließe ich mit Ihnen in eins zusammen, und darin kann sie mir niemand abspenstig machen. »Hier herrsche ich und liebe ich!«
Verzeihen Sie diesen Wahnsinn, fürchten Sie nicht meine Eifersucht, sie verpflichtet Sie ja zu nichts; sie ist mein inneres, sich auch in mir selbst entladendes Gefühl.

N. v. M.

Clarens, 25. März 1878

Ihr Brief hat mich tief gerührt. Die glücklichsten Augenblicke meines Lebens sind jene, in denen ich sehe, dass meine Musik Menschen, die ich liebe und deren Anteilnahme mir wertvoller ist als Ruhm und Massenerfolg, ans innerste Herz greift. Ich brauche nicht zu sagen, dass Sie der Mensch sind, den ich mit allen Kräften meiner Seele liebe, da ich noch nie im Leben eine Menschenseele getroffen habe, die so feinfühlig auf jeden meiner Gedanken, auf jeden Schlag meines Herzens erwidert hätte. Die Liebe und Anteilnahme meiner fernen Freundin ist zum Eckstein meines Daseins geworden. Und wenn ich komponiere, habe ich immer im Sinn, dass Sie es einmal hören und erfühlen werden, was ich gerade schreibe … Grundlos fürchten Sie, die Zärtlichkeiten, die Sie in Ihren Briefen äußern, könnten mich befremden. Da ich sie von Ihnen empfange, macht mich nur ein Gedanke verlegen: dass ich Ihrer nicht wert bin. Was den Umgang zum Du betrifft, so kann ich mich einfach nicht dazu entschließen. Es würde mich verlegen machen, Sie mit dem vertraulichen Du anzureden, es würde also eine Bedingtheit entstehen, die ich in unseren Beziehungen vermeiden möchte. Jedenfalls, ob wir uns Sie oder du sagen, das Gefühl meiner tiefen, unendlichen Liebe bliebe durch die Formänderung unbeeinflusst. So entscheiden Sie, wie es sein soll. In unendlicher Liebe

Ihr P. T.

Brailow, Freitag, 26. September 1879.
8 Uhr morgens

Wie bedaure ich, mein Lieber, Teurer, dass Sie sich in Petersburg so schlecht fühlen, doch zugleich – vergeben Sie mir, mein Teurer – freute ich mich über Ihr Heimweh nach Simaki. Ich weiß nicht, ob Sie bei dem Fehlen persönlicher Beziehungen zwischen uns die Eifersucht verstehen können, die ich Ihnen gegenüber empfinde. Wissen Sie, dass ich in der unerlaubtesten Weise eifersüchtig auf Sie bin, wie eine Frau auf den geliebten Mann eben eifersüchtig ist. Wissen Sie, dass ich entsetzlich litt, als Sie heirateten; es war, als wäre mir ein Stück vom Herzen abgerissen worden. Der Gedanke, dass Sie jener Frau nahestanden, tat mir weh, war mir bittere Pein, war unerträglich. Und wissen Sie, was für ein schlechter Mensch ich bin: ich freute mich, als Sie an der Seite dieser Frau unglücklich waren. Ich machte mir Vorwürfe wegen dieser Gefühle; ich glaube, ich habe sie vor Ihnen durch nichts verraten, konnte sie aber trotzdem nicht unterdrücken, denn die Gefühle eines Menschen entstehen und vergehen ja nicht auf Bestellung. Ich hasste jene Frau, weil Sie unglücklich mit ihr waren, aber noch hundert Mal mehr hätte ich sie gehasst, wenn Sie mit ihr glücklich gewesen wären. Ich dachte, sie hätte mir geraubt, was nur mir gehören konnte, worauf ich allein ein Anrecht besaß, weil niemand Sie so lieben kann wie ich und Sie mir teurer sind als andere auf Erden. Wenn Ihnen dieses Geständnis unangenehm ist, so vergeben Sie mir meine unwillkürliche Beichte. Ich habe mich verraten; schuld daran ist die Sinfonie. Aber ich glaube, es ist besser, Sie wissen, dass ich kein so vollkommener Mensch bin, wie Sie annehmen. Auch kann dies unsere Beziehungen ja nicht ändern. Ich wünsche keinerlei Veränderung, ich möchte im Gegenteil ganz sicher sein, dass sich in unseren Beziehungen bis an mein Lebensende nichts ändere, dass niemand … Aber das auszusprechen habe ich kein Recht. Vergeben Sie mir und vergessen Sie alles, was ich gesagt habe; ich bin so verwirrt.

Vergeben Sie mir und verstehen Sie bitte, dass ich mich jetzt wohlfühle und nichts weiter brauche. Auf Wiedersehen, lieber Freund; vergessen Sie diesen Brief, aber nicht die Sie von Herzen liebende

N. v. M.

Henrik Ibsen an Emilie Bardach

München, Maximilianstraße 32,
7. Oktober 1889

Von ganzem Herzen danke ich Ihnen, hochgeschätztes Fräulein, für den so überaus liebenswürdigen und lieben Brief, den ich am vorletzten Tage meines Aufenthalts in Gossensaß empfangen und wieder und wieder gelesen habe.

Dort, in der Sommerfrische, sah es während der letzten Woche sehr traurig aus – oder es kam mir jedenfalls so vor. Keine Sonne mehr. Alles fort – verschwunden. Die wenigen zurückgebliebenen Gäste konnten mir selbstverständlich keinen Ersatz bieten – für das schöne kurze Spätsommerleben.

Im Pflerschtal bin ich jeden Tag spazieren gegangen. Es gibt doch am Wege eine Bank, wo es sich in Gesellschaft gewiss recht stimmungsvoll plaudern ließe. Aber die Bank war leer, und ich bin vorbeigegangen, ohne Platz zu nehmen. Auch im großen Saal habe ich es öde und trostlos gefunden. Die Gäste, Familie Pereira und der Professor mit Gattin erschienen nur bei den Mahlzeiten. Erinnern Sie sich an die große tiefe Fensternische rechts vom Eingang der Veranda? Es war so recht eine schöne Nische. Die berauschend duftenden Blumen und Pflanzen standen noch immer da. Aber sonst – wie leer – wie einsam – wie verlassen!

Nun sind wir also wieder hier – zu Haus – und Sie ebenfalls in Wien. Sie schreiben, dass Sie sich jetzt sicherer, freier, glücklicher fühlen. Wie freue ich mich über diese Worte! Mehr will ich nicht sagen.

Eine neue Dichtung fängt an, in mir zu dämmern. Ich will sie diesen Winter vollführen und versuchen, die heitere Sommerstimmung auf dieselbe zu übertragen. Aber in Schwermut wird sie enden. Das fühle ich. – Es ist so meine Art. Ich habe Ihnen einmal gesagt, ich korrespondiere nur in Telegrammstil. Nehmen Sie also diesen Brief so, wie er eben ist. Sie werden ihn jedenfalls verstehen.

Tausend Grüße sendet Ihr ergebener Dr. H. I.

München, 15. Oktober 1889

Ihren lieben Brief habe ich, tausend Mal dankend, erhalten – und gelesen und wieder gelesen. Hier sitze ich wie gewöhnlich am Schreibtisch. Meine Phantasie ist zwar in reger Tätigkeit, aber immer schweift sie anderswohin. Dorthin, wo sie in der Arbeitsstunde eigentlich nicht sollte. Meine Sommererinnerungen kann ich nicht zurückdrängen. Will es auch nicht. Das Erlebte erlebe ich wieder und wieder – und immer wieder. Das alles zu einer Dichtung umzudichten ist mir vorläufig unmöglich. Vorläufig?

Wird es mir einmal in der Zukunft gelingen? Und wünsche ich eigentlich, dass es mir jemals gelingen sollte – und könnte? Vorläufig jedenfalls nicht – glaube ich.

Das fühle ich – das weiß ich.

Und doch muss es so kommen. Es muss entschieden werden. Aber wird es dennoch so kommen? Wird es so kommen können? –

Ach, liebes Fräulein – verzeihen Sie; Sie schreiben so reizend in Ihrem letzten – nein, nein, Gott behüte – in Ihrem vorigen Brief schreiben Sie so reizend: aber

»Fräulein« bin ich nicht für Sie, also – liebes Kind –
denn das sind Sie jedenfalls für mich – sagen Sie mal –
erinnern Sie, dass wir einmal über »Dummheiten«
und »Tollheiten« sprachen? Oder richtiger gesagt – ich
sprach allerlei darüber. Dann übernahmen Sie, liebes
Kind, die Lehrerrolle und bemerkten in Ihrer leisen, me-
lodischen, weit dahinschauenden Weise, dass doch
immer ein Unterschied zwischen Dummheit und Tollheit sei. Nun freilich – davon hatte ich schon im Voraus
eine Ahnung. Aber diese Episode – wie alles Übrige, ist
doch in meiner Erinnerung. Denn ich muss immer und
immer darüber grübeln: war es eine Dummheit oder
war es eine Tollheit, dass wir einander entgegengekommen sind? Oder war es sowohl eine Dummheit wie eine
Tollheit? Oder war es keines von beiden?
Ich glaube, das Letzte wird doch das einzig Stichhaltige
sein. Es war einfach eine Naturnotwendigkeit. Und es
war ein Fatum zugleich. Grübeln Sie nun darüber, wenn
es notwendig sei.
Das glaube ich aber nicht. Ich nehme an, dass Sie es von
vornherein verstehen werden.
Und mir beistimmen.
Tausend Mal gute Nacht.
Ihr stets ergebener H. I.

6. Dezember 1889

Zwei liebe, liebe Briefe habe ich von Ihnen erhalten und
bis jetzt keine Antwort gegeben? Wie denken Sie von
mir? Aber ich kann noch immer nicht die nötige Ruhe
finden, um Ihnen etwas Ordentliches und Ausführli-
ches zu schreiben. Heute Abend muss ich ins Theater
gehen, um einer Aufführung vom »Volksfeind« beizu-

wohnen. Es ist mir eine wahre Pein, nur daran zu denken. – Vorläufig muss ich also auf Ihre Photographie verzichten. Aber besser so, lieber warten als ein nicht befriedigendes Bild zu bekommen. Und außerdem – wie lebendig steht Ihre liebliche durchlauchtige Erscheinung in meiner Erinnerung! Ich glaube nämlich noch an eine rätselhafte Prinzessin, die dahintersteckt. Aber das Rätsel selbst? Nun ja – man kann ja allerhand darüber träumen und recht viel Schönes hineindichten; und das tue ich auch. Es ist doch jedenfalls ein bisschen Ersatz für die unerreichbare und unergründliche Wirklichkeit. In meiner Phantasie sehe ich Sie immer mit Perlen geschmückt. Perlen lieben Sie ja so sehr. Es liegt etwas Tieferes, etwas Verborgenes in dieser Neigung. Aber was eigentlich? Darüber grübele ich recht oft. Glaube auch dann und wann, dass ich den Zusammenhang gefunden habe. Aber dann wieder nicht. – Einige von Ihren Fragen werde ich vielleicht nächstes Mal zu beantworten versuchen. Habe aber selbst Ihnen gegenüber so viele Fragen zu stellen. Tue es auch – innerlich – unaufhörlich.

Ihr ergebener H. I.

Franziska Gräfin zu Reventlow an Emanuel

(1891)

Wie schön, wie selig war es heute, dich endlich einmal wieder zu haben, zu umarmen und von dir geküsst zu werden. Vor dem Einschlafen, da habe ich so viel an dich und das ganze Jahr gedacht und an die endlose Zeit vor uns.

Wie ich dich liebe, Emanuel, könnte ich's dir mit Worten sagen, aber das kann ich nicht, und du musst es mir im Herzen lesen. Oh, und es ist so beseligend zu wissen, zu fühlen, dass du es kannst. Siehst du, ich denke immer, unsere Liebe könnte gar nicht größer sein, wie sie ist, und doch fühle ich jedes Mal, dass sie immer noch wächst. Oh, wie herrlich war es so, Brust an Brust, mit fest umschließenden Armen dazuliegen und nur die süße Gegenwart des andern zu empfinden, deine Gegenwart, dich zu empfinden, in deine Augen zu sehen und zu wissen, dass du mich liebst wie ich dich.

Siehst du, wenn ich dir immer so alles, was ich erlebe, denke etc. bis ins Kleinste vorlege, da genügt es mir nicht, dass ich weiß, du liebst mich. Du musst etwas darauf eingehen, sonst fehlt mir etwas. Sonst kommt es mir vor, als ob ich immer an mich selbst schriebe.

Sei meiner Begehrlichkeit nicht böse, Liebster, ich begehre ja nichts von dir, was du mir nicht geben kannst. Mich verlangt so innig, so glühend innig, das Innerste deiner Seele zu fühlen, zu verstehen und mir zu Eigen zu machen, nach dem Ineinanderübergehen unserer Seelen im tiefsten Begriff, und dazu musst du mir eben so viel geben wie ich dir; ich gebe dir oder versuche es wenigstens, dir mein ganzes Sein und Leben hinzugeben, und das musst du auch. Ich muss dich ganz, ganz halten mit allem, was du bist und lebst, sonst ist mein Leben nicht ganz.

Geliebter, ist es sehr kindisch, was ich dir schreibe, und wirst du es so finden? Aber mein Herz ist auch kindisch, es ist der süßen Liebe wohl noch so ungewohnt, dass es immer mehr verlangt, und da du der Einzige bist, der sie mir gibt, so ist es wohl billig, dass ich alles, was du an Liebe hast, von dir verlange. Gib mir alles, was du an Liebe hast, aber so recht greifbar, dass ich es sehen und fühlen kann; erwärme mich mit Liebe, das Leben ist so kalt, und die Kälte von allem dringt mir immer wieder ans Herz.

Franziska Gräfin zu Reventlow an Carlo

(1903)

Gestern sah ich einen Baum schon mit grünen Knospen nach dem langen Winter und trotz dem langen Winter – das ging mir durchs Herz, dass mir beinahe Tränen in die Augen kamen und ich deinen Namen hätte rufen mögen, um dir zu sagen, so ist es mit mir, es wächst und blüht und treibt in mir, es ist ein Taumel von Frühling um mich und in mir, eine Fülle von Leben, von lauter und stiller Freude, die alles weckt, was lange und todähnlich schlief. Du, Carlo, mir ist, als ob wir beide das allererste Erwachen miteinander erlebten, den frühesten Frühling, der so leise und zaghaft und auch so schwül und reif und golden ein glühender Sommertag, so voll und sehnsuchtsvoll.

Ich habe nie so gelebt, in solchem Reichtum, jeder Tag ist gewesen wie schweres Gold, seit du kamst. Erst wusste ich's kaum und war halb im Traum, jetzt sind meine Augen offen und trinken am Licht. Du, du, mir ist noch nie so geschehen – ich sehe dich immer, wenn du nicht da bist, und höre deine Stimme, die Ellen sagt. Ich sehne mich, dich zu sehen und zu fühlen, aber ich bin nicht traurig und unruhig, wenn du ferne bist, weil du immer um mich bist und die Sehnsucht so unendlich süß. Ich wusste auch, dass das eine Schicksalsstunde war vorgestern Nacht, als du das zu mir sagtest – unser Schicksal ist über uns mit seinen unergründlichen Augen, und wir wollen vor ihm knien und es anbeten. Du und ich!

Ich bin immer von dir umgeben und danke es dir viel tiefer, als wie du ahnst. Als ob ich einen Zauberstab hätte, mit dem ich mir jeden Augenblick glücklich wünschen kann. Ich brauche nur daran zu denken, dass du bist. Du – ich weiß, dass ich noch nie so gefühlt habe: Wir gehören zusammen, wo wir auch sind ... Du, ich sag mir oft deinen Namen, wenn ich allein bin.

Ich weine sonst fast nie, und dieser Tage konnte ich es kaum ertragen, dass mich jemand anredete, ohne dass Tränen mir in die Augen kamen. Ich habe so Sehnsucht nach dir, so wehmütig brennende Sehnsucht, aber dann fürchte ich mich wieder. Darum sage ich dir, komm nur, wenn du willst, und magst nur eine Weile bei mir sein und mir ein gutes Wort sagen und meine Hand halten. Ich möchte dich so gern wieder ruhig und froh machen – aber wie kann ich es? – das sollst du mir sagen – willst du?

Oscar Wilde an Lord Alfred Douglas

(Babbacombe Cliff, Januar 1893)

Mein einziger Junge, dein Sonett ist entzückend und es ist ein Wunder, dass diese roten Rosenlippen so gut geschaffen sind für den Wohlklang des Lieds wie für die Raserei der Küsse. Deine ranke goldene Seele wandelt zwischen Leidenschaft und Lyrik. Ich weiß: Hyakinthos, den Apoll so rasend liebte, das warst du in den Tagen der Griechen.

Warum bist du allein in London, und wann gehst du nach Salisbury? Fahr dorthin und kühle dir die Hände im grauen Dämmer der Gotik und komm hierher, sobald du magst. Es ist reizend – nur du fehlst; aber geh zuerst nach Salisbury. Stets dein dich liebender

Oscar

10 & 11 St James's Place 202, S. W. (Dezember 1893)

Mein liebster Junge, danke für deinen Brief. Die Geierschwingen der Gläubiger schlagen über mir zusammen, ich bin in miserabler Verfassung, jedoch glücklich zu wissen, dass wir wieder Freunde sind und dass unsere Liebe aus Schatten und Nacht der Entfernung und Sorge so rosenbekränzt wie je hervorgegangen ist. Wir wollen einander immer unendlich teuer sein, wie wir es bisher stets gewesen sind.

Ich höre, Bobbie ist in London, hinkend und bärtig! Ist das nicht schrecklich? Ich habe ihn noch nicht gesehen.

OSCAR WILDE
1854–1900

Lesly Thomsen ist aufgetaucht; er ist äußerst bemüht, mir sein ganzes Leben zu weihen. Tree hat einen langen Entschuldigungsbrief geschrieben. Seine Gründe sind so wohlbegründet, dass ich sie nicht verstehe: ein Scheck ist das einzige Argument, das ich gelten lasse. Hare kommt Anfang nächster Woche nach London zurück. Ich werde versuchen, ihm beizubringen, dass mein neues Stück ein Meisterstück ist, habe jedoch schwere Zweifel. So weit die Neuigkeiten. Neuigkeiten sind abscheulich. Ich denke täglich an dich und bin dir immer zutiefst verbunden.

Oscar

16 Tite Street, 16. April 1894

Mein liebster Junge, dein Telegramm kam soeben an; ich habe mich darüber gefreut, aber ich vermisse dich so sehr. Der glückliche, goldene, geliebte Bursche ist fort – und alle andern Menschen hasse ich: sie sind langweilig. Ich bin daher im purpurnen Tal der Verzweiflung, und keine Goldmünzen fallen vom Himmel, um mich zu trösten. London ist sehr gefährlich: Büttel kommen aus der Nacht und laden einen vor Gericht, das Brüllen der Gläubiger gen Tagesanbruch ist furchtbar, und tollwütige Anwälte beißen um sich. Wie beneide ich dich unter Giottos Turm oder in der Loggia mit dem Blick auf Cellinis grün-goldenen Gott. Du musst Gedichte schreiben wie Apfelblüten.

Das Yellow Book ist erschienen. Es ist langweilig und hässlich, ein Fehlschlag. Ich freue mich sehr. In Liebe immer dein

Oscar

Mein einzig geliebter Junge, wie süß von dir, mir das bezaubernde Gedicht zu schicken. Ich kann dir nicht sagen, wie sehr es mich rührt, und es besitzt die leichte, lyrische Anmut, die dir eigen ist – eine Eigenschaft, die allen, die nicht verstehen, wie schwierig es ist, die weißen Füße der Dichtkunst leicht zwischen Blumen tanzen zu lassen, ohne die Blüten zu zerdrücken, so selbstverständlich, den »Wissenden« jedoch so selten und erlesen scheint. Ich tue hier nichts als baden und schreiben. Mein Stück ist wirklich sehr lustig: es macht mir selbst Spaß. Aber es ist noch nicht geformt. Es liegt in sibyllinischen Blättern im ganzen Zimmer herum, und Arthur hat es zwei Mal beim »Ordnung machen« in ein Chaos verwandelt. Das Ergebnis war jedoch sehr dramatisch. Ich neige zu dem Glauben, dass das Chaos ein stärkerer Beweis für das Vorhandensein eines vernunftbegabten Schöpfers ist als der Kosmos: eine Ansicht, die weiter auszuführen wäre.

Percy ist einen Tag nach dir abgereist. Er sprach viel von dir. Alphonso ist noch in Gunst. Er ist mein einziger Gefährte – außer Stephen. Alphonso spricht immer von dir als »der Herr«, was dir, finde ich, eine biblisch-hebräische Würde verleiht, die ein anmutig attischer Knabe nicht haben sollte. Auch sagt er von Zeit zu Zeit, »Percy war der Liebling des Herrn«, und dann erscheint mir Percy als der Knabe Samuel – eine ungenaue Reminiszenz, da Percy hellenisch war.

Gestern (Sonntag) segelten Alphonso, Stephen und ich morgens nach Littlehampton und badeten unterwegs. Für die Rückfahrt brauchten wir fünf Stunden bei schrecklichem Sturm, erreichten den Pier erst um elf Uhr nachts, es war die ganze Zeit stockfinster und die

See tobte. Ich war patschnass, aber kühn wie ein Wikinger. Es war allerdings ein gefährliches Abenteuer. Alle Fischer warteten auf uns. Ich eilte sofort nach meiner Ankunft mit meinem Gefährten ins Hotel zu heißem Cognac und Wasser und fand einen Brief an dich vom lieben Henry vor, den ich beilege: sie hatten vergessen, ihn nachzuschicken. Da es schon nach zehn Uhr am Sonntag war, durfte der Hotelier uns keinen Cognac oder sonstige Spirituosen verkaufen! Also musste er ihn uns schenken. Das Resultat war nicht unangenehm, aber was für Gesetze! Ein Hotelbesitzer darf drei schiffbrüchigen, bis auf die Haut durchnässten Seeleuten den »nötigen harmlosen« Alkohol nicht verkaufen, nur weil Sonntag ist! Alphonso und Stephen sind jetzt, das brauche ich kaum zu sagen, natürlich Anarchisten.

Deine neue Sibylle ist wirklich wundervoll. Es ist außerordentlich. Ich muss sie kennen lernen.

Lieber, lieber Junge, du bist mir mehr, als irgendjemand sich vorstellen kann; du bist die Atmosphäre der Schönheit, durch die ich das Leben sehe; du bist die Inkarnation alles Schönen. Wenn wir uneins sind, verlieren die Dinge für mich alle Farbe, aber wir sind niemals wirklich uneins. Ich denke Tag und Nacht an dich.

Schreibe mir bald, mein honighaariger Junge! In steter Zuneigung dein

Oscar

H.M. Prison, Holloway, 29. April 1895

Mein liebster Junge, dieser Brief soll dich meiner unsterblichen, meiner ewigen Liebe versichern. Morgen wird alles vorüber sein. Sollten Gefängnis und

Schande mein Los sein, so denke daran, dass meine Liebe zu dir und der Gedanke, dieser noch göttlichere Glaube, dass du mich wiederliebst, mich in meinem Unglück aufrechthalten und mir, so hoffe ich, die Kraft verleihen werden, mein Leid in Geduld zu tragen. Weil die Hoffnung, nein, die Gewissheit, dir in irgendeiner Welt zu begegnen, Ziel und Ansporn meines jetzigen Lebens ist, muss ich, ach! in dieser Welt weiterleben.

Der liebe ... besuchte mich heute. Ich bat ihn, dir Verschiedenes auszurichten. Er sagte mir etwas, was mich beruhigte: dass es meiner Mutter nie an etwas fehlen werde. Ich habe immer für ihren Unterhalt gesorgt, und der Gedanke, dass sie Entbehrung leiden könnte, machte mich unglücklich. Was dich angeht (anmutiger Knabe mit dem Christusherzen), was dich angeht, so flehe ich dich an, geh, sobald du alles getan hast, was in deiner Macht steht, nach Italien und gewinne deinen Frieden zurück und schreibe die lieblichen Verse, die dir mit so seltener Anmut gelingen. Bleibe unter keinen Umständen in England. Wenn sich eines Tages auf Korfu oder einer anderen Zauberinsel ein Häuschen fände, wo wir zusammen leben könnten, oh! Das Leben würde süßer sein, als es jemals war. Deine Liebe hat gewaltige Schwingen und ist stark, deine Liebe kommt zu mir durch die Fensterstäbe und tröstet mich, deine Liebe ist das Licht all meiner Stunden. Alle, die nicht wissen, was Liebe ist, werden, falls das Schicksal gegen uns ist, zweifellos schreiben, ich hätte einen schlechten Einfluss auf dein Leben gehabt. Tun sie das, so sollst auch du schreiben, sollst ihnen sagen, dass das nicht wahr ist. Unsere Liebe war immer schön und edel, und wenn ich das Opfer einer schrecklichen Tragödie wurde, so deshalb, weil niemand die Natur dieser Liebe verstand. In deinem Brief von heute Morgen sagst du etwas, was mir Mut macht. Ich muss es wiederholen. Du schreibst, es sei meine Pflicht dir und mir gegenüber, allem zum Trotz weiterzuleben. Ich glaube, das ist wahr. Ich werde es versuchen und werde es tun. Ich bitte dich, Mr. Humphreys über alle deine Schritte zu unterrichten, damit er mir bei seinen Besuchen sagen kann, was du tust. Ich glaube, Rechtsanwälten ist es gestattet, die Gefangenen ziemlich oft zu besuchen. So bliebe ich mit dir in Verbindung.

Ich bin so froh, dass du abgereist bist. Ich weiß, wie schwer dir das gefallen ist. Es wäre eine Todesqual für mich gewesen, dich in England zu wissen, als dein Name vor Gericht erwähnt wurde. Hoffentlich hast du Exemplare von allen meinen Büchern. Meine eigenen wurden sämtlich versteigert. Ich strecke meine Hände nach dir aus. Oh! Möchte ich es erleben, wieder dein Haar und deine Hände zu berühren. Ich glaube daran, dass deine Liebe über mein Leben wachen wird. Sollte ich sterben, so möchte ich, dass du irgendwo ein nobles, friedvolles Dasein führst, mit Blumen, Bildern, Büchern und viel Arbeit. Versuche, mir bald Nachricht zukommen zu lassen. Ich schreibe diesen Brief unter großen Qualen; dieser lange Tag im Gerichtssaal hat mich erschöpft. Liebster Junge, süßester aller jungen Männer, Geliebtester und Liebenswürdigster. Oh! Warte auf mich! Warte auf mich! Ich bin heute wie stets, seit wir uns begegneten, dein dir innigst und in unsterblicher Liebe zugetaner

Oscar

Du hast mir die Schönheit des Lebens geschenkt, in vergangenen Tagen und auch in aller Zukunft, wenn es eine Zukunft gibt. Darum werde ich dir ewig dankbar sein, denn du hast mir gezeigt, was Anbetung und Liebe ist. Diese Tage der Freude waren unsere Morgenröte. Jetzt, in Angst und Pein, in Schmerz und Schande, fühle ich, dass meine Liebe zu dir und deine Liebe zu mir die beiden Pole meines Lebens sind, die göttlichen Empfindungen, die alle Bitternis erträglich machen. Nie ist ein Mensch mir teurer gewesen als du, nie gab es eine größere, heiligere, schönere Liebe ...

Lieber Junge, immer hast du und hat der Gedanke an dich mir alles bedeutet im Trubel des Lebens oder im Gefängnis. Oh! Bewahre mich in deinem Herzen; aus dem meinen bist du nicht entlassen. Ich denke mehr an dich als an mich, und wenn mich zuweilen der Gedanke an schreckliche und erniedrigende Leiden quälend heimsucht, so genügt der bloße Gedanke an dich, mich zu stärken und meine Wunden zu heilen. Die Schmach für alles, was sich jetzt zuträgt, falle allein auf das Schicksal, auf Nemesis oder die ungerechten Götter.

Jede große Liebe erlebt die Tragödie, auch der unseren hat jetzt die Stunde geschlagen, aber dich gekannt und mit so tiefer Hingabe geliebt, dich als Weggefährten für eine Strecke meines Lebens besessen zu haben, die einzige schöne Strecke in meiner Erinnerung, genügt mir. Meine Leidenschaft sucht vergebens nach Worten, du aber verstehst mich, du allein. Unsere Seelen waren füreinander geschaffen, und als ich deine Seele durch die Liebe erfuhr, da hat die meine sich über das Schlechte erhoben, hat die Vollkommenheit erahnt und ist zum göttlichen Wesen der Dinge gelangt.

Doch kein Schmerz kann ewig dauern. Sicher werden wir uns eines Tages wiederbegegnen, und wenn mein Gesicht dann auch eine Trauermaske und mein Körper durch die Einsamkeit verzehrt sein sollte, so wirst du, und nur du allein, doch die Seele erkennen, die durch die Begegnung mit deiner an Schönheit gewonnen hat, die Seele des Künstlers, der in dir das Ideal fand, des Schönheitssuchers, dem du als makelloses und vollkommenes Wesen erschienen bist. Ich denke an dich als den goldfarbenen Jungen mit dem Christusherzen. Ich weiß nun, wie viel herrlicher die Liebe ist als alles andere. Du hast mir das göttliche Geheimnis der Welt entschleiert.

Oscar

20. Mai 1895

Mein Kind, heute wurde beantragt, die beiden Urteile getrennt zu fällen. Über Taylor wird wahrscheinlich in diesem Augenblick das Urteil gesprochen, und so konnte ich hierher zurückkehren. Meine süße Rose, meine zarte Blume, meine Lilie aller Lilien, vielleicht werde ich im Kerker die Macht der Liebe erproben müssen. Ich will versuchen, die bitteren Wasser süß zu machen durch die Kraft der Liebe, die ich für dich hege. Es hat Augenblicke gegeben, in denen ich eine Trennung für klüger hielt. Ah! Augenblicke der Schwäche und Torheit! Jetzt sehe ich, dass das mein Leben verstümmelt, meine Kunst zerstört hätte, die Saiten zerrissen, die eine Sehnsucht vollkommen machen. Selbst mit Schmutz beworfen, werde ich noch dein Lob singen, aus dem tiefsten Abgrund werde ich dich anrufen. In

meiner Einsamkeit wirst du bei mir sein. Ich bin entschlossen, mich nicht aufzulehnen, sondern in der
Demut der Liebe alle Schmach zu dulden, meinen Leib
entehren zu lassen, wenn nur meine Seele immer dein
Bild bewahrt. Von deinem seidigen Haar bis zu deinen
zarten Füßen bist du in meinen Augen vollkommen.
Die Freuden machen uns blind für die Liebe, doch der
Schmerz enthüllt uns ihr innerstes Wesen. O teuerstes
aller Geschöpfe, wenn dir ein Mensch begegnet, krank
von Schweigen und Einsamkeit, entehrt, eine Zielscheibe des Hohns, oh! Dann kannst du seine Wunden
durch eine Berührung heilen und die Seele, die das Unglück gebeugt hat, wieder aufrichten. Alles wird ganz
leicht für dich sein, und bedenke, dass diese Hoffnung
mich am Leben hält, diese Hoffnung allein. Was dem
Philosophen die Weisheit, was dem Heiligen sein Gott
ist, das bist du mir. Dich zu bewahren in meiner Seele,
das ist der Sinn dieser Qual, die man Leben nennt.
O meine Liebe, du, den ich zärtlicher liebe als alles,
weiße Narzisse auf ungemähtem Feld, denk an die
Bürde, die dir zufällt, eine Bürde, die allein die Liebe
leicht machen kann. Doch sei nicht traurig deshalb, sei
vielmehr glücklich, weil du die Seele eines Mannes mit
unsterblicher Liebe erfülltest, der nun in der Hölle
weint und doch den Himmel im Herzen trägt. Ich liebe
dich, ich liebe dich, mein Herz ist eine Rose, mein Leben
ist eine Wüste, die der köstliche Hauch deines Atems
kühlt, deren klare Brunnen deine Augen sind; die Spur
deiner kleinen Füße gräbt mir schattige Täler, der Duft
deines Haars ist wie Myrrhe, und wo du vorübergehst,
verströmst du den Wohlgeruch der Cassua.
Liebe mich immer, liebe mich immer. Du bist die höchste, vollkommene Liebe meines Lebens; eine andere
kann es nicht geben.

Ich war zu der Ansicht gekommen, dass es edler und schöner sei zu bleiben. Wir hätten nicht zusammenbleiben können. Ich wollte mich nicht Feigling oder Deserteur schimpfen lassen. Ein falscher Name, eine Verkleidung, ein gejagtes Dasein, das alles passt nicht zu mir, dem du enthüllt wurdest auf jenem hohen Hügel, wo das Schöne verklärt wird.

O süßester Knabe, geliebteste Liebe, meine Seele umfasst deine Seele, mein Leben ist dein Leben, und in allen Welten des Leides und der Lust bist du der Inbegriff meiner Bewunderung und Freude.

Oscar

Otto Julius Bierbaum an
»Gemma« Brunetti Lotti

Mein Einziges!
Da sitze ich nun hier ohne dich, aber ich bin doch nicht unglücklich, denn ich fühle so innig wie kaum je vorher, wie lieb ich dich habe und wie sicher und heilsam diese Liebe ist, kein Irrtum und Irrlicht, sondern Wahrheit und Klarheit.

Anfangs habe ich mich in dein schönes Gesicht verliebt; das werden auch schon andere getan haben, und das muss jedem so gehen, der für Linie und Farben Augen hat, aber nun geht meine Liebe auf dein ganzes Wesen, von dem deine Gesichtszüge nur das schöne Anzeichen sind, und diese Empfindung für dich als Ganzes kann niemand so haben wie ich. Ich fühle, dass du von Grund aus gut und klar bist, d. h. dass keine Falschheit, Bosheit, Schiefheit in dir ist, und ich glaube, dass du ein ähnliches Gefühl von mir hast. Ich weiß, dass auch mein eigentliches Wesen gut und klar ist, aber ich habe so viel Schmähliches erlebt, dass oftmals Empfindungen in mir wach werden, die mich an mir selber irre werden lassen, und im Allgemeinen ist mein Kern jetzt bitter und nicht süß. Ich war, meine liebe Gemma, unglücklicher, als du fühlen kannst; ich habe überhaupt nicht mehr gelebt außer in den paar Augenblicken, wo ich dichtend mir ein Leben vorspielte; alle andere Zeit war entweder Dumpfheit oder Betäubung. Seitdem ich deine Liebe habe (ach, ich wage manchmal noch immer nicht, daran zu glauben), beginne ich wieder zu leben; und ich will, will, will glauben, dass das nicht bloß ein

Beginn bleiben soll. Freilich wirst du, du Liebe und Gute, oft Geduld mit mir haben müssen, denn es kann nicht ausbleiben, dass Rückfälle eintreten, und die Wunden der Seele heilen langsamer als die des Körpers, aber ich habe die getroste Zuversicht in dich, dass du liebevolle Kraft genug dazu haben wirst. Fürchte dich nicht! Ich rede nur davon, weil mich der Gedanke bedrückt, dass Momente kommen könnten, wo du an mir zweifeln könntest, aber ich hoffe, dass ich alle Anfechtungen überwinden und nicht mehr in diese Stimmungen verfallen werde, in denen ich selber an mir verzweifle. Nein, es wird alles gutgehen, Liebste; du hast schon Wunder an mir getan und wirst solche Wunder noch mehr tun. Du bist wirklich eine Fee für mich und mein guter Genius.

Eben erhalte ich die gute Botschaft, dass deine Brüder einverstanden sind. Ich freue mich von ganzem Herzen darüber, habe aber nie daran gezweifelt, denn wie hätten sie anders entscheiden können, da sie dich ja so lieben. Nun wollen wir aber alles so schnell als möglich betreiben, denn ich sehne mich mit ganzer Inbrunst danach, mit dir vereinigt zu werden.

Franz Kafka an Felice Bauer

14. November 1912

*L*iebste, lass dich nicht stören, ich sage dir bloß gute Nacht und habe deshalb mitten auf einer Seite mein Schreiben unterbrochen. Ich habe Angst, dass ich dir bald nicht mehr werde schreiben können, denn um jemandem (ich muss dich mit allen Namen benennen, darum heiße einmal auch »jemand«) schreiben zu können, muss man sich doch vorstellen, dass man sein Gesicht vor sich hat, an das man sich wendet. Und vorstellbar ist mir dein Gesicht sehr gut, daran würde es nicht scheitern.

Aber die noch viel stärkere Vorstellung fängt immer häufiger an mich zu halten, dass mein Gesicht auf deiner Schulter liegt und dass ich mehr erstickt als verständlich zu deiner Schulter, zu deinem Kleid, zu mir selbst rede, während du keine Ahnung haben kannst, was dort gesprochen wird.

Schläfst du jetzt, oder liest du noch, was ich verurteilen würde? Oder bist du gar noch auf einer Probe, was ich schon gar nicht hoffen will. Es ist nach meiner immer bummelnden, niemals aber verborgenen Uhr in 7 Minuten ein Uhr. Merke, du musst mehr schlafen als andere Menschen, denn ich schlafe ein wenig, nicht viel weniger als der Durchschnitt. Und ich weiß mir keinen besseren Ort, um meinen ungenützten Anteil am allgemeinen Schlaf aufzubewahren, als deine lieben Augen.

Und bitte keine wüsten Träume! Ich mache in Gedanken einen Rundgang um dein Bett und befehle Stille.

Und nachdem ich hier Ordnung gemacht und vielleicht noch einen Betrunkenen aus der Immanuelkirchstraße gedrängt habe, kehre ich, ordentlicher auch in mir, zu meinem Schreiben oder vielleicht gar schon zum Schlaf zurück.

Schreib mir doch immer, Liebste, was du zur beiläufigen Zeit meiner Briefe beiläufig gemacht hast. Ich werde danach dann meine Ahnungen kontrollieren, du wirst nach Möglichkeit die Tatsachen meinen Ahnungen nähern, und wäre es dann so unglaublich, dass sie beide endlich nach vielen Proben zusammentreffen und eine einzige große Wirklichkeit werden, deren man immer sicher ist. – Jetzt schlägt es also 1 vom Turm genau nach der Prager Zeit.

Adieu, Felice, adieu! Wie kamst du zu dem Namen? Und flieg mir nicht fort! Fällt mir irgendwie ein, vielleicht durch das Wort »Adieu«, das solche Flugkraft hat. Es müsste ja, denke ich, mir, ein ausnehmendes Vergnügen sein, in die Hölle wegzufliegen, wenn man dadurch ein schweres Gewicht loswerden kann, das an einem hängt wie ich an dir. Lass dich nicht verlocken durch die Erleichterung, die winkt. Bleib in der Täuschung, dass du mich nötig hast. Denke dich noch tiefer hinein. Denn sieh, dir schadet es doch nichts, willst du mich einmal los sein, so wirst du immer genug Kräfte haben, es auch zu werden, mir aber hast du in der Zwischenzeit ein Geschenk gemacht, wie ich es in diesem Leben zu finden auch nicht geträumt habe. So ist es, und wenn du auch im Schlaf den Kopf schüttelst.

Franz

Liebste, nicht so quälen! Du lässt mich auch heute, Samstag, ohne Brief, gerade heute, wo ich dachte, er müsse so bestimmt kommen, wie es Tag wird nach der Nacht. Aber wer hat denn einen Brief verlangt, nur zwei Zeilen, ein Gruß, ein Briefumschlag, eine Karte, auf vier Briefe hin, dieses ist der fünfte, habe ich noch kein Wort von dir gesehn. Geh, das ist nicht recht. Wie soll ich denn die langen Tage verbringen, arbeiten, reden und was sonst von mir verlangt wird. Es ist ja vielleicht nichts geschehn, du hattest nur keine Zeit, Theaterproben oder Vorbesprechungen haben dich abgehalten, aber sag nur, welcher Mensch kann dich abhalten, an ein Seitentischchen zu treten, mit Bleistift auf einen Fetzen Papier »Felice« zu schreiben und mir das zu schicken. Und für mich wäre es schon so viel! Ein Zeichen deines Lebens, eine Beruhigung in dem Wagnis, sich an ein Lebendiges gehängt zu haben. Morgen wird und muss ja ein Brief kommen, sonst weiß ich mir keinen Rat; dann wird auch alles gut sein und ich werde dich dann nicht mehr mit Bitten um so häufiges Schreiben plagen; wenn aber morgen ein Brief kommt, dann ist es wieder unnötig, dich Montag früh mit diesen Klagen im Büro zu begrüßen; aber ich muss es, denn ich habe, wenn du nicht antwortest, das durch keine Vernunft zu beseitigende Gefühl, dass du dich von mir abwendest, mit andern sprichst und mich vergessen hast. Und das soll ich vielleicht stillschweigend dulden? Auch warte ich nicht zum ersten Mal auf einen Brief von dir (wenn auch immer, wie ich überzeugt bin, ohne deine Schuld), der beigelegte alte Brief beweist es.

Franz

BILDNACHWEIS

DIANA

Das anspruchsvolle Programm

Catherine
Clément

Der große Indien-Roman
von Catherine Clément, der
Autorin von ›Theos Reise‹.

»Sowohl in literarischer als
auch historischer Hinsicht
wunderbar.«
Le Nouvel Observateur

62/57

Eine Liebe in Indien
62/57

DIANA-TASCHENBÜCHER

DIANA

Das anspruchsvolle Programm

Bjarne Reuter

Bjarne Reuter erhielt so gut wie alle dänischen Literaturpreise und zahlreiche internationale Auszeichnungen.

Seine Romane sind Meisterwerke der neuen skandinavischen Literatur, moderne Märchen voller Poesie und Melancholie.

Das Zimthaus
62/14

Die Himmelsstürmer
62/93

DIANA-TASCHENBÜCHER

DIANA

Das anspruchsvolle Programm

Nancy Mitford

Mit scharfem Blick beobachtet Kusine Fanny die Abenteuer und Skandale in der adligen Familie Radlett während der 20er und 30er Jahre. Mit diesem Gesellschaftsroman porträtiert Nancy Mitford die englische Oberklasse und ihre eigene berühmte Familie mit unnachahmlichem, einfühlsamem Sarkasmus.

»...witzig, elegant und geistvoll...« *Süddeutsche Zeitung*

Englische Liebschaften
62/87

DIANA-TASCHENBÜCHER